Robert Walser, geboren am 15. April 1878 in Biel bei Bern, ist am 25. Dezember 1956 in Herisau gestorben.

»Ich darf vielleicht versichern, daß ich beim Lesen verhältnismäßig originell bin«, bekennt Walser zu Beginn seines Prosastücks *Lektüre*. In der Tat: Walser war nicht nur in ungewöhnlichem Maß belesen, sondern er hat das Lesen auch immer als eine lustvolle kreative Beschäftigung aufgefaßt, aus der ihm zahlreiche Anregungen und Einfälle zu eigenen Arbeiten erwuchsen. Das Spektrum der so entstandenen Texte könnte dabei breiter nicht sein: Eindringliche Dichterporträts stehen neben spöttischen Gelegenheitsgedichten, kritisch-essayistische Kollagen neben anekdotisch pointierten Erzählungen; Groschenhefte dienten Walser ebenso gern als Ausgangspunkt seiner Betrachtungen wie klassische Werke der Weltliteratur. Während seiner gesamten Schaffenszeit hat sich Walser dieser vielfältigen Art des Besprechens gewidmet, und so ist ein literaturgeschichtliches Privatkabinett entstanden, das den Leser zu unterhaltsam-besinnlichem Stöbern einlädt, in dem er auf manche vergessene Trouvaille stoßen kann und in dem nicht zuletzt auch eine kleine Poetik des Lesens wie des Schreibens verborgen liegt.

insel taschenbuch 2789
Robert Walser
Dichteten diese Dichter richtig?

ROBERT WALSER
DICHTETEN DIESE DICHTER RICHTIG?

Eine poetische Literaturgeschichte

Herausgegeben
von Bernhard Echte

Insel Verlag

insel taschenbuch 2789
Erste Auflage 2002
Originalausgabe
© Insel Verlag Frankfurt am Main und Leipzig 2002
Mit Genehmigung der Inhaberin der Rechte,
der Carl Seelig-Stiftung Zürich
Alle Rechte vorbehalten, insbesondere das der Übersetzung,
des öffentlichen Vortrags sowie der Übertragung durch Rundfunk
und Fernsehen, auch einzelner Teile.
Kein Teil des Werkes darf in irgendeiner Form
(durch Fotografie, Mikrofilm oder andere Verfahren)
ohne schriftliche Genehmigung des Verlages
reproduziert oder unter Verwendung elektronischer Systeme
verarbeitet, vervielfältigt oder verbreitet werden.
Hinweise zu dieser Ausgabe am Schluß des Bandes
Vertrieb durch den Suhrkamp Taschenbuch Verlag
Umschlag nach Entwürfen von Willy Fleckhaus
Satz: Hümmer, Waldbüttelbrunn
Druck: Nomos Verlagsgesellschaft, Baden-Baden
Printed in Germany

1 2 3 4 5 6 – 07 06 05 04 03 02

Ich darf vielleicht versichern, daß ich jeweilen beim Lesen verhältnismäßig originell bin. Beispielsweise suche ich mich durch die Lektüre weniger irgendwie zu bereichern als lediglich zu erquicken. Ich lese ungefähr so, als äße ich etwas überaus Mundendes, was womöglich etwas materialistisch gesprochen sein dürfte, wodurch ich mich aber durch mich selbst nicht verunfeinert sehe, da für mein bescheidenes Empfinden Spirituelles und Greifbares ineinander verwoben sind.

DICHTETE DIESER DICHTER RICHTIG?

Man war sich ja um jene Zeit des dringlichen Erfordernisses, artig zu sein, nicht in dem Maße bewußt, wie dies ohne jede Frage in jetziger Zeit der Fall ist, die eine gleichsam ernstere Zeit wie diejenige ist, die das Unartigsein ertrug. Ein, wie soll ich sagen, lustiges, sorgloses und daher vielleicht ziemlich übermütiges oder keckes Zeitalter verträgt mehr Lieblosigkeit, als man einem sozusagen nachdenklich Gewordenen darbieten darf. Wird man mir gestatten, diesen Dichter darum interessant zu finden, daß er sich einigemal zu unliebenswürdigen Einfällen aufraffte? Hier versteht sich von selbst, daß ich ihn für eine sehr nennenswerte Nummer, einen sogenannten ausgezeichneten Dichter halte. Er war, was Gestaltungsfähigkeit betrifft, ein hervorragender Arbeiter, an dem eine liebenswürdigkeitsbedürftige Epoche, wie es die gegenwärtige zu sein scheint, allerlei auszusetzen für unerläßlich erachtet, indem sie sich zu glauben bemüßigt fühlt, daß er hie und da netter hätte sein können. Gewiß mag beispielsweise eine seiner Frauengestalten ein überaus passables Persönchen sein; schade nur, daß sie aufbegehrt. Sie bestämpfelt, beklöpfelt mit ihrem Stiefelabsätzchen zum Zeichen des Ungehaltenseins den Boden ihres Boudoirs. Ich werfe die gewiß in unsern zufriedenheitsfördernden Tagen nicht belanglose Frage auf: Warum schuf dieser Dichter mit offensichtlichem Behagen eine Reihe von Unzufriedenheitsfiguren? Beweist uns eine derartige

Gestaltungsart, daß sich im Herrn Gestaltenden selber zahlreiche Unausgeglichenheiten aufhielten? Bildnisse dieses sonst sicher an und für sich denkbar Gediegenen, ich meine, Zuverlässigen, scheinen auf obige Frage, die eine durchweg passende sein dürfte, schlankweg Ja zu sagen. War er eitel? Beschenkte er sein Zeitalter aus nichts als Selbstgefälligkeit mit sehr wahrscheinlich etwas zu düsteren, weil zu empfindsamen Figuren? Benahm er sich hauptsächlich aus dem Bewußtsein heraus, er sei etwas wie eine unanzweifelhafte Kraftnatur, von Zeit zu Zeit, d. h. bei dieser oder jener Gelegenheit selbstschmeichelndermaßen unvornehm, will sagen mangelhaft artig oder nicht nett genug? Wird bestritten werden können, er sei mutig genug gewesen, einer in jeder Beziehung zu Bedenken Anlaß darbietenden Herrengestalt Leben eingehaucht zu haben? Hat Mut nicht beinahe immer mit Trotz Ähnlichkeit, und ist letzterer nicht in der Regel etwas Ungezogenes? Der Dichter, den ich hier dem Leser vorführe, gestaltete jedenfalls im Sprößling oder Abkömmling aus feinem Hause etwas doch wohl beinahe schon Allzuernsthaftes, demnach etwas ganz und gar nicht Nettes. Kann es artig genannt werden, wenn es einem Dichter einfällt, Mägde sozusagen strahlen, dagegen aber Herrinnen auf gewisse Weise an sich zweifeln zu lassen? Unglücklichsein ist vielleicht nicht viel Gescheiteres und Besseres als eine Unverschämtheit. Wie läßt der Dichter sein Herrensöhnchen sich gegenüber seiner doch so außerordentlich schönen Frau Mama benehmen? Sympathisch, nett, rücksichtsvoll? Nein, ganz und gar nicht! Gewiß verehrt, liebt er sie sehr, aber abgesehen davon, daß es eine sehr unartige Art von Liebe und eine Verehrungsweise geben kann, die womöglich auf die Nerven fällt, tritt er, im Verlangen, ihr etwas wie ein Bangen gegenüber den Menschen und Dingen einzuflößen, mit einer ausgesprochenen Düsterkeitshaltung zu ihr herein, um was zu tun? Um keine weitere Aufgabe zu erfüllen, als mit der Feinfühlenden von Mägden, also von etwas höchst Ernstzunehmendem zu sprechen. Ganz speziell werten wir Heutigen, um es rund herauszusagen, die Höflichkeit, das jeweilige bißchen Statthaftigkeit, hoch ein und möchten diese, wie uns scheint, wichtige, weil äußerst wertvolle, Eigenschaft auch beim Dichter und seinem Dichten nicht vermissen. In unserer verantwortlichkeitsbewußten Zeit scheint in der Tat dieser Dichter, wenn nicht in künstlerischer, so doch in moralischer Hinsicht etwas wie eine Entbehrlichkeit geworden zu sein; denn auf uns durch und durch Ernstgewordene vermag er mit seinen Ernsthaftigkeiten nicht mehr sehr eindringlich einzuwirken, womit er einstmals Sorglose überzeugt hat. Damals war es eine Selbstverständlichkeit, daß ein Dichter nicht nett zu sein nötig hatte. Heute jedoch verlangt man von ihm, er wirke stärkend, er mache die Menschheit glauben, sie sei klug und gut.

(1929)

I. BERÜHMTER AUFTRITT

WILLIAM SHAKESPEARE
(1564-1616)

HAMLET-ESSAY

Ich dachte heute an Hamlet. Nebenher gesagt, riefen mir soeben Kinder einen Übernamen nach. Ich bin infolgedessen bei glänzender Laune. Ein Freund brachte es dadurch zu etwas, d. h. ziemlich weit, daß er sich zu Zeiten, wo es ihm noch nicht gut ging, interessierend nach mir erkundigte, und daß ich mich in diese Interessebekundung freundschaftlich einließ. Das fiel mir gerade so ein, und ich schrieb es hier auf. Ich schreibe hier, weil's Sonntag ist, nur ganz wenig. Man soll den Sonntag durch Arbeitsamkeit nicht entweihen. Hiezu, finde ich, sind die Werktage da. Übermut an Kindern reizvoll zu finden, dazu bedarf es seelischen Gleichgewichtes. Ich bin jetzt im Besitz einer grandiosen Gesundheit. Wie erquickt's mich, damit zu prunken. Vielleicht werde ich, wenn ich dies aufgeschrieben haben werde, einen Sportplatz aufsuchen.

Hamlet ist gewiß die bedeutendste »moderne« Dichtung. Welche Folgerichtigkeit, welche großen Verhältnisse, was für eine junge Tonart! Und nun gelange ich zum Motiv dieses nur geringfügigen Essays. Hamlet spricht bekanntlich bei irgendwelchem Anlaß: »Reif sein ist alles.« Aber man bedenke, mit wieviel Melancholie er dies sagt. Welche Entsagung, welch ein Weltschmerz tönen in diesem Ausspruch! Er scheint zu weinen, indem er sich diesen Ausspruch abringt. Hamlet war ja in das merkwürdigste

Geschick verwickelt. Wie oft ließ er seinen Kopf hängen. Seine Hände wurden mit der Zeit die Sensibilität selber. Ist es möglich, daß gerade ein Engländer eine so wunderbare Musikalität schaffen konnte, wie Hamlet sie darstellt? Ja, es war möglich, denn der Beweis liegt vor. Weil Hamlet mit seiner geliebten Mutter uneinig war, sah er sich zum Abfertigenlassen möglichst köstlicher Weisheiten verbunden. Wie gerne jedoch würde er auf dieses zweifelhafte Vergnügen verzichtet haben. Seine Mutter verehrend, zwang ihn seine Ehre, sein Gewissen usw., gegen sie vorzugehen, und weil er das tun mußte, entsprang seinen Lippen dieses an sich unsagbar traurige: »Reif sein ist alles.«

Soll nun für uns ein Wort Grundsatz sein, das ein überaus bedrängter, unglücklicher Mensch in seiner Qual aussprach? Reif sein? Was bedeutet denn das? Sind wir denn nicht eigentlich erledigt, sobald wir reif wurden? Greise, Greisinnen sind reif, aber sie lieben es nicht, an den Reifezustand erinnert zu werden. Wie mancher Reife wünscht seine Gereiftheit gegen ein bißchen Unreife umzutauschen, denn mit der Unreife fängt ja das Leben an. Der Frühling ist ja denn auch beliebter als der Winter, und nach einem Winter wird's ja stets wieder Frühling. Was gibt es für Gründe, sich auf die Reifheit viel einzubilden? Der so arme Hamlet sagt sich mit dem Wort: »Reif sein ist alles«, eigentlich nichts anderes als abschiedsbereit sein, wie die Dinge für ihn lagen. Er war ein Todgeweihter, das fühlte er, und daher sprach er endgültig Weises in einem mit dem Leben so sehr fertiggewordenen Ton. Man sieht also gerade aus dem Hamlet, daß Reifsein etwas Nötigliches, also etwas ganz und gar nicht Wünschenswertes ist. Vielmehr ist uns, die wir leben, recht viel nette, fröhliche Unreife zu wünschen. Reife ist doch der Zustand vor der Fäulnis. Diese Tatsache wurde ja denn auch von Hamlet wahrgemacht. Hat man keine Augen? Man klammere sich doch nicht immer nur so an Färbchen, Ausschnitte, sondern überschaue einen gesamten Verlauf, ein Totalbild. Weil Hamlet total lebensmüde war, entfloh ihm das Weisheitswort, aber das Leben will etwas anderes von uns als Weisheiten, es will, daß wir ihm huldigen, fröhlich mit ihm übereinstimmen, es will, daß wir's lieben. Im Leben ist Liebeslust, Daseinslust die höchste Weisheit, also womöglich unreif sein. Innerhalb der Unreife liegen ja viel mehr Lebensmöglichkeiten als innerhalb der Ausgereiftheit. Hamlet nennt sich ja selber arm, und um seiner so erstaunlich klugen Aussprüche willen verachtete, haßte er sich. Es hat weit mehr Sinn, das Reifwerden zu verhindern, als es zu fördern. Was dann noch, wenn wir reif sind? Resignieren, zweifeln, nörgeln! Zeigt uns denn der große Dichter in seinem Hamlet etwas anderes als ein abschreckendes Beispiel?

Und jetzt erinnere ich mich, wie mir einmal ein Mädchen sagte: »Werden Sie nur nie zu klug.«

Wer klug ist, wird besorgt zu sein haben, sich Unklugheiten anzueignen, und wenn einer reif ist, sollte er schleunigst das Nötige in die Wege leiten, wieder ein wenig unreif zu werden, was ich für sehr weise gesagt halte, und ich füge noch bei, daß wir, wenn wir uns etwas Einheitliches sein wollen, Lust und Gläubigkeit brauchen. Leider gibt es unter uns zu viel übelgelaunte, lebensabgeneigte Leute, und man möchte sagen, daß unserer Gesellschaft nichts so gut täte, als daß sie vom männlichen und weiblichen Hamletischen gesäubert würde, womit natürlich allerlei gesagt sein will. Ich sehe täglich stolze, stolze Menschen und wundere mich daher nicht über das Vorkommen mannigfaltigen Unbehagens. Ich sage es mir und allen, daß wir beinahe etwas wie Bösewichte sind, die nichts voneinander annehmen wollen.

Als nämlich Hamlet merkte, daß man ein bißchen mit

ihm zu spielen wünschte, wurde er böse, aber er fühlte, daß er damit ein Unrecht beging. In scheinbarem Zorn über seine Jugendkameraden warf er die Flöte hin. In Wirklichkeit war er über sich selbst zornig, dieser Intellektuelle, dem die reiche Intelligenz, die er besaß, Streich auf Streich spielte, Hieb auf Hieb gab. Er spielte den Wahnsinnigen, aber den Gütigen, Vergebenden, den Ausgleichherbeiführenden vermochte er nicht zu spielen. Man spielt dadurch zum eigenen wie zum Vorteil der andern, daß man mit sich spielen läßt, in ein Spiel einwilligt. Einige werden mir erklären wollen, das sei unmoralisch, ich aber bin von der Moral in der Biegsamkeit und vom Biegsamen in der Moral überzeugt. Nach mir würde es sich um Aufstellung einer Moral handeln, die sich dehnbar erweist, die Elastizität hat, die nicht starr ist, sondern sich unseren Spielen, dem Spiel des Lebens anbequemt, anpaßt. Vielleicht werde ich eines Tages eine Tribüne besteigen und laut sagen, daß überhaupt nur die, die gern spielen, eine wahrhaftige Verantwortlichkeit besitzen, doch ist es besser, ohne alle Umstände eine Szene zu erstellen, als erst noch lang und breit davon zu reden. Wer Lust hat, etwas zu tun, kümmert sich nicht um das, was die Leute dazu sagen; er riskiert es.

Wer weiß, ob nicht Ophelia eine freilich unschuldige Sünde dadurch beging, daß sie zu schön, zu hoch von Hamlet dachte. Vielleicht würde sie ihn von seinem Spleen kuriert haben, wenn sie ihn beispielsweise bloß mal angeschnauzt hätte. Ich würde ihn an ihrem Platz ein- bis zweimal gehörig haben abfahren lassen, hätte ihn mit Geringschätzung überhäuft, verspottet. Dieses schöne Kanzlerstöchterchen besaß eben keinerlei Spiellust. Sieh da, wie's wieder hierauf ausklingt! Sie war zu schlicht, zu ernst, vielleicht etwas zu edel, sozusagen zu vornehm, und sie war vor allem viel zu lieb zu ihm. Sie verwöhnte ihn, und er wurde vor Verwöhntwerden träge, fett und unzart. O, wenn wir immer alles von uns wüßten, wenn wir Folgen überblicken könnten. Vielleicht hätte übrigens ein anderer diesen Essay besser geschrieben, obwohl ich es im Grund nicht glaube, denn ich glaube, daß diese Zeilen bedeutend sind, und ich möchte befürworten, daß man die Knaben frühzeitig ans Ertragen von Blamagen, Niederlagen usw. gewöhnt. In Hamlet sehe ich einen ausgesprochenen Verzärtelten, Verweichlichten, daher seine Unlust und seine Unzartheiten. Gestrafte, Zurechtgewiesene sind zart. Die Undank erlebt haben, vermögen für irgend etwas zu danken. Wir Ungebändigten alle!

(1926)

PERCY

Wenn man sagt, er sei ritterlich vom Scheitel bis zur Fußzehe, so ist das noch lange keine Porträtskizze. Sein Gesicht ist nicht gerade schön. Fast gar keine Nase. Die Nase ist in den Gesichtsball eingedrückt, als wäre sie in irgendeiner Stunde von einem unbarmherzigen Schwerthieb zur Hälfte abrasiert worden. Ich sage absichtlich: wegrasiert. Die Nichtachtung des Schicklichen paßt zu dieser Manneserscheinung. Percy haßt die treffenden Worte, die Grazie, die Parfüms. Die Zeichnung seines Mundes drückt Wehmut und Zorn zugleich aus, aber in seine großen Augen scheint sich das Entzücken von hundert blauen Himmeln ein für allemal verliebt zu haben. Wenn der Mann diese Augen schließt, erwarten die Umstehenden etwas Furchtbares, die Gegend zuckt zusammen, die Welt wird finster. Die Gestalt ist eher klein als groß, eher unscheinbar als imponierend. Die Rüstung ist einfach, aber die Haltung ergibt das unsichtbar-sichtbare Bild des Königlichen. Die Lippen sind unbeweglich, sie lächeln wunder-

selten, und wenn sie es einmal tun, so schießt Hohn zum
Gesicht heraus. Spott bedeutet bei Percy, infolge der Rauheit, die ihn beherrscht, die Spitze der Gutmütigkeit. Wen
er verspottet, den liebt er, und er kann lieben. Sein Körper
macht nicht die geringste überflüssige Bewegung. Er haßt
das Schöne, er bemüht sich, eckig aufzutreten. Was an ihm
schön erscheint, ist unbewußt. Wenn er wüßte, wie hübsch
er ist, zerrisse er sein eigenes goldenes Wesen, ja, er würde
sich selber ins Gesicht spucken. Aber dazu müßte er einen
Spiegel haben, und diesen Gebrauchsgegenstand kennt er
gar nicht. Was er liebt, verachtet er, was er bevorzugt, findet er langweilig, wovon er träumt, das ist lebensgefährlich. Wo das Leben nicht auf dem Spiel steht, mag er nicht
leben. Nie ist ein Ehemann von seiner Gattin so geliebt
worden und nie mit mehr Ursache. Percy kennt gar keine
Tapferkeit. Man kennt nur, was man studiert. Percys
Kühnheit ist Percy angeboren, er kann nichts dafür, daß er
ein Held ist. Seine Leibfarbe ist grau, sein Schmuck grün,
der Federbusch rot. Einer seiner Diener stülpt ihm den
Helm auf den Kopf, gleichviel welchen; Percy ist geschmacklos. Er ist zu voll von Ahnung, als daß er in
solchen Dingen eine Wahl treffen könnte. Er ist zu frech zu
irgendwelcher Bekleidungsfrage und zu zartfühlend zur
Farbenlehre. Seiner Frau ist er Gott, er weiß das, und das
plagt ihn, wenn er frühstückt. Die Zärtlichkeit, die er
empfindet, sobald er sein Weib nur anschaut, will ihn »jedesmal kaputt machen«. Hoffentlich sind das seine eigenen Worte. Er macht dann Witze, sagt Adieu und reitet
zum Teufel. Die Manieren des Rittertums sind ihm viel zu
fade, er benimmt sich wie ein heutiger einfacher Arbeiter.
Die Musik liebt er wie nicht gescheit. Wenn sie ihm,
abends, nach der Schlacht, wenn er sich ermüdet an einen
Baum anlehnt, ertönt, will ihm das Herz, von Tränen getragen, wegschwimmen. Er, der am Tag eine stattliche

Sammlung von abgehauenen Armen, Beinen, Köpfen und Händen auf die blutiggefärbte Wiese zusammengejähzornt hat, versteht es, unmittelbar nach Vollendung des schrecklichen Werkes, aus der Natur schöne und sonderbare Stimmungen zu ziehen und sich denselben, wenn auch nur für kurze Zeit, hinzugeben. Seine Stimme, wenn sie genug geschrien und trompetengeblasen hat, will sich zur Abwechslung auch mal die Wonne des Erzitterns gönnen. Zur Religion steht er sich, na! Lieber nicht aussprechen. Ich glaube, sie ist ihm mehr als gleichgültig. Sie ist ihm eine Krähe oder sonst was, genug, er bedarf ihrer nicht. Er hat Hölle und Himmel auf Erden. Ideale hat er keine, nicht einmal Ehrgefühl; es reißt ihn zum Wagnis hin, zufällig ist das gerade sein Ideal, er tobt und erwirbt Ehre. Er träumt davon, den Prinzen von Wales kampfunfähig zu machen, dann zu lachen und den Überwundenen zu küssen. Bis dahin tötet er, was ihm unter das Schwert läuft, von da an würde er möglicherweise ein gesitteter Mensch werden, aber wahrscheinlich auch dann nicht, sein Trotz würde es ihm kaum gestatten. Er stirbt als Junge, aber man hat, wenn man ihn röcheln und sterben sieht, das Gefühl, ein Riese hauche da seinen Atem aus.

(1908)

»FELIX«-SZENEN

Aus dem »Mikrogramm«-Entwurf

Felix und ein Student aus Bern, der in den Ferien ist, auf einer Anhöhe. Felsige Romantik, Eichenbäume.

Der Student aus Bern: Dieser Shakespeare, der für uns einen so seltsamen Namen hat, erblickte sein Lebenslicht zu Stratford am Avon.

Felix: Ich las das bereits irgendwo und -wann.

Der Student: Man sagt, daß er zuerst Schreiber gewesen sei und auf einer Advokatur arbeitete, wonach er nach London übersiedelte, um seinen Lebensunterhalt mit Verfassen von Dramen zu gewinnen, was ihm auch vollauf gelang. Es wird erzählt, er habe sich zum Häuserbesitzer aufgeschwungen. Auch trat er in den eigenen Theaterstücken als Schauspieler auf. Die Sage berichtet, er habe sich in irgend etwas vergangen und habe gerade in dem Moment gefangen genommen werden sollen, als er auf der Bühne vor dichtbesetztem Hause spielte. Die Königin war anwesend, umringt von ihren Damen und Kavalieren. Sie hatte eben dem Dichter und Akteur zum Zeichen ihres Beifalls und ihrer günstigen Gesinnung ein Blumenbouquet zugeworfen, und zwar höchst wahrscheinlich eigenhändig, als die Häscher vor aller Augen auftauchten, um den Autor festzunehmen, was aber auf einen Wink der Herrscherin unterblieb. Shakespeare trat an die Rampe, beugte vor seiner Beschützerin ein Knie und spielte hierauf getrost und munter weiter.

Felix: Wie viele Schauspiele hat er gedichtet?

Der Student: Gegen dreißig bis vierzig, genau vermag ich es dir nicht anzugeben. Jedenfalls stellte er eine erstaunliche Dichterkraft dar. Er war auf literarischem Gebiet ein selten dagewesen kräftiger Erzeuger. Seine zahlreichen Kinder leben noch heute, indem man sie immer wieder mit Lust und auch Erfolg aufführt.

Felix: Sind sie denn so schön, daß man zu ihrer Aufführung immer wieder den Mut findet?

Der Student: Sie sind voll lebenswahrer Gestalten. So z. B. vermag man sich den Julius Cäsar gar nicht anders vorzustellen, als wie er ihn uns zeigt. Einem Prinzen sollten die Augen ausgestochen werden. Einen Vater verrieten zwei seiner Töchter, weil er sie langweilte, daß er sie für gut und brav hielt. Die dritte, die er mißverstanden hatte und von sich stieß, ehrte ihn in einem fort hoch und mußte um dieser Gefühlsschönheit willen sterben, und der arme Sichselberverkennende herzte im Wahnsinn, der über ihn fiel, weil seine Vernunft sein Leiden nicht mehr ertragen konnte, ihren Leichnam.

Felix: Wie schön und wie schrecklich.

Der Student: Kunst bedeutet, daß der ganze Ernst der Menschennatur durch den Geschmack gemildert und von schönen Melodien umklungen auftrete, daß uns das Böse zuletzt auch noch mit seinem Erscheinen, in allem, was es bedeutet, versöhne. Shakespeare hat zahlreiche Bösewichter von hoher Eigenart geschaffen. Er schuf auch einen Eifersüchtigen, der es sich angelegen sein ließ und durchaus bewerkstelligt haben wollte, daß er seine Frau im Bett totstach.

Felix: So etwas muß wunderbar wirken auf der Bühne.

Der Student: Das tut es. Ein Heerführer, der große Ideen nährt, mißt sich mit einer der obersten Persönlichkeiten des Reiches und fällt, und sein Sinken ist etwas Gewaltiges, und ein Geschwisterpaar findet sich wieder auf die märchenhafteste Weise, und dann streut er in jedes Stück noch so viele Nebenpersonen, wie schaulustige, unterhaltungsbedürftige Zuschauer wünschen können, und daß die Gestalten, wollte man sie nebeneinander aufstellen, einen langen, langen Zug voll farbigster Kostümierung ergäben, einem reichen Bande gleich, einer Schärpe.

Felix: Es ist eine Freude, dir zuzuhören. Man merkt, daß du aus Bern kommst, aus wissensdurstigen Kreisen.

Der Student: Einen so dankbaren, fast möchte ich sagen, andächtigen Zuhörer zu haben wie dich, macht das Rede zum Vergnügen.

Felix: Wir befriedigen uns also dann beide.

Der Student: Ja, und so kann es überall sein, wo Menschen sich in ihrer richtigen Lage befinden. Es kommt auf's gesunde Verhalten an.

Felix: Indem du mir einen Dienst leistetest, dientest du dir selber.

Der Student: Ich war begeistert und teilte dir meine Begeisterung mit.

Felix: O, wenn wir immer einen begeisternden Gegenstand fänden. Was ist man doch den Hohen schuldig, die sich an Holdes und Schwieriges wagten.

Der Student: Wir wollen noch ein wenig turnen.

(1925)

VOLTAIRE
(1694-1778)

»FELIX«-SZENEN

Aus dem »Mikrogramm«-Entwurf

Felix auf dem Estrich.
Felix (im Selbstgespräch mit einer Gesamtausgabe von Voltaire): Ohne Zweifel bist du geistreich, aber die feine Sprache, die du führst, die großen Gedanken, denen du Ausdruck verliehen hast, sollen mich kalt lassen. Ich will den Gleichgültigen gegenüber allen deinen hohen Vorzügen spielen. Du erlaubst mir doch das. Sieh, ich habe kein Taschengeld, möchte so gern welches haben, und du liegst da so vereinsamt herum, so vernachlässigt, so ganz und gar ungebraucht. Du solltest doch zu etwas dienen, du. Wie viele Bände zählst du? Ein Band gleicht dem anderen. Das sieht wie eine Abteilung Soldaten aus. Ich bin überzeugt, daß du lesenswert bist, aber ich bin noch überzeugter davon, daß es mir wünschenswert erscheint, dich in die Untergasse zum Antiquar zu tragen, um dich zu veräußern. Ich bitte dich herzlich, mir die Kulturlosigkeit, deren ich mich hier schuldig mache, zu verzeihen. Ich will dich in deiner Gesammeltheit und Vollständigkeit unter den Arm nehmen und mich mit dir zum Haus hinausschleichen. Die Mutter sitzt mit Fräulein Pflüger, der Gouvernante, die in Rumänien zahllose Abenteuer erlebte, beim Tee, und der Vater ist auf Gängen durch die Stadt begriffen. Der Mo-

ment [ist] kostbar. Ich will die über und über vergoldete, sich so günstig vielleicht lange nicht wieder zeigende Gelegenheit ausnützen. *(Er geht mit seiner Beute.)*

(1925)

JOHANN WOLFGANG GOETHE
(1749-1832)

ETWAS ÜBER GOETHE

Vieles blieb unausgeglichen in ihm. Arbeiten waren unbeendet, eine liebe Frau hatte ihn ungern Abschied nehmen sehen. Ihm schien es, er sei ihr manches schuldig; sie mochte beinah das Recht haben, ihm zu zürnen; aber er zürnte sich auch, war sich allerlei schuldig; das wußte niemand, das begriff vielleicht nur er. So Wichtiges er zurückließ, so Bedeutendes zog ihn in die Ferne. Am Ende war es eine Empfindung des Lebensreichtums, daß er Dinge, die ihn nah angingen, für eine Weile zu verlassen wagen durfte. Er wagte es, weil er wußte, daß er's einmal mußte!

Schon die ersten Reisetage machten ihn vielfältiger; er spürte sich innerlich erstarken, seine Denkfähigkeit leichter, reicher werden, sich rascher um alle Erscheinungen spannen. Freundlich begleitete ihn ein blauer Himmel; flinke Wolken, von artigem Wind getrieben, schwebten dem Eilenden voraus, flogen und jagten ihm nach, und er war ja auch in Eile, obschon er sich im Erfahrungsdrang würdig benahm.

Möglich war, daß er durch Abwesenheit wertvolle Gunst wenn nicht verlor, so doch abschwächte; durfte er aber deswegen zaghaft sein, Handlungen unterlassen, die ihn menschlich höher trugen, in einen Anschauungskreis sich schwingen ließen, von wo aus er Dringliches wie Beliebiges besser durchschaute und überblickte? Nein, nicht länger durfte er zaudern. Wies ihm nicht die Schicksalsgöttin selber den Weg, zeigte ihm die lichtvolle Gelegenheit? Er sah ja, wie's ihn angoldete und -schimmerte; er sah es ja mit innerem Blick, mit Hilfe der Seele. Kehrte er zurück, so würde er alles inzwischen Versäumte glücklich nachholen. Grundlage jedes Könnens war ja das unbedingte Vertrauen.

Einstweilen ließ er sich nun gehörig gehen, wenn's auch beinah wie Charakterschwäche aussah. Festigkeit des Wollens und Ausharrens dürfte nicht in Härte ausarten. Zeitweise schlendern, hieße nachher um so eifriger dem Tun obliegen. Ihn entzückte es, daß er die Heiterkeit herbeiführende Kraft gefunden hatte, den Ehrgeiz überwunden, mindestens zur Seite gedrängt zu haben, ihn, der die Freuden vermindert, das Bewußtsein des Menschseins verängstigt. Mochten auch andere Ehre und Ansehen genießen.

Vom Gefühl gehoben, daß ein bescheidener Platz zur Not vollkommen genüge, es durchaus nicht nötig sei, der Erste zu sein, schenkte er seine Aufmerksamkeit jedem atmenden, lebendigen Wesen und unterhielt und entwickelte sich so aufs beste. Schon gewann er Einblicke in ein kommendes, fröhliches Schaffen, in ein Fortsetzen des Begonnenen und Anfangen von etwas Neuem.

Reisenden gegenüber war er mitteilsam, die Zuversicht verließ ihn kaum einen Moment. Sind wir unserer unsicher, so pflegen wir zu schweigen. Die Worte, die wir unsern Mitmenschen gönnen, sind ein untrügliches Zeichen von gutem Mut, einem gesunden Zustand des Herzens. Hatte ihn sein Genius zu Erfolgen kommen lassen, so war er jetzt froh, mehr und mehr Anerkennung entbehren, sich als Unbekannter unter Unbekannten bewegen zu dürfen. Daß er etwas wie ein Großer geworden war, hatte ihn, der auf jeden Umstand, Eindruck, Einfluß acht gab, jede Spur von Eigenliebe entdeckte, fast wie zu lähmen begonnen, als sei er seines Glückes, seiner Tatlust überdrüssig.

Mutig, menschenliebend genug, sich etwa auch Vorwürfe machen zu lassen, stellte er die reizende Majestät des Lebens, das Ewige der Natur über alles Kleine und Eitle. Keiner lebte, der sich der Gleichheit entzog; sie war ein hartes, aber auch versöhnendes, erhebendes, beglückendes Gesetz; mit ihm ausgerüstet, ließ sich's doppelt so gelassen durch die Widersprüche schreiten. Er sah den Landmann sein Land bebauen, den Handwerker sein Handwerk verrichten. Mannigfaltige Meinungen durchkreuzten ihn wohltuend. Die verschiedensten Begegnungen gaben dem Leben etwas Panoramahaftes. Er sah von neuem und lebhafter wie je ein, wie Gutes und Schlechtes gleich triebkräftig seien, eins aus dem andern wuchs, sich wechselseitig bedingte.

Was er lange hatte missen, hintanstellen müssen, Zwanglosigkeit, Ruhe der Seele, die Sorglosigkeit, dies Geschenk des Himmels, jenes Sichfreiwissen, das der Jäger, der Hirt empfindet, das Olympische, aus dem Leben lediglich etwas Liebenswürdiges Machende, das besaß, genoß er nun. Eines Tages erreichte er Zürich und war über den Anblick der anmutigen Stadt entzückt. Mit Freuden ließ er sich auf den See hinausrudern, fand in einem flüchtig hinskizzierten Liebesliedchen Ausdrücke des Glücks, die dem Schaukeln auf zarten, blauen Wellen glichen. Er wunderte sich über sich selbst, gefiel sich aber so und meinte, vieles, vieles, viel Gutes, Längstersehntes sei unmerklich, wie ein Traum, in Erfüllung gegangen. Er hätte ein Kätzchen oder Hündchen bei sich haben mögen, um es zu streicheln, oder lieber gleich ein Mädchen.

Glocken tönten aus der Stadt, es wurde Abend; er ließ sich ans Ufer fahren, ging den Abhang hinauf zu Bodmer, den er vom Hörensagen schon kannte. Da gab's eine herzliche Begrüßung, er sah sich willkommen. In dem schönen Hause voll heimeliger Eckchen wurde ihm ein Zimmer hergerichtet, jede erwünschte Annehmlichkeit bereitet.

Nachts trat Goethe, da alles schon schlief, noch vors Haus in den mondbeschienenen Garten, wo die Falter ums Gebüsch flogen. Hier träumte er wie ein Jüngling, schaute zum Firmament, zum göttlichen Bezirk, zu den glitzernden Sternbildern, freundlichen Planeten empor, sann in seiner Freude, seiner Selbstvergessenheit an einem Gedicht und dachte an gute, in diesem Augenblick vielleicht auch an ihn denkende, ferne Menschen.

Nach acht Tagen fuhr er mit einem Transitschiff den See hinauf und reiste über den St. Gotthard nach Italien.

(1921)

GOETHE

Er schrieb in seinen Jugendjahren Dramen,
worin er ungewöhnlich frei und mutig
für Freiheit glühte und von Frauen
Gemälde schuf, die unvergeßlich schön sind.
Danach beliebte es ihm, in die Schweiz zu reisen;
über Italien schrieb er ein famoses Buch.
In Versen, die die Leichtigkeit von Schmetterlingen
besitzen, schilderte er sein Verhältnis
zur bildenden, erziehenden Natur
und zur Geliebten, deren Augen ihn beherrschen,
und deren Seele ihn zum schaffenden,
glücklichen Menschen machte. Heimgekommen,
widmete er sich allerhand Geschäften.
Er sah sich sachte zum Regierungsrat
erhoben, und als solcher hatte er

genug zu tun, und diesen Umstand liebte er.
Immerhin ließ die Tätigkeit ihm Muße,
den denkbar zartesten, wie eine Blume
duftenden und in seiner Ruhe einzig-angenehmen
Roman zu schreiben; Wissenschaften taten es
ihm an, ihn fesselte die Pflicht, den Wein
vermocht' er mit Vergnügen zu genießen.
Die Unfreiheit befreite ihn vom Mißgeschick
derer, die mit den Gaben und mit dem Talent
in eine schwier'ge Situation gelangen.
Er mit den mannigfaltigen Beschäftigungen
durfte bald hier, bald dort sich nützlich sehn,
und weil er sich in manches fügte,
ihm, was man ihm verlieh und gönnt', genügte.

(1932)

FRIEDRICH SCHILLER
(1759-1805)

SCHILLER

Schiller war in seiner Jugend
voll erlesner Dichtertugend.
Beispielsweise an den »Räubern«
gibt es kaum etwas zu säubern,
denn sie sind von einer Pracht
der Gestaltung, daß man lacht.
Dieses Stück ist zweifelsohne
von unsäglich gutem Tone,
weniger gediegen scheint
mir das zweite, weil es weint
gleichsam in sich selbst hinunter,
statt adrett zu sein und munter.
Dort den Schmiß, hier einen Riß
konstatiert man ganz gewiß.
Bei Amalia hallen Schüsse,
von den Bäumen fallen Nüsse,
denn der Raum ist herbstlich-herb,
Räuberküsse schmecken derb.
An der hübschen Millerin
kränkelt eine Dichtung hin,
die an heftigen Gebärden
nur zu hurtig müd will werden.
Welche Wonne, wie bei Nummer
Eins erledigt wird der Kummer,

>   der sich bei der Nummer Zwei
>   in die Länge dehnt, als sei
>   alles schließlich einerlei.
>   Wie entwickeln Bühnenstücke
>   sich mit so verschiednem Glücke!

(1928)

SCHILLER (II)

Kühn und verwegen komme ich mir vor. Wenn ich in den Spiegel blicke, scheine ich zwar modern, ich meine besonnen und wohlabgewogen auszusehen.

Schiller schrieb konventionell. In der Zeit, für die er dichtete, waren allzu verfeinerte Probleme noch nicht an der Tagesordnung.

Über den Mann zu schreiben, dem man die Entstehung beispielsweise der »Räuber« verdankt, erfordert ohne Zweifel Mut. Spanische und französische Schriftsteller scheinen es gewesen zu sein, die ihn beeinflußten, ihm den Gedanken beibrachten, er vermöge es in bezug auf das Dichtertum zu etwas zu bringen.

Herkulisch, titanisch fing er an.

Mich mit seinem Erstling beschäftigend, komme ich auf die Don-Juan-Idee. Im Don Juan dominiert patriarchalisch-vertraueneinflößend ein guter, alter Vater; so auch in den »Räubern«, obschon man es hier mit zwei verschiedenartig veranlagten Abkömmlingen zu tun hat.

Welch ein Wurf ist doch das Stück, worin Blätter in einem Park lispeln und der Daheimgebliebene gegenüber der Geliebten des Auf- und Davongegangenen den Galanten spielt, die dem Freund treu bleibt und den Bösewicht darum um so himmlischer anmutet, indem einem Lasterhaften nichts so gut mundet wie das Appetitliche, das aus einer schönen Seele hervorstrahlt.

Wer erinnert sich übrigens hinsichtlich der »Räuber« nicht an die Geschichte vom verlorenen Sohn, die zur Darstellung bringt, wie einer solid und klug zu Hause bleibt, während sich der andere verlocken läßt, in die Ferne zu schweifen?

Hier Einschränkung, Genügsamkeit, dort Expansion und eine Fülle von beflügelten Ansprüchen. Hier der Neid auf Ungezwungenheit und Freiheit, dort das anscheinend berechtigte Sehnen, in den Rahmen des Vernünftigseins und der Sittsamkeit zurückzukehren.

Zwischen beiden Begriffen und Bedürfnissen schüttelt das Familienoberhaupt seinen Kopf.

Schon als Schulknabe durfte ich anläßlich eines Theaterabends den Reiz und die Wirkung des Dramas erleben, das gewiß eines der interessantesten Werke der Weltliteratur ist.

Gibt es etwas Wirkungsvolleres als Amalias edles Enden? Hat je ein Dichter die zarte Unzulänglichkeit des Sich-Liebens und den Lebenslauf, den die Eigenschaften dem Menschen vorschreiben, überzeugender illustriert wie derjenige, über den ich hier spreche, und der nun zur Abfassung von »Kabale und Liebe« schritt, um hier freilich meiner geringfügigen Meinung nach weit weniger vorteilhaft abzuschneiden, wie er das erste Mal tat.

Das erste Stück beruht auf luftigen, großartig angelegten Verhältnissen, die weit und landschafthaft wie die Erde sind, während sich das zweite mit bürgerlicher Eingeengtheit empfindsam, d.h. teils lebhaft und munter, andersteils dumpf abgibt, worin eine Realistik zu Wort kommen will, die später, falls man dies sagen darf, von Ibsen ausgebaut worden sein dürfte.

Vielleicht stützt sich das Glaubwürdige und Eindrucksreiche der »Räuber« auf eine Art Fremdartigkeit, und womöglich stellt Ferdinand nicht viel anderes als eine Wiederholung oder Fortsetzung Karls dar.

Jedenfalls aber stand Schiller als Eroberer der Bühne da. Langsam wuchs er zum Geschichtsprofessor heran. Seine kommende unterrichtende oder erzieherische Sendung voraussehend, schuf der sich in jeder Weise Bändigende, will sagen Entwickelnde sein vielleicht schönstes Stück, den »Don Carlos«, worin es, was Sprachlichkeit und Gestaltung betrifft, noch jugendlich flammt, sich zugleich aber auch schon gewissermaßen gewählte Manieren angenehm und ausgleichend geltend machen.

Er war auf der Höhe seines Könnens angelangt, die er, was eine Seltenheit ist und etwas wie eine Handwerksmeisterlichkeit sein kann, zu behaupten wußte.

Tausende machten sich das Vergnügen, ihn zu bewundern. Einer, der sich benimmt, daß man ihn verherrlichen kann, schenkt seinen Mitmenschen viel.

Er rüttelte anfänglich auf und fand späterhin, indem er ergreifend zu bleiben verstand, Gefallen.

Sich vor einem Großen zu verneigen ist glücklicherweise leichter, als selbst groß zu sein. (1931/32)

SCHILLERFIGUREN

Großstädtisches Kaffeehaus.

Lady Milford: Sie sind jener aus dem väterlichen Schloß verstoßene und um einiger Unvorsichtigkeiten willen ins Räuberhandwerk gejagt und getrieben wordene Karl Moor? Ihr Aussehen scheint durchaus Ihrem Schicksal zu entsprechen. Was wurde aus Ihrer Amalia?

Karl Moor: Ich beging den Fehler, zu leichtgläubig zu sein. Mein Bruder Franz kannte diese meine Schwäche genau. Auf einen ironischen Brief hin, den er mir vielleicht nur versuchsweise schrieb, rannte ich spornstreichs in die Wälder, wo mich mein Ehrgeiz zur Gründung einer Gaunerbande anstachelte. Indes sich Amalia, die nie aufhörte, mich für den besten und liebenswürdigsten Menschen der Welt zu halten, um mich abhärmte, indem sie in schwarzem Samtrock am Fenster ihres Gemaches saß und unablässig an mich dachte, nahm ich einen jungen, bildschönen Polen namens Kosinsky in die Reihen meiner Spießgesellen auf. Er verstand wunderschön zu singen; in seinem Auftreten, seinem Benehmen, seinen Äußerungen mahnte er an ein Mädchen. In der Tat war er ein solches, obschon er das natürlich nie eingestand.

Lady Milford: Ihr Herr Vater wurde von Ihrem Herrn Bruder in einen Hungerturm geworfen. War denn Franz wirklich solch ein Schurke?

Karl Moor: Da er von lauter Einfältigkeiten umgeben war, wie sein Vater eine war und wie anderseits ich eine zu sein scheine, so kann es möglich sein, daß er schurkisch wurde. Unsere Naivitäten langweilten ihn.

Lady Milford: Er wäre also halb zu entschuldigen. Aber wer stürzt denn da hinein?

Amalia (in aufgelöstem Haar): Mein nie zu Verwindender!

Karl Moor: Solltest du dir nicht solche exaltierten Manieren eigentlich längst abgewöhnt haben? Benimm dich bitte ein wenig zeitgemäß.

Lady Milford (zu Amalia): Ihr sehr interessanter Geliebter befindet sich auf dem Weg, ein scharmanter, brauchbarer, gescheiter, anstelliger und geschmeidiger Mensch zu werden. Unterbrechen Sie seinen Bildungsgang nicht. Er stellt eine Entwicklungsphase dar. Er sieht manches ein. Eine willigere Natur gab es nie.

Amalia: So bin ich betrogen? *(Zur Kellnerin:)* Bitte, bringen Sie mir Schlagsahne.

Ferdinand (zu Karl Moor): Wir beide scheinen mit ähnlicher Jugendungestümlichkeit ausgestattet worden zu sein. Hinsichtlich idealischen Eifers gleichen wir einander wie ein Ei dem andern. Unsere Hauptaufgabe scheint darin zu bestehen, uns Geduld einzuprägen, die Wichtigkeit dieser Eigenschaft will von uns erfaßt sein.

Luise (zu Amalia): Ich übte so wenig Einfluß auf meinen hochgeschätzten Liebhaber aus wie Sie auf den Ihrigen. So geht's, wenn man bloß liebt.

Maria Stuart: Wie geht's denn dir, Mädchen vom Land mit der fabelhaften Karriere?

Die Jungfrau von Orléans: Ich habe doch jedenfalls gelebt. Du zwar auch, aber auf eine andere Art. Du wurdest zum Opfer deiner Schönheit, ich zum Opfer meiner patriotischen Entflammtheit. Ich war Seele, du warest Leib, falls ich mich etwas primitiv ausdrücken darf, was in einer Glosse erlaubt sein dürfte.

Wallenstein: Ich bin vielleicht Schillers bedeutendste Figur so im Kreise meiner Anhänger und Verräter und mit dem berühmten Vorhaben, dem ich eines Abends Ausdruck verlieh, in einen möglichst langen, ergiebigen Schlaf hineinzusinken.

Don Carlos: Mysteriöse Erscheinung, die ich bin! Ich vermochte die Hofluft nicht zu ertragen, der Hof ertrug wieder mich nicht. Marquis Posa hätte vielleicht nie mein Freund sein sollen. Diese Freundschaft war aber Tatsache. Mich überkam ein Bedürfnis, aus einer Umarmung in die nächstliegende andere zu stürzen. Ich flog, taumelte von Betäubung zu Betäubung und kann auch jetzt noch nicht umhin, mir unerklärlich zu sein. Ich hielt und halte es innerhalb meiner selber kaum aus. Ich bin mir etwas durchaus Unerträgliches. Wer sich unausstehlich ist, nicht mit sich übereinstimmt, sich nicht versteht, den verstehen auch andere nicht. Ich bin die hochaufgeschossene Mißverstandenheit. Mein Talent, mich zu charakterisieren, setzt mich übrigens in Verwunderung.

Lady Milford: Ferdinand hat mich ein ganz, ganz klein wenig geliebt, aber er glaubte sich diese Empfindung verbieten zu müssen. Sein sittlicher Impuls kleidete ihn vorzüglich.

Luise: Ich zeigte Ihnen gegenüber weit mehr Temperament als gegenüber demjenigen, dem es nicht geschadet hätte, wenn ich mir von ihm nicht alles hätte wollen gefallen lassen. Liebe ist alles andere eher als eine Erzieherin. Weil ich außer ihm nichts liebte, wurde er bekanntlich sehr dreist.

Amalia: Ich sah entzückend aus, als ich im Park den Degen zückte.

Sekretär Wurm: Ich bedaure die Mimiker, die sich auf mich abzustimmen, sich in mich hineinzuleben haben.

Lady Milford: Ich wurde zeitweise von einer Schauspielerin dargestellt, die eines Tages bei Tisch einen Dichter fragte, ob er sie nicht zu sehen begehre, wie sie in der Abschiedsszene die Hände ausbreite, zu den Dienern und Dienerinnen sprechend: »Ihr liebt mich, ihr Guten!« wie da gleichsam ihre Hände von den Tränen der Rührung gewaschen werden. Der Dichter erwiderte, es sei ihm natürlich eine Freude, gelegentlich Zuschauer des Auftrittes zu sein, der noch heute keineswegs seine Wirkung verfehle. Er dankte meiner Interpretin sehr höflich und dachte an eine Vorstadttänzerin, und die erfolgreiche Schauspielerin durchschaute ihn, der für die Kleine, die Ungenannte in Künstlerkreisen nachmals Stimmung machte.

(1927)

BERÜHMTER AUFTRITT

Gräfliches Zimmer. Der alte Moor ist gegangen.

Franz (allein) Du mein Gott, wie plump ich gewesen bin. Ich geniere mich ordentlich. Ich habe ihm die Schurkerei wie ein übelduftendes Fressen aufgetischt, und er hat es bereitwillig eingenommen. Sei's. Wie müde ich mich fühle, mich so schmutzig benommen zu haben. Ich hatte kaum recht die Absicht, zu töten, da gelang's mir schon. Ich habe, glaube ich, nur eine vorläufige Probe anstellen wollen, und da ist das widerwärtige Meisterwerk schon fertig. Meinetwegen. Alter Schafskopf. Was sind das für lieblose Töne? *(Er besieht sich im Spiegel.)* Wie hübsch ich aussehe. Eine vollkommen ruhige Miene. *(Er lächelt.)* Und dieses Lächeln. Wie unboshaft. Ich hätte nicht so rohe Mittel brauchen ins Werk zu setzen, Schrecken zu verbreiten. Aber das ist es: das Unfeine überzeugt am raschesten. Ich bin um eine Erfahrung reicher. Wie faul ich bin. *(Er streckt sich auf einem Ruhebett aus.)* Ich würde indischen Tabak rauchen, wenn ich gerade welchen hätte. Ich bin ein bißchen angeödet von all dem Vorgefallenen. Ich habe zu schmierig gelogen, und es ist mir zu brutal geglaubt worden. Das entkräftet. Mag's. Was soll ich jetzt tun? Heda, Hermann! *(Hermann tritt auf.)* Geh wieder. Es war ein Traum, dich zu rufen. Ich hasse Träume. *(Hermann ab.)* Ich will der Amalie einen erneuten Liebesantrag machen. Ich glaube, ich habe Lust, beschimpft zu werden. O, die Herrlichkeit der Beleidigung. Mich so zu verkennen, das grenzt an Irrsinn. Ich habe ein zu zart entwickeltes Empfindungsvermögen, und ich langweile mich ein wenig. Mich langweilt das Natürliche. Mich entsetzt der Gedanke, ich könnte Erfolg in der Welt haben. *(Amalie tritt auf.)* Ich habe soeben gelogen, ich habe deinen Karl verdächtigt. Ich bitte dich, eile, sonst geschieht ein Unglück. Der alte Moor ist daran, ihn zu verdammen. Aber ich lüge. Dieses offene Bekenntnis ist die Kaprize eines Nichtswürdigen. *(Amalie geht verächtlich lächelnd ab.)* Sie glaubt es. Und so taucht langsam hervor, Ungeheuerlichkeiten. Breite dich aus, Schauder. Furchtbarkeiten, tretet heran, amüsiert mich. *(Er springt auf.)* Ich habe der geordneten Natur jetzt einen Fußtritt versetzt. Sie wird nie wieder gesunden. Ich zitterte, aber vor Weh. Wenn es nicht möglich ist, zart zu sein, so ist es erlaubt, zum Tier zu werden. *(Er gähnt.)* Ich glaube unerschütterlich fest an den Segen des Furchtbaren. Ich will die Güte zur Welt hinauspeitschen. *(Er sieht ein Band am Boden.)* Ich will sie zur Hure machen, dafür, daß ich ihr nicht habe begreiflich machen können, daß ich edlen und großen Herzens bin. Los. Vorwärts. Hermann! *(Hermann erscheint.)* Mach' mich betrunken. Ich muß schlemmen. Ich muß die Höllenkräfte, die in mir donnern, künstlich ersticken. Ich bilde mir sonst ein, ich sei Gott und vernichte das Weltall. *(Geht ab.)*

(1907)

»GUTEN ABEND, JUNGFER!«

Wurm, Haussekretär des Präsidenten. Welch eine merkwürdige Figur. Dieser großartig angelegte Schleicher. In seiner Seele hat einstmals jugendliches Feuer gebrannt. Man muß sich einen Wurm als jung denken. Damals hat er noch weinen, beben, beten und hell auflachen können. Es ist möglich, daß er sogar Gedichte geschrieben hat, und jetzt! Er möchte gern etwas ganz Großes sein, er hat Phantasie, und er ist in den Bezirken des Hohen und Guten wie zu Hause. Aber er hat es zu nichts Hohem und Fertigem gebracht, zu nichts Befehlshaberischem. Da er sich vor unfeinen, ja scheußlichen Gewalten bücken muß, hat er sich auf die betörende Grausamkeit verlegt, das zeigt unanfechtbar deutlich an, daß er die Hoheit des Schönen und Guten schauerlich empfindet. Er wäre ein guter Kerl, wenn ihm ein schöner Mund zulächeln wollte. Da schleicht er nun, wie so ein vollendeter Schleicher, das vollkommene Bild eines lebentötenden und -vergiftenden Schurken, und hat doch eine krankhafte Sehnsucht nach dem Lieblichen. Wie wünscht er, gut und rechtschaffen und wohlwollend zu sein. Schon allein seine Klugheit wünscht das. O, er weiß in allen Herzenssachen so trefflich Bescheid, er kennt die Welt, und er weiß, daß er das beste Weltgeschäft verpaßt hat: zündende Wärme und Liebe. Und da geht er nun hin, eines Abends, es fängt schon zu dunkeln an, zu Luise, die er anbetet, und will nun um sie werben, obschon er von der Nutzlosigkeit seiner Absichten überzeugt ist. Und nun beginnt diese furchtbare Folterung der liebenden Seelen. Unzweifelhaft ist Wurm ein Schurke, es macht ihm Spaß, zu quälen, aber ebenso gewiß tut er sich weh, er liebt, und das ist sehr wichtig. Denn nun tut sich vor unsern Augen da eine wahre Seelenschmerzenhölle auf, es regnet in dieser herrlichen Abendszene Qualen. Das Luisen-Zimmer ist gleichsam tapeziert mit Bildern der unnennbarsten Pein. Rache und Zärtlichkeit, körperliche Lust und Bosheit, Schurkerei und herrische Standhaftigkeit, wie wimmelt das kraß durcheinander. Wurm ist Weltmann, er besitzt die solide Bildung eines Mannes mit guten Beziehungen, er ist genau informiert über die Charaktereigenschaften des Heldenmädchens. Er bewundert sie ohnegleichen in dem Moment, wo sie sich seinen entsetzlichen Plänen überliefert. Er fühlt die grenzenlose Verachtung, welcher er sich aussetzt, er hält das aus, ja, er übersteigt noch die Grenze, er zwingt sich zuletzt noch zu Widerlichkeiten. Er steht unbedingt groß da, er ist Held. Inwiefern Ferdinand Kavalier ist, kann er stolz sein, durch so kühne Intrigen zu fallen.

(1908)

[ZU »KABALE UND LIEBE«]

»Mikrogramm«-Entwurf

Sich von einem Hofmarschall Kalb beunruhigen zu lassen. Armer Ferdinand. Mußte Luise durchaus tragisch enden? Sie sprach freilich hie und da verwegen: »Ich will ein Veilchen zu seinen Füßen sein.« So drückte sie sich in bezug auf ihren Freund aus. Wie mußte sie ihm mit einem solchen Ausspruch den Kopf groß machen. Unvorsichtige Luise, einen so poltrigen Vater zu haben und eine so händefaltend veranlagte Mutter. Bei Vorkommnissen aller Art zum Himmel emporzuschauen ist ja denkbar einfach. Ins Spinnhaus sollten sie kommen, weil ihre Tochter Anlaß gab, daß sich Ferdinand ungebührlich aufführte. Inwiefern tat er das? Sein Vater befahl ihm: »Geh zur Lady Milford, die dich hochschätzt, und erkläre ihr, du liebtest sie. Sie wird dich heiraten.« Was antwortete hierauf Ferdinand anderes als: »Das wird nie der Fall sein.« Um solchen Bescheides willen saß das Töchterchen, von Eigensinnigkeiten eingesponnen, mutterseelenallein in ihrem Gelaß, wo sie nur mit halber Lust ihr Abendbrot aß. Der Präsident Walter stampfte mit dem Fuß auf den glattpolierten Boden seines Repräsentationsgemaches, die Lady ließ Luise zu sich bitten. »Dieses Mädel hält ihn von einer Vernunftehe ab«, sprach sie zu sich. Ich nehme an, sie habe in der Wallung ihre Lippen zusammengepreßt. Man kann sich ja immerhin gegen diese Annahme auflehnen. Luise fand sich im Boudoir der Lady ein, die sich bezaubernd schön hatte machen lassen, und nun fing ein Kampf zwischen beiden Frauenerscheinungen an, der in Luisens Worten gipfelte: »So nehmen Sie ihn.« Die Lady verzichtete. Möglich ist ja, daß Luise sich geschickter hätte benehmen können. Ich an ihrem Platz hätte vielleicht, ja sogar sehr wahrscheinlich, den Vorschlag der Lady, ihre Zofe zu werden, angenommen. Es hätte ja nicht für immer zu sein brauchen. Ich bin der Ansicht, daß man sich schmiegsam zeigen soll. Arme Lady, wie sie wegen dieser Luise litt. Warum hätte Ferdinand sie nicht heiraten und damit seinen Herrn Papa beruhigen können? Nebenbei würde er ja für seine Luise haben weitersorgen können. Sekretär Wurm würde in diesem Fall nicht nötig gehabt haben, im Auftrag von Ferdinands Vater diejenige erschrecken zu gehen, die sich als Veilchen vorkam und die sich nun von ihrem Geliebten sagen lassen mußte: »Trink die Limonade.« Wie tat er sich weh, daß er ihr das zumutete. Auch er tat hierauf dem Getränk die Ehre an. Es war recht bequem vom Präsidenten, seinem Sekretär zuletzt noch zuzurufen: »Schurke!« Untergebene führen naturgemäß ihre Obliegenheiten aus. Ich sah »Kabale und Liebe« in meiner Knabenzeit und erinnere mich der starken Tragik lebhaft. Was wurde aus der Lady? Sie teilte ihre Kostbarkeiten unter ihren Bedienten aus und scheint sich entfernt zu haben. Eine Schauspielerin in Berlin, die diese Rolle spielte, munterte mich zum Besuch der Vorstellung auf, indem sie mir fast ein wenig zürnte, mich nicht neugieriger zu sehen, wie sie sich darin ausnehme. Könnte man das Stück nicht auch betiteln: Folgen des Mangels an Vertrauen?

(1925)

TELL IN PROSA

Hohlweg bei Küßnacht
Tell (tritt zwischen den Büschen hervor): Durch diese hohle Gasse, glaube ich, muß er kommen. Wenn ich es recht überlege, führt kein andrer Weg nach Küßnacht. Hier muß es sein. Es ist vielleicht ein Wahnsinn, zu sagen: Hier muß es sein, aber die Tat, die ich vorhabe, bedarf des Wahnsinns. Diese Armbrust ist bis jetzt nur auf Tiere gerichtet gewesen, ich habe friedlich gelebt, ich habe gearbeitet, und wenn ich müde von der Anstrengung des Tages gewesen bin, habe ich mich schlafen gelegt. Wer hat ihm befohlen, mich zu stören, auf wessen Veranlassung hin hat er mich drücken müssen? Seine böse Stellung im Land hat es ihm eingegeben. *(Er setzt sich auf einen Stein.)* Tell läßt sich beleidigen, aber nicht am Hals würgen. Er ist Herr, er darf meiner spotten, aber er hat mich an Leib, Liebe und Gut angegriffen, er hat es zu weit getrieben. Heraus aus dem Köcher! *(Er nimmt einen Pfeil heraus.)* Der Entschluß ist gefaßt, das Schrecklichste ist getan, er ist schon erschossen durch den Gedanken. Wie aber? Warum lege ich mich in den Hinterhalt? Wäre es nicht besser, vor ihn hinzutreten und ihn vor den Augen seiner Knechte vom Pferd herunterzuschlagen? Nein, ich will ihn als das ahnungslose Wild betrachten, mich als den Jäger, das ist sicherer. *(Er spannt den Bogen.)* Mit der friedlichen Welt ist es nun vorbei, ich habe auf das Haupt meines Kindes zielen müssen, so ziele ich jetzt auf die Brust des Wüterichs. Es ist mir, als hätte ich es bereits getan und könnte nach Hause ziehen; was im Geist schon geschehen ist, tun die Hände hinterher nur noch mechanisch, ich kann den Entschluß verzögern, aber nicht brechen, das müßte Gott tun. Was höre ich. *(Er horcht.)* Kommt er schon? Hat er es eilig? Ist er so ahnungslos? Das ist das Eigentümliche an

diesen Herren, daß sie ruhigen Herzens Jammervolles begehen können. *(Er zittert.)* Wenn ich jetzt den Schuß verfehle, so muß ich hinabspringen und das verfehlte Ziel zerreißen. Tell, nimm dich zusammen, die kleinste Ungeschicklichkeit macht dich zum wilden Tier. *(Hornruf hinter der Szene.)* Wie frech er durch die Länder, die er erniedrigt, blasen läßt. Er meint, herrisch zu sein, aber er ist nur ohne Ahnung. Er ist so sorglos wie ein tanzendes Kind. Hundertfacher Räuber und Mörder. Er tötet, wenn er tänzelt. Ein Ungeheuer muß in der Ahnungslosigkeit sterben. *(Er macht sich zum Schuß bereit.)* Jetzt bin ich ruhig. Ich würde beten, wenn ich weniger ruhig wäre. Ruhige wie ich erledigen Pflichten. *(Der Landvogt mit Gefolge auf Pferden. Prachtvoller Auftritt. Tell schießt.)* Du kennst den Schützen. Frei ist das Land von dir. *(Ab.)*

(1907)

WILHELM TELL

Ich leite diesen Essay mit dem einsichtsreichen Geständnis ein, mir scheine, es gebe in der Literatur Kitsch, der entzückend, und anderseits komme manches Nichtkitschige vor, das befremdend sein könne.

Was den Wilhelm Tell betrifft, so hat mich von jeher, d. h. vor etlicher Zeit, die Frage beschäftigt, ob etwa der Herr Landvogt eine hübsche Frau gehabt habe. Schon als ich noch an der ehemaligen Kloster-, jetzigen Marktgasse wohnte und auffallend dichterisch, d. h. eigenwillig angezogen im umliegenden Land herumlief, gab ich dem wackern Landvogt, geistreich gesprochen, eine elegante Gattin, indem ich mir zu phantasieren erlaubte. »Des Landvogts Frau interessierte sich für den Tell lebhaft«, meine ich einst geschrieben zu haben. Heute jedoch schreibe ich folgendes: »Was bedeutete des letzteren überraschende Schießkunst? Ist sie reell oder nicht?«

Wer übrigens aufmerksam Heinrich von Kleists »Käthchen von Heilbronn« liest, dem fällt auf, daß das zarte Mädchen weiter vielleicht nichts anderes ist als das Weichheitselement im stählernen Wesen des Herrn Grafen vom Strahl, und wer sich Mühe gibt, Shakespeares »Othello« mit einiger Angelegentlichkeit zu betrachten, der wird zugeben müssen oder wahrnehmen können, daß Jago nicht viel anderes als die Figuration der Othelloschen Unruhe sein kann.

Derlei Ahnungen zu haben, finde ich reizend. Ich bin z. B. überzeugt, daß, um auf Wilhelm Tell zurückzukommen, der Schweizer, der die Freiheit liebt, dem eine verhältnismäßig interessante Behausung bewohnenden Landvogt viel zu verdanken hat, indem letzterer erstern zu Taten usw. anspornte.

Sollte man nicht beinahe mit der Idee einiggehen dürfen, Landvogt und Tell seien eine einzige widerspruchsvolle Persönlichkeit?

»Schieße mir einmal einen Apfel vom Kopf deines Knaben!« wurde befohlen oder energisch ersucht, und sofort wird dem eigenartigen Wunsch entsprochen worden sein.

Der Landvogt veranlaßte Tell, sich im Treffen zu üben, wonach er ihm auch noch Grund gab, sich als Turner zu bewähren, wobei ich vom Sprung auf die Felsplatte spreche.

Bezüglich der Tellsage interessiert mich die Frage nicht so sehr, ob Tell ein guter, der Landvogt aber ein böser Mensch war, als der eben erwähnte Umstand des Beweglichkeitsveranlassunggebens.

Mir scheint bedeutend zu sein, daß beide ein Unzertrennliches, Einheitliches bilden: um einen Tell hervorzubringen, bedurfte die Geschichte eines Landvogts. Einer ist ohne den andern undenkbar. Ungefähr das ist's, auf das hin ich in diesen Zeilen wilhelmtellhaft hinziele.

(1928/29)

JAKOB MICHAEL REINHOLD LENZ
(1751-1792)

LENZ

Sesenheim, Stube.

Friederike: Warum sind Sie traurig, lieber Herr Lenz? Machen Sie doch eine muntere Miene. Sehen Sie: ich bin so fröhlich. Kann ich denn etwas dafür, daß ich guter Laune bin? Nehmen Sie mir das übel? Nehmen Sie mir übel, daß ich nicht trüb und mißgestimmt sein mag? Wie kommt mir nur heute die Welt so schön vor. Ihnen nicht?

Lenz: Ich kann es nicht mehr aushalten. Ich muß hinaus. Schnell. Sie sind glücklich, Sie sind göttlich. Um so elender bin ich. Wenn ich Sie so schön sehe, muß ich Sie beim Kopf nehmen und küssen, und das wollen Sie nicht, das werden Sie nie wollen, nie wünschen. Wir sind nicht für einander. Ich bin für nichts auf der Welt.

Friederike: Warum nur gleich so den ganzen Mut sinken lassen. Sie können mir recht weh tun. Sie könnten mir eine wahre Lust schenken, wenn Sie sich ein wenig wohlbefinden wollten, aber das wollen Sie nicht.

Lenz: Ich kann nicht.

Friederike: Ja, gehen Sie. Gehen Sie hinaus. Lassen Sie mich. Es ist besser.

Lenz: Wissen Sie, wie ich Sie liebe? Wie ich Sie vergöttere?

Friederike: Das hätten Sie nicht nötig gehabt zu sagen. Hier kommt Goethe. Weiß Gott, es nimmt mich, es reißt mich, wie ich diesen lieben Menschen sehe.

Friederikens Kammer. Dämmerung.

Lenz: Leise, leise. Daß nur ja kein Mensch mich sieht. Wie bin ich abscheulich. Aber es ist besser, abscheulich und häßlich sein als so trostlos. Mag denn ein Elender auch seine Freude haben. Warum muß einem Menschen gar nichts, gar nichts und einem andern alles, was es Schönes gibt, gegönnt sein? Lieber verworfen sein als gar nichts sein. O Natur. Wie himmlisch bist du. Selbst denen, die dich entstellen, wirfst du Wonnen und Seligkeiten vor die Seele. Hier sind ihre Strümpfe. *(Küßt sie.)* Ich bin wahnsinnig. Wie ich zittre. So zittert der Verbrecher. Wie heilig mir diese Gegenstände sind. Wie's mir über den Kopf kommt. Wenn jemand käme. Fort. Ich wäre auf immer zuschanden.

Straßburg. Auf dem Münster.

Goethe: Wie herrlich dieser Blick ist. Studium und Genuß sind nie besser verbunden als an einem solchen erhabenen Ort. Indem man Lust hat, immer weiter mit dem Auge zu schweifen, wird die schöne weite Aussicht immer lehrreicher. Dort der Fluß im breiten, wohlwollenden Land, wie er schimmert. Wie eine Sage, wie eine alte, gute Wahrheit schlängelt er sich durch die ausgedehnte Ebene. Dort hinten in der Ferne die Berge. Man kann alles auf einmal sehen und sich doch nicht satt sehen. Unser Auge ist eine seltsame Maschine. Es greift und läßt alles wieder fahren. Da unten in den alten, lieben Gassen: wie sie treten, gehen und tagewerken, die traumhaft befangenen Menschen. Man kann von hier oben herab so recht sehen, wie wohltätig und wie rechtschaffen wir sind, ergriffen von der gesunden täglichen Gewohnheit. Ist nicht Ordnung immer wieder das Schöne?

Lenz: In unsere deutsche Literatur muß der Sturm fahren, daß das alte, morsche Haus in seinen Gebalken,

Wänden und Gliedern zittert. Wenn die Kerls doch einmal natürlich von der Leber weg reden wollten. Mein »Hofmeister« soll sie in eine gelinde Angst jagen. Jagen, stürmen. Man muß klettern. Man muß wagen. In der Natur ist es wie in Rauschen und Flüstern von Blut. Blut muß sie in ihre aschgrauen, blassen alten Backen bekommen, die schöne Literatur. Was: schön. Schön ist nur das Wogende, das Frische. Ah, ich wollte Hämmer nehmen und drauflos hämmern. Der Funke, Goethe, der Funke. Die »Soldaten«, bilde ich mir ein, müssen so etwas wie ein Blitz werden, daß es zündet.

Goethe (schaut ihn an, lächelt).

Gasse. Es regnet.
Lenz: Es wird mir hier alles barbarisch. Ich verkomme. Kein Fingerzeig. Die Illusionen schwinden. Kein Traum mehr. Und wie tot, wie schwül ist alles. Muß es denn gerade jetzt regnen? Wozu ist überhaupt der Regen? Der Regen ist dazu da, daß es Regenschirme und nasse Straßen in der Welt gibt. Unter meinen Augen ist es mir siedend heiß. Am liebsten möchte ich jetzt kriechen. Dieses ewige Gehen. Was man sich doch für dumme Mühe macht...

Weimar. Saal im Schloß.
Die Herzogin: Also so sehen Sie aus? Treten Sie ungescheut näher. Wie man Sie willkommen heißt, dürfen Sie auch ein Zutrauen haben. Ihre dramatischen Arbeiten sehen Ihnen ähnlich. Es ist etwas Schüchternes und etwas Wildes an beiden. Legen Sie beides ein wenig ab, so werden Sie mehr Genuß an Ihrem Dichterfeuer und an Ihnen selbst haben. Es freut mich aber wirklich sehr, daß Sie Neigung gefunden haben, zu uns zu kommen, und hoffentlich wird es Ihnen bald auch bei uns einigermaßen

behagen. Das Leben will eine gewisse behagliche Wärme und auch eine gewisse schickliche Breite haben. Doch ich tu' ja, als wenn ich Ihnen einen Vortrag halten wollte. Das will ich und soll ich nicht; ich soll mich nur sehr von Herzen freuen, daß Sie hier sind, und das tu' ich, glauben Sie es mir. Haben Sie auch schon eine günstige Wohnung gefunden? Ja? Das ist gut. Unser Weimar kann Ihnen sicher heimisch werden, es bietet mancherlei. Nur müssen Sie es eben, wie es ist, auch zu nehmen und zu genießen wissen. Sieht man Sie so, so glaubt man, Sie ein bißchen schulmeistern zu dürfen. Verübeln Sie, daß ich warm mit Ihnen rede? Nicht? Um so besser. Aber ich schwatze, und der Herzog wartet auf mich.

Lenz (errötend; sehr unsicher, will etwas sagen).

Herzogin: Ach, nur keine sonderlichen Danksagungen. Sagen Sie sie mir ein andres Mal. Oder lieber gar nicht. Ihr Gesicht gefällt mir. Das genügt. Es hat alle Artigkeiten und Höflichkeiten schon längst ausgesprochen. Ich werde sorgen, daß wir uns wiedersehen. *(Ab.)*

Lenz: Schweb' ich? Wo bin Ich?

Terrasse. Ausblick in den Park.

Lenz: Ich dichte, schaffe nichts. Dieses ewige Knixen und Schöntun. Dieser Frost, diese nichtssagenden Förmlichkeiten. Bin ich noch ein Mensch? Warum bin ich enttäuscht? Warum will ich mich nur gar nirgends in der Welt anschmiegen? Da war's doch in Straßburg anders. War's denn etwa dort besser? Ich weiß nicht. Kann ich nirgends Fuß fassen? Kann ich mich nirgends behaupten? Ich fürchte mich. Ich bin grauenhaft.

Nacht. Zimmer der Hofdame Gräfin so und so.

Gräfin: Was soll das heißen?

Lenz: Lassen, lassen Sie mich. Vergönnen Sie mir den

Genuß, zu Ihren Füßen liegen zu dürfen. Wie schön, wie trostreich für die verdurstende, schrecklich gepeinigte Seele ist dieser Moment. O, klingeln Sie nicht, rufen Sie nicht Ihre Leute. Bin ich denn ein Räuber, ein Einbrecher? Freilich bin ich unangemeldet hergestürzt. Wo man liebt: soll man sich da erst noch lange um die hergebrachte Sitte kümmern müssen? Wie sind Sie schön, und wie bin ich glücklich, und wie feurig, wie innig wünsche ich, nicht Ihr Mißfallen zu erregen. Können Worte, die aus der Brust eines Menschen kommen, der Sie anbetet, Sie beleidigen? Gewiß ist das ja möglich, gewiß, gewiß. Ich Sie beleidigen, ich Sie auch nur mit einem Hauch beunruhigen? Wie wäre das möglich? Schauen, schauen Sie mich nicht so hart an. Ihre Augen, die so schön sind, haben nicht verdient, daß sie so kalt, so unfreundlich, so ungütig blicken müssen. Retten Sie mich. Ich bin dem Verderben preisgegeben, wenn Sie kein Gefühl für mich haben. Haben Sie kein Gefühl? Dürfen Sie keins haben? Bin ich denn jetzt zerschmettert? Bin ich verloren mit allen meinen himmlisch-schönen Träumen? Wissen Sie, wie süß, wie schön ich träumte? Doch ich weiß nicht mehr, was ich sagen soll. Ich soll schweigen, ich soll jetzt wohl einsehen, daß ich die höchste aller Unziemlichkeiten begangen habe, ich soll fühlen, daß alles kalt ist, und daß alles zu Ende ist.

Gräfin: Ich bin sprachlos.

Lenz: Wie schön du bist. Dieser Busen, diese Arme, dieser Körper. Können so viele Herrlichkeiten sich anders als sanft gebärden?

Gräfin: Entfernen Sie sich auf der Stelle. Soll ich Ihnen erst noch sagen, daß Sie bewiesen haben, wie verzweifelt und wie unmöglich Sie sind. Sind Sie um die gesunde Vernunft gekommen? Ich muß es glauben.

Arbeitskabinett des Herzogs.
Goethe: Er ist ein Esel.
Herzog: Ein unglückliches Kind. Was er getan hat, wäre sonst unbegreiflich. Man schaffe ihn auf eine sanfte Manier fort. Mein Hof kann dergleichen nicht dulden.

(1912)

LENZENS SOLDATEN

Ich offeriere Ihnen den Stolzius in Lenzens »Soldaten«. Den möchte ich einmal auf der Bühne sehen. Das ist eine ganz prächtige Figur. Sie ist so natürlich, daß einer sie nur zu spielen braucht, aber ich möchte am liebsten diese Figur von einem Riesen gespielt sehen. Stolzius begeht Riesendummheiten, er vergiftet einen andern und sich wegen einem Mädel, er tut also Dinge, die auch heute im Osten von Berlin noch vorkommen, und gerade deshalb möchte ich das Stück aufgeführt sehen. Diejenigen Geschehnisse, die jederzeit in der Zeitung stehen können, sind doch immer die packendsten, das Gewöhnliche enthält Geheimnisvolles, im Trivialen liegt Überirdisches. Heutzutage sitzen die Dramatiker eben viel zu wenig in den Kaffeehäusern und bohren ihre Nasen zu selten in die knisternden Abend- und Morgenblätter. Entweder ein Dichter erlebt am eigenen Leib und Gemüt etwas, oder er stiehlt die Sujets aus den neuesten Nachrichten, welcher Diebstahl ja bis zum heutigen Tag meines Wissens noch nie bestraft worden ist.

Lenzens »Soldaten« sind wie aus einem Zeitungsblatt abgeschrieben, freilich unter Hinzufügen von Kunstgriffen, deren Vorhandensein in den Spalten eines Tageblatts oder Kuriers oder täglichen Anzeigers allerdings wenig zu bemerken ist. Immerhin, Stolzius ist den Zeitungen entnommen, ich setze meine Ehre daran, daß das wahr ist, aber was soll ich zu einer so schönen Frau, wie die Gräfin La Roche ist, sagen? Da bin ich einfach paff, und ich erlaube mir das Paffsein angesichts einer vollendet abgerundeten Frauengestalt. Ich stelle sie mir üppig vor, auch nimmt sie kleine Schritte und hat eine helle, hohe Stimme. Natürlichkeit und Vornehmheit umgeben diese Dame mit einem Schmelz, der zu beschreiben wäre, wenn man ihn anpacken könnte, aber gottlob entziehen sich derartige Sachen einer Anpacke-Möglichkeit. Was dieses Rokoko-Frauchen spricht, gehört wohl mit hinein in den Topf des Schönsten, was unsre vaterländische Literatur an Sprache und Rede aufzuweisen hat. Büchner, der Dramatiker der Biedermeierzeit, hat an Lenz gelernt, ich freue mich, daß es gerade mir hat dürfen vorbehalten bleiben, dies festzustellen.

Diese Gräfin La Roche ist gepudert, aber damals verstanden es die Weiber noch, Seelentiefe mit Toilettenkünsten, ohne daß das eine das andre gestört hat, zu verbinden. Auch diese historische Kenntnis bringt mir vielleicht eines Tages, wenn es mit rechten Dingen zugeht, Ehre ein. Im Ernst, man sollte es mit einem Dichter auf der Bühne versuchen, der, wie Lenz, das Genie gehabt hat, Natur und zugleich Größe zu geben. In dem Stück ist eine entzückende Mädchenfigur, Soldaten stiefeln herum, Kaleschen fahren, in einer Straße regnet es, hübsch tapezierte Zimmer gelangen zur Ansicht, die Landschaft spielt eine Rolle, und vor allen Dingen: es sind dankbare Rollen da zum Besetzen. Die Wirkung des Ganzen ist eine ergreifende, ich täusche mich nicht, ich täusche mich seit einiger Zeit nie mehr. (1907)

JEAN PAUL
(JOHANN PAUL FRIEDRICH RICHTER)
(1763-1825)

JEAN PAUL

Etwas in manchmal zimperlichem Sinn Konservatives, sagte ich mir, sei der deutsche Begriff über die Bildung geworden. Herrschaft, welche Frechheit! Entzückend-entrüstete Gesichterchen schauen mich tragisch an. »So ein Flegel!« wird vornehm betont hörbar. Eine Flöte und ein Flegel! Wo gibt's das? Bei Jean Paul, über den ich hier rede. Welch einzig schöne Sätze er schrieb. Es scheint, ich wisse, er habe seine Mutter sehr geliebt. Ich las das einmal in einem Gartenlaubeband. Immer wollte ich mich schon über diesen großen Dichter, der sich so unpathetisch gebärdet hat, in einem Konversationslexikon orientieren, damit sich mir sein Lebensbild öffne. Und dann habe ich ja vieles von ihm überhaupt noch gar nicht gelesen, immerhin aber doch schon bis zu zwanzigmal das »Schulmeisterlein Wuz«, das vielleicht der schönste kleine Roman ist, der aus dem Schoß des erzählenden Deutschlands hervorging. »Lehne dich ruhig an mich an, du störst mich gar nicht«, meint der Autor treuherzig zu so einer Art von Christian, der ihm beim Schreiben Gesellschaft geleistet zu haben scheint. Vielleicht war dieser Christian Jean Pauls Hausknecht, dem die Aufgabe oblag, des Dichters Pult aufzuräumen.

Zeitweise lebte er in Hof, und so viel mir bewußt ist, auch in Koburg, und er muß ein unglaublich guter Charakter gewesen sein, ich glaube das steif und fest. »Und wenn die gelehrte Welt« – das ist wieder eine Wendung, die mir im Gedächtnis haften blieb, und die natürlich ziemlich ironisch gemeint ist. Im Jahre 1804 durften sich deutsche Schriftsteller den Luxus des Spottens nach Herzenslust gönnen. »O, unvergeßlicher erster Junius, schrieb er –«, heißt es anderwärts, und dann spricht er von schönen, rotgemalten Ländern. Dem Schulmeisterlein und seiner Justine kommen die Abendhimmelschönheiten so vor, »worauf sie ihm mit dem ersten errötenden Kuß um den Hals fiel«. Bei Jean Paul haben wir Natursprache, mütterlich-grünendes Deutsch. Jedes Buch dieses genialen Bayern ist jedesmal ein elegant-ländliches Gärtchen; seine Sprachblumen sind von beinahe betäubender Färbigkeit. Es gibt im »Schulmeisterlein Wuz« Sätze, die halbe bis ganze Druckseiten einnehmen. Jünglinge gleiten in Kähnen um ruhige Buchten. Landschaftliches und Menschliches, das lebt beides gleich saftig, ist von einer Geistigkeit und zugleich Ursprünglichkeit, wie sie nicht nochmals in deutscher Literatur vorkommt.

Der Berner Dichter Jeremias Gotthelf, möchte man sagen, komme stilistisch von Jean Paul her. Ein aufmerksamer Leser von Gotthelfschriften hört und sieht deutlich, wie da Klanglichkeiten, Ausdrücke Jean Paulschen Ton haben, womit selbstverständlich kein Vorwurf ausgesprochen sein soll, da wir ja alle geistig von irgendwoher kommen. Beeinflussungen sind begreiflich und daher erlaubt. Und nun, meine Herrschaften, kommen wir auf die Flöte zu sprechen. Gab es nicht für deutsche Gebildete eine Zeit, in der diese Jean Paulsche Flöte und das Spiel auf ihr sozusagen verpönt waren? Es gab recht viele Leute, denen das Flötenspiel unseres Dichters unausstehlich sentimental vorkam. Diese Zeit ist zum Glück dahin. Es war um die Zeit, wo ein Jakobowsky dichtete, wo ein recht klangloser Naturalismus im Schwang war. Denn es hat ja noch nie ein deutscher Dichter in Prosazeilen so schön gesungen, so drauflosmusiziert wie Jean Paul. So z. B. dichtete er da von einer »Vaterhand«; man kann dabei ohne leiseste Mühe an Michelangelos sixtinische Figuren, an deren Großheit und zugleich Zartheit denken. Und nun käme also Vult hervor, um mit verbundenen Augen, blindheitvortäuschend, vor der hochverehrten Einwohnerschaft des Städtchens Haslau zu konzertieren, und Sie werden ja nun wohl wissen, daß ich jetzt bei den »Flegeljahren« bin, die ich für so ziemlich das schönste deutsche Belletristikbuch halte, wenn man etwa von Goethe rasch absieht.

Hier haben wir's nun mit zwei Brüdern zu tun, mit dem Naivling Walt, der zu allem, was ihm begegnet, ja sagt, der ein wundervolles, blondes Jünglingelchen ist, sehr gescheit, vielleicht sogar ein jugendlicher Klugheitsgott, und doch wieder zum Glück erzdumm, wie sich das ja auch für einen angehenden Romantiker nichts als schickt. Er soll Notar werden und reist aus dem Heimatdorf, das Elterlein heißt, ins palästegezierte Haslau voll Dixhuitièmelichkeiten, die sich ins Empirehafte verzogen haben. Die Haslauerallüren beglücken ihn. Die Straßen wimmeln von Damen, Lakaien und Karossen; zu allem dem kommt er noch in ein himmlisches Mansärdchen hinaufzuwohnen, wo er zusammen mit Vult dichtet, indem beide Brüder die längsten, geistvollsten Gespräche führen, wobei kostbare Zeit verloren geht. Vult ist Weltmann; sein schönes, stolzes, glühend-kaltes Herz ist ein wahres orangenhainumgoldetes Marmarameer, und da leben sie nun gemeinsam und reden von Zeit zu Zeit wie Narren, sie haben beständig liebend zu zanken, und nun macht sich allgemach bemerkbar die schönste Generalstochter, die man sich denken kann; sie heißt Wina, und das ist ja ein ganz gottvoller Name, der all ihre junge Weiblichkeit illustriert.

Herrenhutische Friedhöfe kamen schon vorher zur Verwendung. Dort im Friedhof haben sie sich nach langer Zeit des Auseinandergewesenseins wiedergefunden, und die Erkennungsszene kommt mit ihren Innerlichkeiten herrlich zum Ausdruck. Herzenstöne findet ja Jean Paul wie kein Zweiter. Man kann irgendeines seiner Bücher, vor allem die »Flegeljahre«, im Tiergarten zu Berlin lesen, man kann dieses reiche Buch nach Japan mitnehmen oder auf eine Schweizerreise. Das Buch liest sich auf der Petersinsel im Bielersee so angenehm wie auf der Estrade eines Omnibusses in London, denn es ist ein Buch voll Welt, voll Leben. Dieses Buch ist die schönste, heiterste Mischung von Weltmännischkeit und dörflichem Idyll, es kleinstädtelt und großstädtelt darin lustig durcheinander. Welchen von beiden wird nun Wina lieben? Beide zusammen und zugleich wieder keinen? Fast scheint es uns so. Darf solch ein Empirefräulein ungrundsätzlich sein, ihre Hand, ihren Wert, die Menge selten feiner Empfindlichkeiten einem Flötenisten oder einem vulminanten Phantasten, wie Walt einer ist, verschenken? Walt kommt ihr vielleicht dann und wann ein wenig schoßhündchenhaft vor. Sie streichelt ihn ja denn auch oft mit guten, lieben Worten, und dennoch steckt in diesem Schoßhündchen viel Bedeutendes. Walt verkörpert ja mit seiner Gestalt das Wesen des Deutschen überhaupt, dieses Stürmischgute, all dieses schöne Seelenunbesonnene, aber Vult ist auch deutsch, freilich ist er auf Reisen, die ihn an alle europäischen Höfe führten, gleichsam entdeutscht worden, er zürnt sich ja auch dann und wann deshalb. Walt ist ein Schaf, verglichen mit Vult; er ist unverschämt-glücklich, immer schwärmerisch, immer liebt er irgend etwas. Vult ersucht ihn hundertmal umsonst um Vorsicht; Walt ist von seinem beständigen Lieben nicht abzubringen. Dann wandert er, und wie tut er's herbstlichfröhlich, er sitzt bei Kindern in Gasthäusern, Vult wandert ihm maskiert-diskret nach, vielleicht in der Absicht, ihn vor Verliebtheiten zu beschützen, aber Walt hat den Vult auf gewisse Art gar nicht nötig, denn er besitzt Reserven, das merkt manchmal sein Bruder und wird fuchsteufelswild über Walt so gut wie über sich selbst. Um sich zu beruhigen, greift er zur Flöte und entlockt ihr vermöge seiner Aufgewühltheiten, seines Unzufriedenseins Töne der schönsten, höchsten Ausgeglichenheit, da ihm ja die Kunst heilender Arzt ist. Vult ist auf seiner Flöte ein Zauberer in kaltleuchtenden-glühenden Neujahrsnächten unter Winas mit Himmelbett versehenem Wohnzimmer.

Walt betet jedes Dienstmädchen beinah im Vorbeigehen göttlich-leicht an, »denn das sind ja alles so liebe Geschöpfe«, meint er und begibt sich zu einem Grafen hinein und hat universelle Unterhaltungen mit diesem denkbar vornehmsten Menschen. Vult donnert erfolglos gegen alle Grafen der Welt. Walt liebt alles Menschliche, besonders alles Gräfliche. Schauspieler mit seltsamen Haarschöpfen auf den Köpfen treten auf und ab, und dann hätte ich ja beinah eine Stadt zu erwähnen vergessen, die mit lauter Rosen bekränzt ist und wo Walt Bonmots mit Winas Vater wechselt, der die Geistesflämmchen gnädig akzeptiert. Im Anfang des Buches wird Walt zum Universalerben eines Vermögens eingesetzt. Eine Reihe von Klauseln halsen ihm jedoch eine Reihe von Pflichten auf, die er eine nach der andern verletzt, indem er nicht genügend aufpaßt, beziehungsweise acht gibt. Kirchenräte, Buchhändler usw. sind ihm vom Testament zu Aufpassern anbeordert worden, und es laufen zwei Hauptfäden durchs Buch, der eine heißt Geld, der andere Liebe, und wie ja jeder weiß, ziehen sich beide Mächtigkeiten durch jedes Leben.

Am Schluß des Buches wandert der Künstler fort, indes das Kind, wie man Walt nennen kann, noch im Bette schläft. Walt hört im Schlaf und im langen, großen Traum, der an Ausgedehntheit einem Wald ähnlich ist, die abziehende, langsam verhallende Flöte des Bruders, den er liebt, dem aber, weil Wina ihn nicht liebt, die Liebe Walts nicht genügt. Es hat einen Larvenball gegeben, auf dem Vult im Fuhrmannshemd erschienen ist, und da hatte er mit schwarzer Verhängung der Hälfte seines Gesichtes Wina gefragt. Sie antwortete zablockisch, generalstöchterlich, mit Güte und Interesse, im übrigen aber ausweichend. Er hatte das ja erwartet, hatte es aber deutlich hören wollen, und der Bescheid jagte ihn nun in die Welt hinaus. Ich meine, es ist so: Allesfürgutfindende, wie Walt, beanspruchen keinen Kuß, sie sinken schon fast vor Glück über einen freundlichen Blick hin. Aber Vult wollte mehr, er wollte alles, er wollte die Welt, er wollte Wina, die ihm zur Welt geworden war. Die gab sich ihm aber nicht, obschon sie von Vults Wert, seines Wesens Strahl überzeugt war, und es ist ja so eminent deutsch, daß sie um jeden Preis das Zablockitöchterchen, das Noblessepflänzchen blieb, und vielleicht darf ich jetzt diesen Essay für beendet und den Auftrag, ihn zu schreiben, für erfüllt halten.

(1925)

BRIEF AN EIN MÄDCHEN

Auszug

(...) Vergangene Woche las ich die »Flegeljahre« von Jean Paul und lebte mit den Jünglingen Walt und Vult, mit dem alten Manne Lukas, dem Hoffiskal Knol, dem Kirchenrat Glanz, mit der Firma Neupeter u. Cie und der schönen Generalstochter Wina Zablocki, die eine Nonne und ein Engel und überdies eine Polin und mithin fabelhaft schön ist. In dem herrlichen Buche kommen eine flötenspielende holde Mond- und Neujahrsnacht, eine seltsame, entzükkende Reise, ein herrenhutischer Gottesacker, mehrere wunderliche Gasthäuser samt Schauspielertruppen, eine mit Rosen überschüttete Kleinstadt und ein Larventanz vor, der wohl das Tiefsinnigste ist, das je geschrieben wurde. Ein unglaublich empfindungsreiches Buch ist es, und sein liebenswürdiger Verfasser muß uns als einer der seelenvollsten, aber zugleich auch als einer der witzigsten Dichter erscheinen. Ob Dir das Buch gefiele, weiß ich nicht. Ich wage zu sagen, daß Jean Paul in der Dichtkunst ungefähr das ist, was Beethoven in der Tonkunst; er ist der sonderbarste deutsche Dichter, und er war sicher eines der treuesten Menschenherzen, die es je gab, trotz den närrischen Sprüngen, die es sehen läßt. Er ist wild und schön, oft ein wenig verrückt, doch dabei unendlich gut und sanft, und seine Phantasie kennt kaum Grenzen. Das Geringste rührt ihn wie das Größte, und das Wunderbare ist, daß ein Pariser so gut wie ein derber Bayer, ein Weltmann so gut wie ein Bauer in ihm steckt. Er lebte zu Napoleons Zeiten und erwähnt ihn in seinen Schriften öfter. (...)

(1918)

FRIEDRICH HÖLDERLIN
(1770-1843)

HÖLDERLIN

Hölderlin hatte angefangen, Gedichte zu schreiben, doch die leidige Armut zwang ihn, als Erzieher in ein Haus nach Frankfurt am Main zu gehen, damit er sein Brot verdiene. Hierin ist die große, schöne Seele in der gleichen Lage wie der Handwerksmann. Verkaufen mußte er den leidenschaftlichen Hang nach Freiheit; unterdrücken den königlichen, kolossalischen Stolz. Der harten Notwendigkeit Folge war ein Krampf, eine gefährliche Erschütterung im Innern.

In ein hübsches, elegantes Gefängnis begab er sich.

Geboren, um in Träumen und Einbildungen zu schweifen und am Halse der Natur zu hängen, Tage und Nächte unter treuherzigen, dichtbelaubten Bäumen mit beseligendem Dichten hinzubringen, sich mit den Matten und ihren Blumen zu unterhalten, in den Himmel hinaufzuschauen und den göttlich gelassenen Zug der Wolken zu betrachten – trat er jetzt in wohlhabenden Privathauses säuberliche, bürgerliche Enge und übernahm die für seine aufbäumenden Kräfte fürchterliche Verpflichtung, sich honett, gescheit und manierlich aufzuführen.

Er empfand ein Grauen. Für verloren, für verschleudert hielt er sich, und er war es auch. Ja, er war verloren; denn er hatte nicht die erbärmliche Kraft, alle seine herrlichen Säfte und Kräfte, die nun verleugnet und verhehlt sein sollten, schändlich zu verleugnen.

Da, da zerbrach, zerriß er, und er war von da an ein armer, beklagenswerter Kranker.

Hölderlin, der nur in Freiheit zu leben vermochte, sah sein Glück vernichtet, da er die Freiheit verlor. An der Kette, die ihn umklammerte, riß und zerrte er vergeblich; nur wund riß er sich daran; die Kette war unzerbrechlich.

Ein Held lag in Ketten, ein Löwe mußte artig und manierlich tun, ein königlicher Grieche bewegte sich im bürgerlichen Zimmer, dessen enge, kleine, hübsch tapezierte Wände sein wunderbares Gehirn zermalmten.

Hier begann denn auch schon die klägliche Geisteszerrüttung, jenes langsame, weiche, entsetzliche Zerschellen aller Klarheit. Von Aussichtslosigkeit zu Aussichtslosigkeit, von einem seelenzerschneidenden Bangen und Grauen zum andern irrten und taumelten die traurigen Gedanken. Es war wie tonloses, stilles, träges Zertrümmern himmlisch heller Welten.

Trübe, plump und dunkel wurde ihm die Welt, und um sich wenigstens an Tändelei und Täuschung zu berauschen, grenzenlose Trauer um verlorne Freiheit zu vergessen, den Gram des geknechteten, gefesselten Löwen zu überwinden, der im Käfig auf und ab, hoffnungslos auf und ab, auf und ab geht, fiel es ihm ein, sich in die gnädige Frau zu verlieben. Dies zerstreute ihn, kam ihm gelegen, tat dem vernichteten, erwürgten, erstickten Herzen auf Minuten wohl.

Während er einzig und allein den hingesunkenen Traum der Freiheit liebte, bildete er sich ein, daß er die Herrin liebe. Öde wie in der Wüste war es um sein Bewußtsein herum.

Lächelte er, so war ihm, als habe er das Lächeln, um es auf die Lippen zu bringen, mühsam erst aus tiefer Felsenhöhle hervorziehen müssen.

Zurück nach der Kindheit sehnte er sich krankhaft, und, um von neuem auf die Welt zu kommen und wieder ein Knabe zu werden, wünschte er, daß er sterbe. »Da ich ein Knabe war...«, dichtete er. Man kennt das herrliche Lied.

Indem der Mensch in ihm verzweifelte, sein Wesen aus vielen elenden Wunden blutete, stieg sein Künstlertum gleich reichgekleidetem Tänzer hoch empor, und wo Hölderlin fühlte, daß er zugrunde gehe, musizierte und dichtete er zum Entzücken. Die Zerstörung und Zertrümmerung seines Lebens besang er auf dem Instrument der Sprache, die er redete, in goldenen, wunderbaren Tönen. Er klagte um sein Recht und um sein zerschmettertes Glück, wie nur Könige fähig sind zu klagen, mit einem Stolz, einer Hoheit, die ihresgleichen im Bereiche der Dichtkunst nicht kennen.

Schicksalsgewaltige Hände rissen ihn aus der Welt und ihren für ihn zu kleinen Verhältnissen über des Erfaßbaren Rand hinaus, in den Wahnsinn, in dessen lichtdurchfluteten, irrlichterreichen, holden, guten Abgrund er mit Gigantenwucht hinabsank, um in süßer Zerstreutheit und Unklarheit für immer zu schlummern.

»Es ist ja unmöglich, Hölderlin«, sprach die Frau des Hauses zu ihm; »und was du willst, ist undenkbar. Alles, was du denkst, geht immer über alles Schickliche und Mögliche hinaus, und alles, was du sprichst, zerreißt alles Erreichbare. Du willst und kannst nicht wohl sein. Wohlsein ist dir zu klein, und der Frieden in der Abgegrenztheit ist dir zu gemein. Alles ist dir und wird dir ein Abgrund, ein Grenzenloses. Die Welt und du sind ein Meer.

Was kann und darf ich dir sagen, um dich zu beruhigen, der du alles Behagen als etwas Verachtenswürdiges von dir weist? Alles Enge und Kleine verwirrt dich, macht dich krank; alles Weite und Unabgeschnittene aber reißt dich hinauf und hinab, wo kein Bleiben, kein Genießen ist. Geduld ist deiner nicht würdig; Ungeduld aber wieder zerstückelt dich. Man ehrt dich, liebt dich und beklagt dich; so ist kein Genuß bei dir.

Was soll ich tun, da dich doch nichts freut?

Du liebst mich?

Ich glaube es nicht, muß mir verbieten, es zu glauben, und muß wünschen, daß du dir verbieten wolltest, es mich glauben zu machen. Es treibt dich nicht, mich zu lieben, sonst vermöchtest du friedlich, freundlich und glücklich zu sein und mit dir und mir Geduld zu haben. Ich habe nicht das Recht zu glauben, daß ich dir viel bedeute.

So sei doch sanft, gut und gescheit. Ich fürchte mich bald nur noch vor dir, und das ist ein Gefühl, das ich beweine. Laß doch die Leidenschaft fahren und überwinde dich. Wie schön, warm und groß könntest du in entschlossener Überwindung sein. Doch deine kühnen Einbildungen töten dich, und der Traum, den du dir vom Leben machst, raubt dir das Leben. Könnte: Auf-Größe-Verzichten nicht auch Größe sein?

Schmerzlich ist ja alles.«

So redete sie zu ihm. Hölderlin ging dann aus dem Hause fort, trieb eine Zeitlang noch in der Welt umher und fiel darauf in unheilbare Umnachtung.

(1915)

HEINRICH VON KLEIST
(1777-1811)

KLEIST-ESSAY

Lorbeerkranzbedürftig scheint der junge Adlige mit dem Knabenantlitz gewesen zu sein, von dem sich wird sagen lassen können, er sei einer achtbaren Familie entsprungen. Seine Angehörigen als nette Menschen zu betrachten, wird erlaubt sein. Wie Frankfurt a.d.O. aussehen mag? Mir ist diese Stadt unbekannt, die ich mir hübsch vorstelle. Nach den Gebirgigkeiten des Daseins sehnte sich der Aufwachsende, und es scheint, daß ihm dieselben reichlich zuteil wurden, indem er, äußerlich gedacht, allerlei Reisen unternahm, von denen ihn eine der frühesten nach Paris führte, wo ihm die »Familie Schroffenstein« entstand, die man das Recht haben dürfte, als eine geniale Dichtung zu bezeichnen. Für mich sind die Verse in diesem kraftvoll hinstürzenden-strömenden Stück herrlich, aus dem er später schweizerischen Freunden Teile vorlas. Der »arme Heinrich« beabsichtigte nämlich, sich in der Schweiz anzusiedeln, um »im eigentlichen Verstand«, wie er in einem Brief schrieb, Bauer zu werden, ein verhältnismäßig kecker Plan, der notwendigerweise mißlingen mußte. Zeitweise hielt er sich auf einer allerliebst gelegenen Aareinsel bei Thun auf, das eine Art Tür oder Pforte ins Berner Oberland bildet und ein prächtiges, viertürmiges, frühmittelalterliches Schloß aufweist. In Thun dichtete er den »Zerbrochenen Krug« und beschäftigte sich mit einer Serie von Trauerspielentwürfen, die ihm jedoch sozusagen über den Kopf wuchsen. Hie und da wusch ihm, zwanglos gesprochen, ein Bernermeitschi, die in ihrer Schürze und ihrem Miederchen niedlich genug ausgesehen haben wird, den Dichterkopf, aber das treuherzige Unternehmen scheint nicht von Erfolg begleitet gewesen zu sein. Klingt der Name Heinrich nicht schon an und für sich nach irgend etwas Rechtschaffenem, Immergrünem, nach etwas unausrottbar Deutschem, Jungem?

Wie seine Hände ausgesehen haben mögen?

Trug er einen hohen oder flachen Hut, und ließ er jeweilen seine auf mannigfaltige Art benützten Schuhe rechtzeitig bei einem Schuhmacher sohlen?

Dann verlobte er sich ja mit einer Generalstochter, die nicht ohne Schwierigkeiten an seine Sendung zu glauben vermochte, und die ihn eines Vor- oder Nachmittags mit schüchterner Stimme bat, auf ihre Lebensbegleitschaft zu verzichten, was ein Wunsch war, den er erfüllte, da solche Wünsche für ritterlich Gesinnte stets etwas wie unumgängliche Forderungen sind. Wenn ich sein Erstlingsdrama entzückend, packend finde, so kann ich ähnliches von der »Penthesilea« nicht sagen, die mir im Ton, im Atem, in der moralischen Placierung usw. verunglückt scheint. Selbstverständlich können manche diesbezüglich in aller Fröhlichkeit anderer Meinung sein. Mir liegt hier übrigens daran, über einen ernsten Gegenstand in einer möglichst heiteren Tonart zu schreiben, den Ernst des Themas aus Ausgleichsgründen nicht allzu ernst nehmend. Kleist war zudem meiner Ansicht nach von Zeit zu Zeit einer der glücklichsten Menschen seiner Epoche, was ja aus seinem teilweise geradezu glitzernden Schaffen mit wünschenswerter Klarheit hervorgeht. Mit der Weltstadt Paris, das seit langem eine Art europäische Hauptstadt ist, wußte er wenig anzufangen, und im Schweizerstädtchen

Thun verlangte er erstens von sich ein Kind, zweitens ein schönes Gedicht und drittens eine bemerkenswerte Tat. Hieraus erhellt, daß er gegenüber sich selbst womöglich zu große Ansprüche stellte. Dichten und Leben sollten ihm in ein einziges, zusammenhängendes Glänzendes, Bedeutendes fließen.

(1927)

WEITERES ZU KLEIST

Teile seiner Guiskardtragödie las er in Thüringen Wieland vor, der den sehr höflichen und artigen Fehler beging, seines jungen Freundes Versuche auf theatralischem Gebiet zu eifrig zu loben. Vor Wielands etwas billigem Erbaut-Entzücktsein riß der arme Heinrich aus, der in dieser oder jener Hinsicht der reiche Heinrich genannt werden kann. Alles Lob ist in der Tat meistens kolossal unzuverlässig. Wie ich glaube behaupten zu können, bewohnte der Dichter, mit dem ich mich beschäftige, zeitweise Dresden, das sich durch imposante Bauten, wie Terrassen usw., auszeichnet. Dichtete er dort das weltbekannte »Käthchen von Heilbronn«, sein populärstes Stück? Kann sein! Genannte Dichtung ist halb in Prosa, halb in Versen verfaßt und enthält »Perlen«, will sagen, Prachtpartien in Fülle, leidet jedoch, vielleicht etwas persönlich gesagt, an diversen Übertriebenheiten, die dem Autor selbst nachgerade anfingen, unangenehm zu werden. Die »Penthesilea« sandte er eines schönen Tages zaghaft-vertrauensvoll an Goethe, der nicht unterlassen zu sollen glaubte, dem Übersender der wie im Fieberzustand geschriebenen Arbeit hochachtungsvolle Vorwürfe zu machen, die in jeder Beziehung berechtigt gewesen sein mögen. Wolle doch um Gottes willen der Leser nicht glauben, ich sei bestrebt,

Kleist von seinem Ruhm zu befreien, ihn seines in der Tat großen Verdienstes zu entkleiden. Vielmehr erlaube ich mir nur, festzustellen, daß er momentan, nachdem er en vogue war, sichtlich ein wenig aus der Mode gekommen ist, was man sehr gut begreift, denn lassen sich eigentlich seine Dramen in aller Ruhe aufführen? Nein!

Hauptsächlich lassen sie sich lesen, sie besitzen als sogenannte Buchdramen Wert. Für die Schauspieler sind die Kleiststücke quälend, indem Kleist seine Figuren alles das sprechen läßt, was die Schauspieler lieber lediglich spielen, darstellen, als mühsam aussprechen. Hiezu kommt die ungeheure Formfeinheit, die komplizierte, barocke Schönheit der Kleistschen Ausdrucksweise, die den Schauspieler mit Abneigung erfüllen. Kleist hat eben nie eine Bühnen-, sondern immer eine Dichtersprache gesprochen, und nun spreche ich meinerseits vielleicht etwas Merkwürdiges aus, nämlich, ich sei des Glaubens, das weitaus beste, gesündeste, abgerundetste Stück von Kleist sei der »Amphitryon«, bei dessen Herstellung er sich an Molière anlehnte, dessen Werk er mit unvergleichlicher Kunst, mit der denkbar talentiertesten Anpassungskraft in die deutsche Sprache übersetzte, seine Dichterunabhängigkeit dennoch bei dieser Gelegenheit aufs erfreulichste wahrend. Ich betrachte den Kleistschen »Amphitryon« als ein Juwel und halte die »Hermannsschlacht« für ausgezeichnet.

Ihr Dichter schrieb nun auch zu allem noch eine Reihe von höchst geschlossenen, kraftvollen Novellen, die außerordentlich »schneidig« geschrieben sind, mithin von eigentlich beinahe zu starker Wirkung sind. Eine bewundernswerte Energie lebt in ihnen, und das Wertvolle dabei ist, daß sie, bei aller sprachlichen Unweigerlichkeit, sehr viel Nuancierung, Stimmung enthalten. In der Novelle erweist sich dieser arme Heinrich als großer Beherrscher der

Form sowohl wie des Inhaltes. Wo anders schrieb er diese Meisterstücke deutschen Dichtens als in Königsberg, wo er unglücklich gewesen sein muß, da er tagsüber in Bureaus rechnete und schrieb. Aber Unglückliche bauen sich ein inneres Glück auf, falls sie hiezu die erforderliche Fähigkeit besitzen. Vorübergehenderweise hielt er sich sodann eine Zeitlang in Pontarlier auf, das mit dem Verrières in Stendhals Roman »Rouge et Noir« identisch ist, wobei man es mit einer Zufallsberührung zweier erwähnenswerter Belletristikerexistenzen zu tun hat, einer deutschen sowohl wie französischen.

Jetzt kam Berlin als Wohnplatz an die Reihe, wo er sein winterlich-eisiges und zugleich frühlingshaft knospendes Lebenswerk mit dem »Prinzen von Homburg« beschloß. In Berlin war ihm außerdem beschieden, die »Berliner Abendblätter« zu redigieren.

Ich bezeichnete ihn als reich und arm, als klug und unklug, als stolz und über und über bescheiden. Als seine pekuniären Mittel erschöpft zu sein schienen, war es zugleich auch ein für allemal mit seinem Willen zum Leben aus. Auf der heutigen Bühne behauptet er sich nicht. Eine Fremdheit blieb er immer. Er erlebte ums Jahr 1910 eine an exotisches Wachstum mahnende Auferstehung aus dem wenig oder überhaupt nicht Bekanntsein. Merkwürdigerweise wirkt im »Prinzen von Homburg«, der wundervoll ist, der Reitergeneral Kottwitz verhältnismäßig ernüchternd. Einflüsse aus »Othello« und »Wallenstein« sind bei Kleist wahrnehmbar. Er wurde lange unter- und plötzlich überschätzt. Wie mutig er immerhin sein entschlossenes, schnelles Leben lebte!

(1927)

KLEIST IN THUN

Kleist hat Kost und Logis in einem Landhaus auf einer Aareinsel in der Umgebung von Thun gefunden. Genau weiß man ja das heute, nach mehr als hundert Jahren, nicht mehr, aber ich denke mir, er wird über eine winzige, zehn Meter lange Brücke gegangen sein und an einem Glockenstrang gezogen haben. Darauf wird jemand die Treppen des Hauses herunterzueidechseln gekommen sein, um zu sehen, wer da ist. »Ist hier ein Zimmer zu vermieten?« Und kurz und gut, Kleist hat es sich jetzt in den drei Zimmern, die man ihm für erstaunlich wenig Geld abgetreten hat, bequem gemacht. »Ein reizendes Bernermeitschi führt mir die Haushaltung.« Ein schönes Gedicht, ein Kind, eine wackere Tat, diese drei Dinge schweben ihm vor. Im übrigen ist er ein wenig krank. »Weiß der Teufel, was mir fehlt. Was ist mir? Es ist so schön hier.«

Er dichtet natürlich. Ab und zu fährt er per Fuhrwerk nach Bern zu literarischen Freunden und liest dort vor, was er etwa geschrieben hat. Man lobt ihn selbstverständlich riesig, findet aber den ganzen Menschen ein bißchen unheimlich. Der »Zerbrochne Krug« wird geschrieben. Aber was soll alles das? Es ist Frühling geworden. Die Wiesen um Thun herum sind ganz dick voller Blumen, das duftet und summt und macht und tönt und faulenzt, es ist zum Verrücktwerden warm an der Sonne. Es steigt Kleist wie glühendrote betäubende Wellen in den Kopf hinauf, wenn er am Schreibtisch sitzt und dichten will. Er verflucht sein Handwerk. Er hat Bauer werden wollen, als er in die Schweiz gekommen ist. Nette Idee das. In Potsdam läßt sich so etwas leicht denken. Überhaupt denken die Dichter sich so leicht ein Ding aus. Oft sitzt er am Fenster.

Meinetwegen so gegen zehn Uhr vormittags. Er ist so allein. Er wünscht sich eine Stimme herbei, was für eine? Eine Hand, nun, und? Einen Körper, aber wozu? Ganz in weißen Düften und Schleiern verloren liegt da der See, umrahmt von dem unnatürlichen, zauberhaften Gebirge. Wie das blendet und beunruhigt. Das ganze Land bis zum Wasser ist der reine Garten, und in der bläulichen Luft scheint es von Brücken voll Blumen und Terrassen voll Düften zu wimmeln und hinunterzuhängen. Die Vögel singen unter all der Sonne und unter all dem Licht so matt. Sie sind selig und schläfrig. Kleist stützt seinen Kopf auf den Ellbogen, schaut und schaut und will sich vergessen. Das Bild seiner fernen, nordischen Heimat steigt ihm auf, er kann das Gesicht seiner Mutter deutlich sehen, alte Stimmen, verflucht das – er ist aufgesprungen und in den Garten des Landhauses hinabgelaufen. Dort steigt er in einen Kahn und rudert in den offenen morgendlichen See hinaus. Der Kuß der Sonne ist ein einziger und fortwährend wiederholter. Kein Lüftchen. Kaum eine Bewegung. Die Berge sind wie die Mache eines geschickten Theatermalers, oder sie sehen so aus, als wäre die ganze Gegend ein Album, und die Berge wären von einem feinsinnigen Dilettanten der Besitzerin des Albums aufs leere Blatt hingezeichnet worden, zur Erinnerung, mit einem Vers. Das Album hat einen blaßgrünen Umschlag. Das stimmt. Die Vorberge am Ufer des Sees sind so halb und halb grün und so hoch, so dumm, so duftig. La, la, la. Er hat sich ausgezogen und wirft sich ins Wasser. Wie namenlos schön ihm das ist. Er schwimmt und hört Lachen von Frauen vom Ufer her. Das Boot macht träge Bewegungen im grünlich-bläulichen Wasser. Die Natur ist wie eine einzige große Liebkosung. Wie das freut und zugleich so schmerzen kann.

Manchmal, besonders an schönen Abenden, ist ihm, als

sei hier das Ende der Welt. Die Alpen scheinen ihm der unerklimmbare Eingang zu einem hochgelegenen Paradiese zu sein. Er geht auf seiner kleinen Insel, Schritt für Schritt, auf und ab. Das Meitschi hängt Wäsche zwischen den Büschen auf, in denen ein melodiöses, gelbes, krankhaftschönes Licht schimmert. Die Gesichter der Schneeberge sind so blaß, es herrscht in allem eine letzte, unanrührbare Schönheit. Die Schwäne, die zwischen dem Schilf hin und her schwimmen, scheinen von Schönheit und abendlichem Licht verzaubert. Die Luft ist krank. Kleist wünscht sich in einen brutalen Krieg, in eine Schlacht versetzt, er kommt sich wie ein Elender und Überflüssiger vor.

Er macht einen Spaziergang. Warum, fragt er sich lächelnd, muß gerade er nichts zu tun, nichts zu stoßen und zu wälzen haben? Er fühlt, wie die Säfte und Kräfte in ihm leise wehklagen. Seine ganze Seele zuckt nach körperlichen Anstrengungen. Er steigt zwischen hohen, alten Mauern, über deren grauem Steingebröckel sich der dunkelgrüne Efeu leidenschaftlich niederschlingt, zum Schloßhügel hinauf. In allen hochgelegenen Fenstern schimmert das Abendlicht. Oben am Rand des Felsenabhanges ist ein zierlicher Pavillon, dort sitzt er und wirft seine Seele in die glänzend-heilig-stille Aussicht hinunter. Er wäre jetzt erstaunt, wenn er sich wohl fühlen könnte. Eine Zeitung lesen? Wie wär's? Ein dummes politisches oder gemeinnützliches Gespräch mit irgendeinem wohlangesehenen, offiziellen Schafskopf führen? Ja? Er ist nicht unglücklich, er hält im stillen diejenigen für selig, die trostlos sein können: natürlich und kraftvoll trostlos. Mit ihm steht es um eine kleine, gebogene Nuance schlimmer. Er ist zu feinfühlend, zu gegenwärtig mit all seinen unschlüssigen, vorsichtigen, mißtrauischen Empfindungen, um unglücklich zu sein. Er möchte schreien, weinen. Gott im Himmel, was ist mit mir, und er rast den dunkelnden Hügel hinunter. Die Nacht tut ihm wohl. In seinen Zimmern angekommen, setzt er sich, entschlossen, bis zur Raserei zu arbeiten, an den Schreibtisch. Das Licht der Lampe nimmt ihm das Bild der Gegend weg, das stimmt ihn klar und er schreibt jetzt.

An Regentagen ist es entsetzlich kalt und leer. Die Gegend fröstelt ihn an. Die grünen Sträucher winseln und wimmern und regentröpfeln nach Sonnenschein. Schmutzige, ungeheuerliche Wolken gleiten den Köpfen der Berge wie große, freche, tötende Hände um die Stirnen. Das Land scheint sich vor dem Wetter verkriechen zu wollen, es will zusammenschrumpfen. Der See ist hart und düster, und die Wellen sprechen böse Worte. Wie ein unheimliches Mahnen saust der Sturmwind daher und kann nirgends hinaus. Er schmettert von einer Bergwand zur anderen. Dunkel ist es und klein, klein. Es ist einem alles auf der Nase. Man möchte Klötze nehmen und damit um sich herumhauen. Weg da, weg.

Dann ist wieder Sonne und es ist Sonntag. Glocken läuten. Die Leute treten aus der hochgelegenen Kirche heraus. Die Mädchen und Frauen in engen, schwarzen, silbergeschmückten Schnürbrüsten, die Männer einfach und ernst gekleidet. Gebetbücher tragen sie in der Hand, und die Gesichter sind so friedlich und schön, als wären alle Sorgen zerflossen, alle Falten des Kummers und Zankes geglättet und alle Mühen vergessen. Und die Glocken. Wie sie daherschallen, daherspringen mit Schällen und Tonwellen. Wie es über das ganze, sonntäglich umsonnte Städtchen glitzert, leuchtet, blaut und läutet. Die Menschen zerstreuen sich. Kleist steht, von sonderbaren Empfindungen angefächelt, auf der Kirchtreppe und verfolgt die Bewegungen der Hinuntergehenden. Da ist manch Bauernkind, das wie eine geborene, an Hoheit und Freiheit gewöhnte Prinzessin die Stufen hinunterschreitet. Da sind schöne, junge, kräftestrotzende Burschen vom Land, und von was für einem Land, nicht Flachland, nicht Burschen von Ebenen, sondern Burschen, hervorgebrochen aus tiefen, wunderlich in die Berge eingehöhlten Tälern, eng manchmal, wie der Arm eines etwas aus der Art geschlagenen, größeren Menschen. Das sind Burschen von Bergen, wo die Äcker und Felder steil in die Einsenkungen hinabfallen, wo das duftende, heiße Gras auf winzigen Flächen dicht neben schauervollen Abgründen wächst, wo die Häuser wie Tupfe an den Weiden kleben, wenn einer unten auf der breiten Landstraße steht und hoch hinaufsieht, ob es etwa da oben noch Menschenwohnungen geben könne.

Die Sonntage hat Kleist gern, auch die Markttage, an denen alles von blauen Kitteln und Bäuerinnentrachten wimmelt und gramselt auf der Straße und in der Hauptgasse. Dort, in der Hauptgasse, sind unter dem Bürgersteig, in steinernen Gewölben und in leichten Buden Waren aufgestapelt. Krämer schreien bäuerlich-kokett ihre billigen Kostbarkeiten aus. Meistens scheint ja an solch einem Markttag die hellste, wärmste, dümmste Sonne. Kleist läßt sich von dem lieben, bunten Menschengetümmel hin und her schieben. Überall duftet's nach Käse. In die besseren Kaufläden treten die ernsthaften, bisweilen schönen Landfrauen bedächtig ein, um Einkäufe zu machen. Viele Männer haben Tabakspfeifen im Mund. Schweine, Kälber und Kühe werden vorübergezogen. Einer steht da und lacht und treibt sein rosafarbenes Schweinchen mit Stockschlägen zum Gehen. Es will nicht, da nimmt er es unter den Arm und trägt's weiter. Die Menschen duften zu ihren Kleidern heraus, zu den Wirtschaften heraus tönt Lärm von Zechenden, Tanzenden und Essenden. All die Geräusche und all die Freiheit dieser

Töne! Fuhrwerke können manchmal nicht durchfahren. Die Pferde sind ganz von handelnden und schwatzenden Menschen umzingelt. Und die Sonne blendet so exakt auf den Gegenständen, Gesichtern, Tüchern, Körben und Waren. Alles bewegt sich, und das sonnige Blenden muß sich so schön natürlich mit fortbewegen. Kleist möchte beten. Er findet keine majestätische Musik schöner und keine Seele feiner als Musik und Seele dieses Menschentreibens. Er hätte Lust, sich auf einen der Treppenabsätze zu setzen, die in die Gasse hinunterführen. Er geht weiter, an Weibern mit hochaufgerafften Röcken vorbei, an Mädchen, die Körbe ruhig und fast edel auf den Köpfen tragen, wie Italienerinnen ihre Krüge, wie er's kennt aus Abbildungen, an Männern, die gröhlen, und an Betrunkenen, an Polizisten, an Schuljungens, die ihre Schulbubenabsichten mit sich herumtragen, an schattigen Flecken, die kühl duften, an Seilen, Stöcken, Eßwaren, falschen Geschmeiden, Mäulern, Nasen, Hüten, Pferden, Schleiern, Bettdecken, wollenen Strümpfen, Würsten, Butterballen und Käsebrettern vorüber, zu dem Gewimmel hinaus, bis an eine Aarebrücke, an deren Geländer gelehnt er stehen bleibt, um in das tiefblaue, herrlich dahinströmende Wasser zu schauen. Über ihm glitzern und strahlen die Schloßtürme wie flüssig-bräunliches Feuer. Es ist ein halbes Italien.

Zuweilen, an gewöhnlichen Werktagen, scheint ihm das ganze Städtchen von Sonne und Stille verzaubert zu sein. Er steht still vor dem seltsamen, alten Rathaus mit der scharfkantigen Jahreszahl im weißschimmernden Gemäuer. So verloren ist alles, wie die Gestaltung irgendeines Volksliedes, das die Leute vergessen haben. Wenig Leben, nein, gar keins. Er steigt die holzbedeckte Treppe zum vormals gräflichen Schloß hinauf, das Holz duftet nach Alter und vorübergegangenen Menschenschicksalen. Oben setzt er sich auf eine breite, geschweifte, grüne Bank, um Aussicht zu haben, aber er schließt die Augen. Entsetzlich, wie verschlafen, verstaubt und entlebendigt das alles aussieht. Das Nächstliegende liegt wie in weiter, weißer, schleierhafter, träumender Ferne. Es ist alles in eine heiße Wolke eingehüllt. Sommer, aber was eigentlich für Sommer? Ich lebe nicht, schreit er und weiß nicht, wohin er sich mit Augen, Händen, Beinen und Atem wenden soll. Ein Traum. Nichts da. Ich will keine Träume. Schließlich sagt er sich, er lebe eben viel zu einsam. Er schaudert, empfinden zu müssen, wie verstockt er sich verhält der Mitwelt gegenüber.

Dann kommen die Sommerabende. Kleist sitzt auf der hohen Kirchhofsmauer. Es ist alles ganz feucht und zugleich ganz schwül. Er öffnet das Kleid, um die Brust frei zu haben. Unten, wie von einer mächtigen Gotteshand in die Tiefe geworfen, liegt der gelblich und rötlich beleuchtete See, aber die ganze Beleuchtung scheint aus der Wassertiefe heraufzulodern. Es ist wie ein brennender See. Die Alpen sind lebendig geworden und tauchen ihre Stirnen unter fabelhaften Bewegungen ins Wasser. Seine Schwäne umkreisen dort unten seine stille Insel, und Baumkronen schweben in dunkler, singender und duftender Seligkeit darüber. Worüber? Nichts, nichts. Kleist trinkt das alles. Ihm ist der ganze dunkelglänzende See das Geschmeide, das lange, auf einem schlafenden großen, unbekannten Frauenkörper. Die Linden und Tannen und Blumen duften. Es ist ein stilles, kaum vernehmbares Geläute da, er hört's, aber er sieht's auch. Das ist das Neue. Er will Unfaßliches, Unbegreifliches. Unten im See schaukelt ein Boot. Kleist sieht es nicht, aber er sieht die Lampen, die es begleiten, hin und her schwanken. Er sitzt da, vorgebeugten Antlitzes, als müsse er zum Todessprung in das Bild der schönen Tiefe bereit sein. Er möchte in das Bild hineinsterben. Er möchte nur noch Augen haben, nur noch ein einziges Auge sein. Nein, ganz, ganz anders. Die Luft muß eine Brücke sein und das ganze Landschaftsbild eine Lehne, zum Daranlehnen, sinnlich, selig, müde. Es wird Nacht, aber er mag nicht hinuntergehen, er wirft sich an ein unter Sträuchern verborgenes Grab, Fledermäuse umschwirren ihn, die spitzen Bäume lispeln mit leise daherziehenden Windzügen. Das Gras duftet so schön, unter dem die Skelette der Begrabenen liegen. Er ist so schmerzlich glücklich, zu glücklich, deshalb so würgend, so trokken, so schmerzlich. So allein. Warum kommen die Toten nicht und unterhalten sich auf eine halbe Stunde mit dem einsamen Manne? In einer Sommernacht muß einer doch eine Geliebte haben. Der Gedanke an weißlich schimmernde Brüste und Lippen jagt Kleist den Berg hinunter, ans Ufer, ins Wasser, mit den Kleidern, lachend, weinend.

Wochen vergehen. Kleist hat eine Arbeit, zwei, drei Arbeiten vernichtet. Er will höchste Meisterschaft, gut, gut. Was da. Gezaudert? Hinein in den Papierkorb. Neues, Wilderes, Schöneres. Er fängt die Sempacherschlacht an mit der Figur des Leopold von Österreich im Mittelpunkt, dessen sonderbares Geschick ihn reizt. Dazwischen erinnert er sich des Robert Guiskard. Den will er herrlich haben. Das Glück, ein vernunftvoll abwägender, einfach empfindender Mensch zu sein, sieht er, zu Geröll zersprengt, wie polternde und schmetternde Felsblöcke den Bergsturz seines Lebens hinunterrollen. Er hilft noch, es ist jetzt entschieden. Er will dem Dichterunstern gänzlich verfallen sein: es ist das beste, ich gehe möglichst rasch zugrunde!

Sein Schaffen zieht ihm die Grimasse, es mißlingt. Gegen den Herbst wird er krank. Er wundert sich über die Sanftheit, die jetzt über ihn kommt. Seine Schwester reist nach Thun, um ihn nach Hause zu bringen. Tiefe Gruben liegen in seinen Wangen. Sein Gesicht hat die Züge und die Farbe eines in der ganzen Seele Zerfressenen. Seine Augen sind lebloser als die Augenbrauen darüber. Die Haare hängen ihm in dicken, spitzen Klumpen von Strähnen in die Stirne, die verzerrt ist von all den Gedanken, die ihn, wie er sich einbildet, in schmutzige Löcher und Höllen hinabgezogen haben. Die Verse, die ihm im Gehirn tönen, kommen ihm wie Rabengekrächze vor, er möchte sich das Gedächtnis ausreißen. Das Leben möchte er ausschütten, aber die Schalen des Lebens will er zuerst zertrümmert haben. Sein Grimm gleicht seinem Schmerz, sein Hohn seinen Klagen. Was fehlt dir, Heinrich, liebkost ihn die Schwester. Nichts, nichts. Das hat noch gefehlt, daß er sagen soll, was ihm fehlt. Auf dem Boden des Zimmers liegen die Manuskripte wie von Vater und Mutter scheußlich verlassene Kinder. Er gibt seiner Schwester die Hand und begnügt sich, sie lange und stillschweigend anzuschauen. Es gleicht bereits einem Glotzen, und das Mädchen schaudert.

Dann reisen sie. Das Meitschi, das Kleist die Wirtschaft geführt hat, sagt ihnen Adieu. Es ist ein strahlender Herbstmorgen, der Wagen rollt über Brücken, an Leuten vorbei, durch grobpflastrige Gassen, Leute schauen zu Fenstern heraus, oben im Himmel, unter Bäumen ist gelbliches Laub, sauber ist alles, herbstlich, was weiter? Und der Fuhrmann hat eine Pfeife im Mund. Es ist alles wie immer. Kleist sitzt in eine Ecke des Wagens gedrückt. Die Türme des Thuner Schlosses verschwinden hinter einem Hügel. Später, in weiter Ferne, sieht die Schwester Kleistens noch einmal den schönen See. Ein bißchen kühl ist es jetzt schon. Landhäuser kommen. Na nu, solche vornehme Landsitze in einer solchen Berggegend? Weiter. Alles fliegt und sinkt vor den Seitenblicken nach rückwärts, alles tanzt, kreist und schwindet. Vieles ist schon in herbstliche Schleier gehüllt, und ein bißchen vergoldet ist alles von einem bißchen Sonne, die aus Wolken herausscheint. Solches Gold, wie das schimmert, und wie man's doch nur im Dreck auflesen kann. Höhen, Felswände, Täler, Kirchen, Dörfer, Gaffer, Kinder, Bäume, Wind, Wolken, ei was? Ist's was Besonderes? Ist's nicht das Weggeworfen-Gewöhnlichste? Kleist sieht nichts. Er träumt von Wolken und Bildern und ein bißchen von lieben, schonenden, streichelnden Menschenhänden. Wie ist dir, fragt die Schwester. Kleist zuckt mit dem Mund und will ihr ein wenig zulächeln. Es geht, aber mühsam. Es ist ihm, als habe er vom Mund einen Steinblock wegräumen müssen, um lächeln zu können.

Die Schwester wagt vorsichtig von baldiger Inangriffnahme einer praktischen Betätigung zu reden. Er nickt, er ist selber der Überzeugung. Ihm flimmern musizierende, helle Scheine um die Sinne. Eigentlich, wenn er es sich aufrichtig gesteht, ist ihm jetzt ganz wohl; weh, aber zugleich wohl. Es schmerzt ihn etwas, ja, in der Tat, ganz recht, aber nicht in der Brust, auch nicht in der Lunge, nicht im Kopf, was? Wirklich? Gar nirgends? Ja doch, so ein bißchen, irgendwo, daß es ja sei, daß man's nicht genau sagen kann. Item, die Sache ist nicht der Rede wert. Er sagt etwas, und dann kommen Momente, wo er geradezu kindlich glücklich ist, und da natürlich macht das Mädchen gleich eine etwas strenge, strafende Miene, um ihm's denn doch auch ein bißchen zu zeigen, wie sonderbar er eigentlich mit seinem Leben spiele. Das Mädchen ist eben eine Kleistin und hat Erziehung genossen, das, was der Bruder über den Haufen hat werfen wollen. Sie ist natürlich seelenfroh, daß es ihm besser geht. Weiter, hei, hei, ist das eine Wagenfahrt. Aber zu guter Letzt wird man ihn laufen lassen müssen, den Postwagen, und zu allerletzt kann man sich ja noch die Bemerkung erlauben, daß an der Front des Landhauses, das Kleist bewohnt hat, eine marmorne Tafel hängt, die darauf hindeutet, wer da gelebt und gedichtet hat. Reisende mit Alpentourenabsichten können's lesen, Kinder aus Thun lesen und buchstabieren es, Ziffer für Ziffer, und schauen einander dann fragend in die Augen. Ein Jude kann's lesen, der Christ auch, wenn er Zeit hat und nicht etwa der Zug schon im Abfahren begriffen ist, ein Türke, eine Schwalbe, inwiefern sie Interesse daran hat, ich auch, ich kann's gelegentlich auch wieder einmal lesen. Thun steht am Eingang zum Berner Oberland und wird jährlich von vielen tausenden Fremden besucht. Ich kann die Gegend ein bißchen kennen, weil ich dort Aktienbierbrauereiangestellter gewesen bin. Die Gegend ist bedeutend schöner, als wie ich sie hier habe beschreiben können, der See ist noch einmal so blau, der Himmel noch dreimal so schön, Thun hat eine Gewerbeausstellung gehabt, ich weiß nicht, ich glaube vor vier Jahren.

(1907)

KLEIST

Kleist reiste mit dem Kupferstecher Lohse
über Frankfurt und Basel bis nach Thun.
Sein Innres rief ihm zu: »Du solltest ruhn.«
Zerrissen schien ihm seines Daseins Rose.

Zum angeschwollnen Bergbach sprach er: »Tose!«
Schaffenspläne beschäftigten ihn nun,
er stöberte in seines Geistes Truhn
nach einer ungewöhnlich großen Chose.

Oft stützte er sich müde in die Hände
und schaute ins idyllische Gelände,
anscheinend völlig an sich selber irr.

Benebelt vom dramatischen Geklirr,
machte ihn noch ein hübsches Mädchen wirr,
damit es ganz bedenklich mit ihm stände.

(1927)

WAS BRAUCHT ES ZU EINEM KLEIST-DARSTELLER?

Offen gesagt, es braucht viel. Schon allein die Zunge. Da muß einer mit seinen Lippen tanzen und mit seiner deutschen Sprache jonglieren gelernt haben. Einem Menschenmund schlechthin ist es unmöglich, Verse von Kleist wie Verse von Kleist zu sprechen. Mache zehn Jahre lang täglich Atemübungen, dann wage es, dich an einen Grafen vom Strahl oder an irgend einen andern Burschen dieser Rasse heranzumachen. Diese Rasse setzt Zucht voraus, das bedenke, Schauspieler von heutzutage. Hinterher, wenn du dich blamiert hast, lächelst du und sagst, Kleist sei ein rostiges Eisen, Grabbe, das sei was, Kleist, der sei undramatisch. Weil du keine Grazie hast, ist Kleist abgestandenes Wasser, nicht wahr? *N'est-ce pas,* ich kann nämlich auch ein bißchen Französisch. Was Wagner von seinen Sängern verlangt, welchen Grad edler, langer Anstrengungen, ist mir nicht bekannt; daß Kleist Ungeheuerliches von einem Schauspieler verlangt, ist sicher der Grund, weshalb in der Regel der Schauspieler über Kleistrollen die Achsel zuckt. Er hat ja auch recht, ich begreife ihn. Diese Männer und diese Frauen sind ein übernatürliches Geschlecht, sie haben Natur, und wieder, näher besehen, haben sie keine. Sie sind wild und sanft, beides im Übermaß. Sie sprechen eine götterhaft-korrekte Sprache, wogegen die Sprache Friedrich Schillers ein gleichmäßig-menschliches Feuer, vielleicht nur ein Feuerchen bedeutet. Diese Figuren strotzen von oben bis unten von Empfindung, und solches will natürlich zur Darstellung gebracht sein.

 Da ist zum Beispiel heimlich jetzt ein Mann,
 Wie heißt er? Hermann...

Hermann, der Cherusker, na, sagen wir mal, eine Million demjenigen, der ihn spielen kann. Eine dunkle, breite Mannesbrust und dazu ein schmetterndes Geklingel im Mund, wie wenn einer graziös an silberne Glocken schlägt. Ein Tänzer. Der Schauspieler muß Tanzunterricht genossen haben, seelischen oder körperlichen, das gilt gleichviel, er muß zwölf kleine Bälle mit der Nase in der Luft spielen machen können. Ein ehrlicher Mann braucht er nicht zu sein.

Er wird natürlich auch mal ein Auge rollen dürfen, schließlich kann er das auch und tuts, daß einem gesunden Menschen schlecht dabei wird. Nein, wenn ein Hermann das Auge rollt, tut er's nur einmal während des Abends, er ist Diplomat und besitzt die Manieren eines Gottes. Schon wenn man das Stück liest, hört man die Stimme dieses geschmeidigen Menschen klingen, diese Stimme der Lust, Bravheit und Verstellungskünste, diese Stimme schließlich auch des unsagbaren patriotischen Zorns. Und die Art, wie er Unsinn schwatzt. Die Aufgabe, die darin für einen Sprecher und Mimen liegt, ist schrecklich. Und wenn er vom Thron herabsteigt, schön in jeder Beziehung, wie gesagt, eine Million demjenigen. Es ist eben einer, der immer, von Knabenbeinen auf, hat gebieten können, was will man da machen. Und die enorme Herzensbildung, die der

Schurke besitzt. Die Bildung, das, Herr Schauspieler, ist auch was zum Darstellen. Lächle mal schnell so, wie Gebildete lächeln, wo stets noch so ein Schatten dunkeln, schönen Ernstes dabei sein muß.

Und da ist die Dame Penthesilea. Dieses Weibsbild hat schon etwas. Ich wage es nicht, mich in der heutigen Welt nach einer Darstellerin für sie umzusehen.

Man stopfe lieber dem Herrn Kleist endlich den Mund zu. Wozu sollen Bühnenautoren noch nach hundert Jahren 's Maul auf haben.

Es braucht zuviel Atem, um dem Mann das Wort zu lassen. Was wollen Sie mit Ihrem Grabgestank, Gespenst? Sehen Sie nicht, daß man Sie nicht aufführen kann, so, wie es sich gehört? Dieses allerdings entzückende Gesprudel der Worte. Nein, wir danken. Wir sind Menschen, die einen Landaufenthalt einem jahrelangen unausgesetzten Lernen füglich vorziehen. Wir sagen immer, wir haben zu wenig Zeit. Gottlob, daß wir den guten Geschmack besitzen, das zu sagen. Wir mögen nicht mehr so recht ran, wenn es gilt, Verse zu reden. Merkwürdig, wie wir alles Deklamatorische hassen und was für Ansichten wir vom Deklamatorischen haben. Eigentlich aber ist's nicht merkwürdig, sondern ganz natürlich, daß wir nicht imstande sind, das Gedicht als Gedicht zu sprechen und danebenher noch so etwas wie ein Spiel zu zeigen. Wie wir doch da schwatzen. Ist's nicht dumm, zu sagen, wir können nichts?

(1907)

THEATERAUFSATZ

Aus dem »Mikrogramm«-Entwurf zu »Potpourri«

Ich werde in diesem Aufsatz frech sein, ich fühle es, aber man hat meiner Meinung nach das Recht zu einem bißchen Frechheit, sobald dieses bißchen Frechheit darauf beruht, daß man über das Thema, das man behandelt, nachgedacht hat. Ich melde gehorsam, daß mein Aufsatz kurz sein wird. Die Mode, d. h. das derzeitliche Glaubensbedürfnis nennt Kleist einen Dramatiker, während ich ihn einen Epiker oder Erzähler nenne, in dessen vielfach anderseits wieder lyrischem Wesen es von der Sehnsucht, dramatisch zu sein, gleichsam stampfte, pulsierte, loderte, herausbrü(n)stelte und stumm und **brennend** tobte. Diese Zeilen werden es, wie ich hoffe, nicht an Klarheit fehlen lassen. Was tu' ich nunmehr anderes, als daß ich freiheraus gestehe, der »Prinz von Homburg« sei für meinen Begriff ein liebenswürdiges Gedicht in dramatischer Form, aber kein Drama. Wie ich für richtig halte, kommt in diesem Stück eine Prachtstante vor. Beweist nicht schon einzig und allein dieser röckelige, häubelige Umstand, daß da von einem Drama nicht die Rede sein kann? Der Dichter läßt den Zuhörer von Anfang an herausspüren, daß der Prinz temperamentvoll, etwas hitzig, daneben aber ein lieber, guter Junge ist, der zu Unüberlegtheiten neigt, dem aber unmöglich irgend etwas wirklich Übles zustoßen kann. In der Seele des Zuhörers beginnt sich, sobald der Vorhang in die Höhe geht, ein Idyll reinsten Wassers abzuspielen, und haargenau dasselbe ist beim »Käthchen von Heilbronn« der Fall, von dem der Zuschauer vom Dichter gleich von Anfang an mitgeteilt bekommt, daß sie sich mit dem famosen Grafen vom Strahl vermählen wird. Auch das entzückende »Käthchen« ist in meinen Augen kein

Drama, sondern lediglich wieder nur ein **wertvolles** Gedicht, das für die Bretter zurechtzudichten versucht wurde. Wer einer Vorstellung der »Hermannsschlacht« beiwohnt, weiß von Anfang [an] ganz genau, daß es den Germanen gut, den Römern schlecht geht. Die Kleiststücke haben aus angegebenen Gründen etwas Reines, Treuherziges und scheinen mir, streng genommen, wie für die Jugend in reif(er)en Jahren geschrieben worden zu sein, dagegen liest jeder Erwachsene meines Erachtens nach die kleistischen Erzählungen im Bewußtsein, etwas zu lesen, das in der Tat reif ist. In den Novellen herrscht eine Stimmung, eine Farbe der himmelblauen Blondheit und imaginären Harmlosigkeit keineswegs vor. Was die eigentliche Aufgabe des Dramatikers betrifft, so besteht diese meiner Vermutung nach hauptsächlich in der Kreation oder Inbewegungsetzung eines Charakters, dem man von Anfang an, im Theater sitzend, zutraut, daß ihm irgend etwas Zuherzengehendes, Nachdenklichmachendes zustößt. Der Zuschauer wird schon beim Anhören der Anfangsworte eines wirklichen Dramas von, er weiß nicht recht, was, ergriffen. Der Dramatiker übermittelt ihm bezüglich des Auftretens der Hauptperson eine Ahnung, daß mit dieser gleich etwas geschehen wird, das ihn aus dem Gewohn[hei]tmässigen, aus diesem an weiter nichts Denken aufrütteln wird. Der Dramenverfasser erblickt ohne Frage darin sein Hauptgeschäft, daß er in des Zuhörers Seele die zur **Belebung** und **Verherrlichung** eines Theaterabends dringend erforderliche Erwartung weckt, die mit der eigenartigerweise beglückenden Frage identisch ist: Was geschieht mit dem Helden? Unaufgeklärtheiten sind gleichsam die Bedingung des Dramas oder die Türe, deren geöffnete Flügel in sein Wachsen, **Suchen**, Werden hineinblicken lassen. Man hört, was er spricht, sieht, wie er sich benimmt, und man weiß nicht im Entferntesten, was ihm geschehen wird, aber man hat ein Gefühl, daß er Ernstes erleben wird, um dessentwillen es sich recht eigentlich erst lohnt, in die Vorstellung zu gehen. In den Kleistschen Dramen, die keine eigentlichen echten Dramen sind, [weist] jedesmal der Heldencharakter mit nicht mißzuverstehender Deutlichkeit schon von Beginn an darauf hin, daß er ein riesig netter Charakter ist, was sogleich einen idyllischen Zustand in des Zuhörers Seele ergibt, die der wirkliche Dramatiker einen dramatischen Zustand erleben läßt, der im Zwielichthaften, Zweifelhaften besteht. Man möchte glauben, die Sonne dürfe im Drama nicht scheinen, denn das Sonnige ist ja das Undramatische. Eine schöne, von Poesie usw. flammende Sprache, reizende Verse, graziöse Ausdrucksweise machen noch in keiner Weise den Dramatiker aus. Ich erlaube mir zu betonen, daß ich Kleists sogenannte dramatische Werke als Dichtungen hochschätze, und stoße hoffentlich mit diesem kleinen Essay auf nicht zu viel Salonentrüstung. Ich selbst glaubte ja jahrelang treuherzig an Kleists dramatische Berufung, die an dessen Treuherzigkeit-Charakter scheiterte, indem der Charakter des Dramatikers von wesentlich anderer Art sein muß. Ich wünschte, meine Haltung gegenüber einem ziemlich schwierig zu klassifizierenden Dichter zu kennzeichnen, mit einem Ton aufrichtiger Bemühung der Idee, es sei wichtig, wenn man sich und andere exakt zu nehmen bestrebt sei, einen Dienst zu leisten.

(1927)

CLEMENS BRENTANO
(1778-1842)

BRENTANO

Eine Phantasie

So wie ich den Mund aufmache, liebe Leser, und anfange zu erzählen, müßt ihr denken, es sei ein schöner warmer dufterfüllter Sommerabend. In einem kleinen schnellen Nachen fährt ein junger, etwa zwanzigjähriger, hübscher Mann die rauschende Isar hinunter. Es ist Brentano. Er weiß eigentlich nicht, wie er zu dem Nachen und zu der Flußfahrt gekommen ist. Es ist ihm kaum noch deutlich in Erinnerung, daß er ihn weit oben irgendwo losgebunden, daß ein Bauer oder Schiffer ihm wütend nachgeschrien und daß dann die Sache so ihren Lauf genommen hat. Jetzt eben landet er in der Nähe der großen bekannten Stadt, in einer kleinen Bucht, welche die Natur, wie man zu sagen pflegt, hier gebildet hat, und steigt aus, etwas ermüdet, wie es scheint, von der Anstrengung des Ruderns und Steuerns. Er steigt, wie gesagt, aus und überläßt den Nachen dem Schicksal, oder der Ruhe, oder der erstbesten Menschenhand, die danach ruhig wird greifen dürfen. Sehen wir uns den hochberühmten Romantiker doch etwas näher an. Er ist in die Mode seiner Zeit gekleidet. Er trägt gelbe Schuhe, weiße Beinkleider, blaue Weste, dunkelblauen Rock, helle Halsbinde und einen Strohhut, um den, nach Art der Schäfer, farbige Bänder flattern. Sein

Gesicht ist ein überaus intelligentes Menschenantlitz, etwas blaß, ja, wenn wir aufrichtig sein wollen, sehr blaß sogar. Ein Anflug, so ein kleiner, netter Versuch von einem schwarzen Schnurrbart ziert seine feine Lippe, und über seinen tiefen, glänzenden, großen Augen wölben sich Brauen von derselben Farbe. Ich bitte alle Leser, die hier noch die Getreuen spielen und aushalten, zu denken, daß sie es mit einem recht sonderbar schönen Menschen zu tun haben, und wirklich, wenn er uns nun so auf einmal sein ganzes Gesicht zeigt, sind wir von der Schönheit und Milde überrascht, die aus ihm leuchten. »Leuchten« ist zwar der schlechteste Ausdruck, den ich bei dieser Gelegenheit hätte wählen können, nun er aber seinen Platz gefunden, mag er bis in alle Ewigkeit bestehen. Die Hände – oh, ich habe die Hände ganz vergessen. Jedermann, der dies liest, und der nur einige Phantasie besitzt, wird es der meinigen erlassen, diese Hände umständlich als feine Hände zu beschreiben. Schön und fein sind sie in der Tat. Die Füße stecken in den feinsten gelben Schuhen, die Hände sind beschrieben, der Mensch steht fertig da, wir können die Segel streichen und in dem Flußwasser dieser Geschichte unsere Fahrt mit gutem Gewissen fortsetzen.

Es ist schrecklich, welche Fehler bei begabten und selbst bei begabtesten Autoren oft vorkommen. Habt ihr nicht bemerkt, daß ich vergessen habe, dem Gitarrenspieler Brentano eine Gitarre in die Hand zu geben? Da verschwende ich viel Zeit mit Berichterstatten von schönen Schuhen, Beinkleidern, Fahrzeugen, Lustfahrten und vergesse dabei das Notwendigste und Stimmungsvollste: die musikalische Begleitung. Gott, man sollte meinen, ich hätte nicht mehr den Mut, weiterzufahren, aber jetzt, da mein Mann so vollständig ausgerüstet ist, besitze ich gerade so viel Keckheit, als nötig ist, um folgendes zu sagen:

Die Geschichte fährt fort. Brentano ist ausgestiegen. Er setzt sich. Alle andächtigen Zuhörer sind gebeten, sich neben ihn ebenfalls zu setzen. Es ist der schönste weichste Rasen, auf dem man sich ausstrecken kann, und es wird Musik gemacht. Brentano greift weich und kraftvoll in die Saiten seiner Gitarre, singt dazu, und wir gestehen alle zusammen: noch nie ist schöner und ausdrucksvoller gepfiffen worden. Wort und Melodie sind sein eigenes Gewächs, um so besser steht beides seinem schönen Munde. Aber jetzt hat er zu Ende gesungen. Er erhebt sich, fährt recht gedankenvoll mit seiner Hand über seine Stirn, gleichsam, um da Gedanken wegzuwischen, geht langsam und träumerisch den Fluß entlang, einem Landhaus zu, das sich in der nächsten Nähe befindet, und steht dann wieder still. Er wird übrigens bald wieder gehen müssen, denn seine Gewohnheit ist, weder lange zu gehen, noch lange still zu stehen. Ich glaube, alle Dichter besitzen diese Gewohnheit. Jetzt geht er also, weil wir's, seine Gebieter, doch so haben wollen, und nun will es das Schicksal, daß er vor ein großes Gartengitter, gerade vor die offene Pforte zu stehen kommt. Es ist das Gitter von dem Park, der das Landhaus einschließt, von dem wir eben die Gewogenheit hatten, zu sprechen. Brentano singt, und niemand anderem als einem alten abgetragenen Wichtigtuer von Diener fällt es ein, den Dichter in seinem Gesang zu stören. Die Dame, die drinnen im Hause am offenen Fenster gesessen, um die weiche Nachtluft einzuatmen, hat den Sänger und das Lied gehört. Sie hat zu ihm hinausgeschickt, und eben der altersgraue filzige goldbehangene Diener ist der Abgesandte. Brentano gehorcht ohne Umstände, aber auch ohne die geringste Verwunderung der Einladung, die ihm der Lakai ausrichtet, nämlich, zu der Dame zu kommen, die gern den Liedersänger möchte kennen lernen. Hier ist gottlob ein Abschnitt fertig.

Die Vorstellung und die erste schickliche Unterhaltung zwischen der Dame und Brentano sind vorüber. Sie hat ihn gebeten, zu sagen, wer er sei, wie er heiße, woher er komme, wohin er gehe, was für einen Beruf er habe, und er hat ihr unbefangen und artig das Nötige gesagt. Die Dame erscheint ihm als eine schöne imponierende Frau, und er hat nicht die Ungezogenheit, auch nur in Gedanken ihre Jahre zu schätzen. Er besitzt Unterhaltungsgabe und die Dame fühlt, daß er ein in jeder Beziehung angenehmer und edler Mensch ist. Er kennt eine Fülle anmutiger kleiner Lieder auswendig, und er singt sie, ohne sich lange darum zu bitten. Er singt sie wegen sich, nicht ohne dabei die Empfindung zu haben, dem schönen Wesen, das ihm gegenüber sitzt, einen Wunsch zu erfüllen. »Herr Brentano«, sagt sie zu ihm und gibt ihm ihre kleine weiße Hand, »ich muß Sie lieb haben. Wollen Sie einige Zeit bei mir bleiben?« Er bejaht, und er weiß gar nicht, daß er bejaht. Er ist an dergleichen Anmutungen gewöhnt und er liebt es, in Anspruch genommen zu werden. Das zerstreut ihn, der sonst immer nachdenklich wäre. Er führt die Hand seiner gütigen Wirtin leicht an seine Lippen. Die Dame steht auf, um dem Kammerdiener, immer noch dem gleichen, den wir schon kennen, Ordre zu geben, ein Zimmer für den Neuangekommenen bereit zu machen. Während sie fort ist, lächelt Zauberer Brentano, aber das Lächeln ist husch husch verschwunden, wie die Dame wieder eintritt. Er würde nie lächeln in Gegenwart schöner gebildeter Frauen, ohne dazu aufgefordert zu sein. Sie sieht ihn dankbar an, ohne eigentlich zu wissen, weshalb, und lächelt freundlich. Und nun darf Brentano auch lächeln, und wir auch, die wir über jede Art Geziertheit erhaben sind.

Die Nacht hat er herrlich geschlafen. Am Morgen ist er erst eine lange Weile am offenen Fenster, halb unangekleidet, und träumerisch gelegen. Die Aussicht über die Dächer der Stadt, über die Bäume und Türme weg in die unbestimmbare graue Ferne hat ihn gereizt und er hat dabei nichts gedacht. Menschen, deren Geschäft es ist, immer zu denken, wissen nur selten, daß sie es tun, so Meister Brentano. Dann, nachdem er Toilette gemacht, ist er hinunter zu der Dame gegangen, um ihr guten Morgen zu wünschen und nach ihrem Befinden zu fragen. Sie ist ihm in weißen, leise rauschenden Gewändern auf der breiten Treppe begegnet, und sie haben sich lange in die Augen gesehen. Sie hat ihm ihren reizenden Mund geboten, und er hat ihn sorglich geküßt. Sie hat dann geweint und mit geröteten Augen gefragt, ob er gut geschlafen habe, und er hat ihr gesagt, wie gut. Ihre Freude ist so unbefangen, so unschuldig wie die eines Kindes gewesen, und dann haben sie sich das Morgenessen servieren lassen. Nach dem Essen hat er in die Gitarre gegriffen und Töne herausgeholt, die zu der Freude und Gespanntheit ihrer Herzen süße und würdige Begleiter müssen gewesen sein. Er hat ihr nachher viel von seinen Reisen und Wanderungen erzählt, und sie hat vor Lauschen fast nichts hören können. Das mag kommen, wenn sich das Herz mit dem Ohr streitet, Hörer zu sein. Sie hat geseufzt und den Kopf in die Hand gestützt und ihn wieder lange nachdenklich angeschaut, der so ruhig und mild ihr gegenüber gesessen ist. Sie hat dann ihre Arme und Hände seinen leidenschaftlichen Küssen überlassen. Das ist an dem Morgen nach dem ersten Abend geschehen.

Sie machen zusammen, von einem schönen großen Hund begleitet, Spaziergänge im Park und in der Flußgegend. Der Lauf der Isar plaudert zu ihrem Geplauder, das unerschöpflich scheint. Sie ereifern sich, ohne zu streiten. Es will der schönen gütigen Frau scheinen, als sei ihr Dichter, sie nennt ihn ja jetzt schon den ihren, auf Abwegen. Sie sagt ihm, er schweife zu sehr aus, er wisse gar kein Maß zu halten. Ob das recht und klug sei. Er schweigt gern zu Vorwürfen dieser Art. Er sagt nur, er wisse nicht, wie er anders sein solle, als eben so, wie er sei. Sie erwidert nichts darauf, sondern senkt nur traurig den Kopf. Er spricht selten zusammenhängend. Aus seinen Gesprächen springen seine Launen wie Raketen aus dem Finstern. Sie bemerkt es, und versucht, es ihm vorzuhalten. Sie sind glücklich. Sie fragen sich nicht, wie es nur möglich ist, daß sie es sind. Es genügt ihnen, zu fühlen, daß sie es ohne ihr Tun und ohne ihren Willen sind. Ihre Unterhaltung ist am Abend weniger frisch und lebendig als am Morgen, nicht weil sie zu viel sprächen den Tag über, sondern weil sie die schöne Gewohnheit haben, überhaupt gegen Abend in allem müde zu sein... Sie empfinden Müdigkeit als etwas Liebes und sie küssen sich am liebsten, wenn es Abend ist. Das Küssen ist dann das Sprechen. Sie wissen nicht, ob sie sich ganz und gar verstehen, aber es fällt ihnen nicht ein, deswegen traurig zu sein. Im Gegenteil, sie sind froh, daß sie über gewisse Dinge nicht zu reden brauchen. Sie geben sich auch nicht die kleinste Mühe, ihr Glück zu hüten. Jede derartige Besorgnis wäre ihnen unangenehm, weil, wie sie sich, jedes im stillen, sagen, ihr Glück doch dahin wäre, wenn es der Aufsicht bedürfte. Sie liebt besonders den Dichter an ihm und er an ihr besonders die Erscheinung. Er sagt ihr, es sei ihm alles wie etwas Wunderbares, wie eine Ahnung, wie ein Traum; sie sagt, sie habe ähnliche Empfindungen, aber es sei nicht nötig, es auszusprechen. Sie singt und spricht seine Verse auswendig, und er wundert sich über die Leichtigkeit, womit sie sie lernt. Es ist ihm nicht gleichgültig, was sie spricht und singt, und doch, wenn sie nur spricht und singt, ist ihm alles andere gleichgültig. Sie empfindet das, und es reizt sie oft, ihn die Herrlichkeit ihrer Herrschaft fühlen zu lassen. Er will nicht ihr

Sklave sein, weil er sie liebt, und sie möchte seine Sklavin sein, um ihn inniger zu lieben. Sie fühlt sich ihm überlegen, das macht sie traurig. Er verschmäht es, ihr überlegen zu sein. Aber sie sind froh, daß sie nicht allzu ungestört glücklich zu sein brauchen. Vor dem Schlafengehen spielt er, und sie singt dazu. Wie sie müde sind, gehen sie zu Bett. Sie sagen, am schönsten lasse es sich in sittsamen und geordneten Umständen leben. Sie wünschen nicht, sich irgendjemals auch nur der kleinsten Ausschweifung bedienen zu müssen, um überzeugt zu sein, daß ihr Leben ein abenteuerliches und reizendes sei. Kein Abenteuer ist ihnen das einzige Abenteuer, das sie erleben mögen. So erfüllt von der Schönheit und vom Glück der Gegenwart sind sie.

Es ist einmal wieder Morgen. Brentano lehnt wieder, halb angekleidet, am offenen Fenster seines hochgelegenen Zimmers, schaut hinweg über die Dächer und über die Bäume in die unbestimmbare Ferne. Er sehnt sich hinweg. Es ist ihm, als sei ihm zu wohl hier bei der schönen Frau. Er kleidet sich rasch an, greift zur Gitarre, spricht einige Worte in sie hinein, wie zu einem lebendigen Wesen. Hierauf nimmt er das Instrument zwischen seine Beine, klemmt sich fest daran und wirft sich aus dem Fenster. Die Gitarre, ohne Zweifel eine Zaubergitarre, trägt ihren Meister durch die Luft, über die hohen Bäume hinweg, der Stadt zu. Daran erkennen wir den Magier Brentano.

In der Stadt sieht er, durch die Straßen schlendernd, die Künstler in ihren bekannten Stellungen, die Cigaretten in den müden Händen, in den Kaffeehäusern sitzen. Es graut ihm. Er hat einen Abscheu vor allem, was elegante Nichtstuerei ist. Er geht durch die Straßen, bis er müde vom Herumlaufen ist. Er hat kein Auge für die Weiberaugen, die ihn auffordernd anblitzen. Er meint zu schlafen, zu träumen. Eine Sehnsucht, wie er sie nie gekannt, befiehlt ihm, wegzugehen, weit, weit, aus der Welt weg, zu den Fenstern alles Möglichen hinaus. Er spricht laut vor sich hin. Die Gitarre beginnt von selbst zu tönen. Die Menschen werden auf den sonderbaren schlanken Menschen aufmerksam. Es ist ihm tödlich bang. Er wünscht, keinen Kopf, vor allem kein Herz mehr zu haben. Alle seine Empfindungen sind ihm eine unerträgliche unnütze Last. Er möchte sich auf die Erde werfen, die hier ein Asphaltboden ist, und weinen. Er hat schon zu lange nicht mehr geweint. Er haßt alle andern Empfindungen. Die einzige, die ihm willkommen wäre, muß er entbehren. Er setzt sich endlich wieder auf seine Gitarre und ist gegen Abend wieder in dem Landhause.

Die schöne Dame bemerkt wohl seine Veränderung, aber sie sagt nichts. Sie ist von der gleichen bezaubernden Freundlichkeit zu ihm. Brentano spürt diesen Zauber nicht mehr. Er langweilt, er sehnt sich tödlich. Wenn er nur wüßte, sagt er sich, wonach er sich eigentlich denn sehne. Die Dame fühlt, daß seine Liebe zu Ende. Sie sagt nichts, sie schaut ihn mit traurigen aber dankbaren Augen an und weint, wenn er es nicht sieht. Er sieht nichts mehr an ihr. Wenn er singt, tändelt er nur mit seiner eigenen schmerzlichen dumpfen Sehnsucht, die er zu betäuben bemüht ist. Seine Küsse sind kalt und lahm geworden, die ihrigen erschüchtern, erfrieren. Sie senkt den Kopf täglich tiefer, sie vernachlässigt ihre Haltung von Tag zu Tag. Sie wünscht zu sterben. Er wünscht, wieder zu leben. Er sagt ihr, daß seines Bleibens hier nicht mehr sei. Sie schüttelt nur bejahend den Kopf, zittert und schleicht sich weg. Er ist bereit, von ihr Abschied zu nehmen, die Gitarre am Rücken, in dem Anzug, in welchem er ihr zum ersten Mal erschienen. Sie reicht ihm beide Hände und weint. Er ist zu müde, um sie zu trösten. Er geht mit hastigen Schritten durch den Park und ist verschwunden. –

Das ist die Geschichte, die Romanze, die Ballade, die Komödie vom Dichter Brentano. Wem sie erlogen scheint, mühe sich weiter nicht ab, er darf sie erlogen finden. Wer möchte von einem Dichter eine wahre Geschichte erzählen, und wer könnte es wagen, einem Dichter, wie Brentano, eine rein wahre Begebenheit aufzuhalsen? Ich zum Beispiel, ebenfalls ein Dichter, wünsche als Grabrede einst lauter Lügen. Wenn es nur liebliche Lügen sind.

(1902)

BRENTANO (I)

Er sah keine Zukunft mehr vor sich, und die Vergangenheit glich, wie sehr er sich auch bemühte, sie erklärlich zu finden, etwas Unverständlichem. Die Rechtfertigungen zerstoben, und das Gefühl der Wollust schien immer mehr zu verschwinden. Reisen und Wanderungen, ehemals geheimnisvolle Freude, waren ihm seltsam zuwider geworden; er fürchtete sich, einen Schritt zu tun, und er erbebte wie vor etwas Ungeheuerlichem vor dem Wechsel des Aufenthaltsortes. Er war weder ehrlich heimatlos noch auch redlich und natürlich irgendwo in der Welt zu Hause. Er hätte so gern ein Orgelmann oder ein Bettler oder ein Krüppel sein mögen, damit er Ursache hätte, um das Mitleid und um das Almosen der Menschen zu flehen, aber noch inbrünstiger wünschte er zu sterben. Er war nicht tot und doch tot, nicht bettelarm und doch solch ein Bettler, aber er bettelte nicht, er trug sich auch jetzt noch elegant, machte auch jetzt noch, ähnlich einer langweiligen Maschine, seine Verbeugungen und machte Phrasen und entrüstete und entsetzte sich darüber. Wie qualvoll kam ihm sein eigenes Leben vor, wie lügenhaft seine Seele, wie tot sein elender Körper, wie fremd die Welt, wie leer die Bewegungen, Dinge und Geschehnisse, die ihn umgaben. Er hätte sich in einen Abgrund hinunterstürzen mögen, er hätte einen Glasberg hinanklimmen mögen, er hätte sich auf die Folter spannen lassen mögen, und mit Wollust würde er sich als ein Ketzer haben mögen langsam verbrennen lassen. Die Natur glich einer Gemäldeausstellung, durch deren Räumlichkeiten er mit geschlossenen Augen wanderte, ohne sich gelockt zu fühlen, die Augen zu öffnen, da er doch alles mit den Augen schon längst durchschaut hatte. Es war ihm, als sähe er den Menschen durch die Körper mitten durch die elendiglichen Eingeweide, es war ihm, als höre er sie denken und wissen, als sähe er sie Irrtümer und Albernheiten begehen, als könne er es einatmen, wie unzuverlässig, dumm, feig und treulos sie seien, und es war ihm zu guter Letzt, als sei er selber das Unzuverlässigste, Lüsternste und Treuloseste, was es gebe auf der Erde, und er hätte laut aufschreien, laut um Hilfe rufen, in die Knie sinken und laut weinen, tage-, wochenlang schluchzen mögen. Dessen aber war er nicht fähig, er war leer, hart und frostig, und vor der Härte, die ihn erfüllte, schauderte es ihn. Wo waren die Schmelzungen, die Bezauberungen, die er empfand, wo die Liebe, die ihn beseligte, die Güte, die ihn durchglühte, das endlose meergleiche Vertrauen, an das er glaubte, der Gott, der ihn durchentzückte, das Leben, das er umarmte, die Wonnen und die Verherrlichungen, die ihn umarmten, die Wälder, die er durchwandert, das Grün, das sein Auge erfrischte, der Himmel, in dessen Anblick er sich verloren? Er wußte es nicht, so wenig wie er noch wußte, was er sollte und wohinaus es mit ihm mußte. O, seine Person. Abreißen von seinem Wesen, das noch immer gut war, hätte er sie mögen. Die eine Hälfte des Selbst töten, damit die andere nicht zugrunde gehe, damit der Mensch nicht zugrunde gehe, damit der Gott in ihm nicht völlig sich verlöre. Es war ihm alles noch schön und doch zugleich so furchtbar, noch so lieb und gut und doch so zerrissen, und nächtlich war alles, und wüst und er selber war seine eigene Wüste. Oftmals, beim Anhören eines Tones meinte er zurücksterben zu können in die vorigen heißen, empfindungsvollen Sicherheiten, in die bewegliche reiche warme Stärke von früher. Wie gespießt auf einen Eisberggipfel kam er sich vor, schrecklich, schrecklich. – – –

Beim Gehen schwankte er wie ein Fiebernder oder wie ein Betrunkener, und er hatte das Gefühl, als müßten die Häuser über ihn umstürzen. Die Gärten, so gepflegt sie auch sein mochten, schienen ihm traurig und unordentlich dazuliegen, er glaubte an keinen Stolz, an keine Ehre, an kein Vergnügen, an keinen wahren, echten Jammer und an keine wahre, echte Freude mehr. Wie ein Kartenhaus erschien ihm das bisher feste üppige Weltgebäude: nur ein Hauch, ein Schritt, eine leichte Rührung oder Bewegung, und es bricht in dünne papierne Platten zusammen. Wie dumm, und wie fürchterlich – –

In die Gesellschaft der Menschen wagte er nicht zu gehen, aus panikartiger Furcht, man könnte merken, wie schlimm, wie trostlos es mit ihm stand; zu Freunden zu gehen und sich auszusprechen: dieser bloße Gedanke peinigte ihn aufs ärgste. Kleist war unzugänglich, ein elender grandioser Glücklicher, aus dem kein Wort mehr herauszubringen war. Der glich einem Maulwurf, einem Lebendigbegrabenen. Die andern waren ihm so schrecklich, so greulich zuversichtlich, und die Frauen? Brentano lächelte. Es war ein Gemisch von Kinderlächeln und Teufelslächeln. Und er machte eine abwehrende furchtsame Handbewegung. Und dann seine vielen, vielen Erinnerungen, wie sie ihn töteten, wie sie ihn marterten. Die Abende voller Melodien, die Morgen mit dem Blau und Tau, die heißen, tollen, schwülen, wunderbaren Mittagsstunden, der Winter, den er über alles liebte, der Herbst – – nur nicht denken. Es soll alles auseinandergehen, wie gelbe Blätter. Nichts soll stehen, nichts soll einen Wert haben, nichts, nichts soll bleiben.

Ein Mädchen aus guten Kreisen, das ebenso klar-vernünftig wie schön dachte, sagte ihm eines Tages folgendes: »Brentano, sagen Sie, fürchten Sie sich denn nicht vor sich selber, so ohne einen höheren Wert und so ohne Inhalt Ihr Leben dahinzuleben? Mußte es mit einem Menschen, den man lieben, ehren und bewundern möchte, so weit kommen, daß man ihn beinahe verabscheuen möchte? Kann ein Mensch, der so viel und so schön fühlt, zugleich so gefühlsarm sein, kann es Sie denn wirklich immer, immer wieder hinreißen, sich zu zerstreuen und Ihre Kräfte zu zersplittern? Fangen, fesseln Sie sich doch. Sie sagen, daß Sie mich lieben? Und daß Sie durch mich glücklich und wahr und aufrichtig würden? Ich aber, o des Grauens, Brentano, kann nicht glauben an das, was Sie sagen. Sie sind ein Unmensch, Sie sind ein lieber Mensch, und doch ein Unmensch, Sie sollten sich hassen, und ich weiß, daß Sie das tun, ich weiß, daß Sie sich hassen. Sonst verschwendete ich kein so warmes Wort an Sie. Bitte, verlassen Sie mich.«

Er geht und kommt wieder, er schüttet ihr sein Herz aus, er fühlt etwas Wunderbares in ihrer Nähe in sich aufquellen, er spricht ihr immer wieder von seiner Verlassenheit und von seiner Liebe, sie aber bleibt stark und starr und erklärt ihm, daß sie seine Freundin sei, daß es aber dabei bleibe, und daß sie nie seine Frau werden kann noch will noch darf, und ersucht ihn, aufzuhören zu hoffen, daß das je geschehen könne. Er verzweifelt, sie aber glaubt nicht an die Tiefe und an die Wahrhaftigkeit seiner Verzweiflung. Sie bittet ihn eines Abends in einer Gesellschaft von sehr vielen feinen und angesehenen Leuten, er möchte ein paar seiner schönen Gedichte vortragen, er tut es und erntet großen Beifall. Jedermann ist entzückt über den Wohllaut und über die überquellende Lebendigkeit dieser Poesien.

Ein Jahr oder auch zwei Jahre vergehen. Er mag nicht mehr leben, und so entschließt er sich denn, sich selber gleichsam das Leben, das ihm lästig ist, zu nehmen, und er begibt sich dorthin, wo er weiß, daß sich eine tiefe Höhle befindet. Freilich schaudert er davor zurück, hinunterzugehen, aber er besinnt sich mit einer Art von Entzücken, daß er nichts mehr zu hoffen hat, und daß es für ihn keinen Besitz und keine Sehnsucht, etwas zu besitzen, mehr gibt, und er tritt durch das finstere große Tor und steigt Stufe um Stufe hinunter, immer tiefer, ihm ist nach den ersten Schritten, als wandere er schon tagelang, und kommt endlich unten, ganz zu unterst, in der stillen kühlen tiefverborgenen Gruft an. Eine Lampe brennt hier, und Brentano klopft an eine Tür. Hier muß er lange, lange warten, bis endlich, nach so langer, langer Zeit des Harrens und Bangens, ihm der Bescheid und der grausige Befehl erteilt wird, einzutreten, und er tritt mit einer Schüchternheit, die ihn an seine Kindheit erinnert, ein, und da steht er vor einem Mann, und dieser Mann, dessen Gesicht mit einer Maske verhüllt ist, ersucht ihn schroff, ihm zu folgen. »Du willst ein Diener der katholischen Kirche werden? Hier durch geht es.« So spricht die düstere Gestalt. Und von da an weiß man nichts mehr von Brentano.

(1910)

BRENTANO (II)

Er stammte aus gutem Haus, der Vater war Handelsmann, was aber war er? Was machte er aus sich? Etwas bedeutsames Unansehnliches? Wo stand er, was tat er? Da sann er und sann, ging mit sich zu Rat, war hellauf und ratlos. Ein Poet, ein Romantiker, was war's damit? Nützte es ihm was, befriedigte, festigte es ihn? Er war Dichter, und er hatte sich von diesem Stand eigentümliche Vorstellungen gemacht. Er wanderte wie ein Zigeuner, musizierte wie ein Spielmann, war zweifellos »interessant«. War dies für ihn immer amüsant? Nein, manchmal langweilte es ihn. Durfte das Leben je zu pulsieren aufhören?

Von Zeit zu Zeit war's ganz still, und er glaubte, er stehe wie vor einer Wand, das war recht unergötzlich. Schimmerndes Nichts, glänzendes Häßliches. Er sah ein, daß er lange in der Welt nur Genüsse suchte und daß ihm alles mit einmal so ernst, so ernst wurde. Einen phantastischen Roman hatte er geschrieben, Frauen geküßt, Menschen irregeführt, vor allem sich selber. Was versprach ihm das? Er hatte völlig unterlassen, sich eine sogenannte Existenz zu schaffen. Dies und ähnliches glich was Lästigem, das ihm ums Gesicht flog; er kriegte es nicht weg, überall hin folgte es ihm nach. Es hatte über alles Kleine wegspringen wollen, traf es aber immer wieder an; unmöglich schien es, ihm zu entkommen.

Wie ermüdete ihn das! O, wie war's an schönen Tagen groß und heiter, wundersam hell um ihn gewesen, die leuchtenden, frohen Morgen und die Abende mit den süßen Farben! Nach und nach fragte er dem allem nichts mehr nach; das Leben schien ihm flach; er zog es zu sehr zu sich, und darum verbrauchte er's. Bald gab es für ihn nichts Überraschendes mehr, aber der Fehler war in ihm; Leben bleibt immer dasselbe, er schaute es nur nicht mehr liebend an. Was wir nicht achten, wird für uns wertlos; doch wir sind selber dran schuld. Gewiß fand er da und dort Anklang, ward gerne gesehen; denn es gab Leute, denen er ein seltener Dichter war, und wenn er seine von Empfindung sprudelnden, wahrhaftigen Poesien mit einer nur ihm eigenen Kraft und Anmut vortrug, so war er allen Hörern willkommen, und er durfte sicher nicht sagen, es habe ihm an Anerkennung gefehlt. Doch war etwas in ihm, das ihn zwang, sich selbst weh zu tun. Dies widerfährt oft feinen Menschen, weil sie zu sehr neigen, jederlei Berechnung für schlecht zu halten, was Übertreibung ist. Dem Herzen soll der Verstand als Gehilfe dienen, und umgekehrt auch. Da wir beides besitzen, dürfen wir auch von beidem Gebrauch machen. Er jedoch wollte nur Schönes und Zartes, und daher verdarb er's. Er sah nicht Arbeit, nicht Pflicht und war doch in all seinen Sinnen mit Sehnen nach einem Tun erfüllt. Vielleicht gehorchte ihm irgend etwas in ihm nicht.

In einer Abendgesellschaft lernte er ein schönes Mädchen kennen und lieben. Wohl gefiel er ihr, doch durchschaute sie ihn, und als er sie fragte, ob sie die Seine werden wolle, sagte sie nein und fügte hinzu: »Wie wär' es möglich, daß ich dir trauen könnte?« Hierauf schrieb er ihr Briefe, die wie Gedichte klangen, aber sie besaß zu viel feste Grundsätze und fand daher den Mut, unerwidert zu lassen, was ihr im Grunde Freude bereitete. Man könnte beinah sagen: er kam an die Rechte, denn eine andere würde er vermutlich nur unglücklich gemacht und sich damit doch nicht vorwärts gebracht haben. So aber wußte er, was ihm zu tun übrig blieb, und er ging denn auch hin, es auszuführen.

Er sagte allem Leben lebewohl, dem Wald, der lockenden Natur, der Musik, der reizvollen Bewegung im Freien, hell erleuchteten Räumen und fröhlichem Plaudern, dem

Händedruck und dem Lächeln, und ging dorthin, wo viele, viele Stufen abwärts ins Abgeschlossene führten, sah einen mit dunklem Tuch behangenen Tisch, ein Buch darauf, eine Kerze und daneben ein Kreuz und jemand, der ihm das Zeichen gab, sich zu beugen, und ihn aufforderte, für immer Verzicht abzulegen und zu geloben, nie mehr wieder etwas zu wünschen, und er tat es, und seither hörte niemand etwas von ihm.

(1920)

BRENTANO (III)

Brentano schrieb: Ich und einige andere meines Schlages sind der Zeit, worin wir uns umhertreiben, wie Vögel im Käfig, die Flügel nervös an die Stäbe schlagend, vorausgeeilt. Meine schwarzen Locken lachen mich aus. Manchmal scheinen sie mich schwer wie Bleiplatten zu belasten. Gepanzerte Schiffe durchfurchen still und groß das Meer meiner vorausfliegenden Einbildungen, und jede Idee enthält Wahrheit, und jedes Gefühl verzehrt sich, und die Stube hier ist dunkel wie ein armes, kleines, schüchternes Herz, und meine Hände sind fröhliche, verzweifelte, in ihre Behendigkeit eingekerkerte Tänzerinnen, und hochstielige Blumen schauen wie mit großen Augen in diese Umnommenheit hinein, die ich mich angewöhnt habe, Zimmer zu nennen. Der Vorhang bewegt sich ein wenig, als bitte, als litte er, und Gebete stürzen über die Berge, die verzaubert zu sein scheinen, und hier liegt ein Brief auf dem Tisch, von einem Mädchen, die es liebt, im Herrenanzug einherzugehen, und die mir mitteilt, daß ihr Vater ihr ein Schloß gekauft habe, das mitten in einem Eichenwald liegt, und sie sagt, daß sie auf mich wartet, damit sie eine Begleitung habe, wenn sie durch das Grün mit den tausend zitternden, bebenden, funkelnden Unterbrechungen Lust hätte zu wandeln. Sie sei hinreißend schlank, meint sie, und sie drückt die Hoffnung aus, daß mir eine Reihe Spiele, Scherze im Sinne läge, die wie halbverwilderte, reizvolle, federgeschmückte Gegenstände in einer Schachtel eingeschlossen seien, daß man bloß eins ums andere herauszuziehen brauche. Ihr Schloß habe die wundersamste, versteckereichste Einrichtung, sei halb Tempel, halb Palast, und dazwischen hafte ihm auch noch etwas Jägerhaushaftes an; schon sei es übrigens ein bißchen verwittert, wie eine auf irgendwelche Weise zierliche, schöne, fromme Heruntergekommene, die aber noch überaus deutliche und jeder Seele wohltuende, edle Abstammung zeige.

Aber indem ich dieses Schreiben überlese, das eine Dame schrieb, die mich nicht liebt, sondern mich nur als unterhaltenden Menschen empfindet, mit dem sie sich die Zeit zu vertreiben ins Köpfchen setzte, taucht schwarz und golden der trauerumrandete Gedanke an die purpurne, brennendgelbe Sonnenblume krank vor mir herauf, wie ich eine bürgerliche Frau nenne, die ich in den Himmel tragen zu können glaubte, als ich nachts zu ihr in die Stube stieg, sie aus dem Bett hob und auf braunem Arm wegtrug; und die nun, nüchtern gesagt, in Verlegenheit ist, und ich wegen ihr nicht minder. Für stark hielt sie mich, für die wärmste, ergebenste Zuverlässigkeit selber, während mich hie und da Anwandlungen umschleichen, als sollte ich wieder täglich frühmorgens zur Schule gehen, indem mich ein zu schnellblühendes in die Zeit und ins Leben Hineineilen in den Wunsch zurückwarf, mit dem Dasein seltsam und zugleich auf einfachste Art wieder zu beginnen. – Ich kann von Zeit zu Zeit das Leben deshalb unmöglich ernst nehmen, weil sich mir der heitere Glaube tief eindrängt, daß es bloß ein Kind sei, das in entzückender, mutteraugenbewachter Unbehilflichkeit im spielenden, grünenden, schmeichelnden Grase liege. Weiche Flammen wollen aus mir herauszüngeln, Herrschaft über mich ausüben, und mir ist, als sei ich mit dem Schwälbchen oder mit dem Schneeflöckchen verwandt, dann steht wieder die ganze, hochentwickelte Verantwortung vor mir.

Bettina gleicht mir, aber sie besitzt den Vorzug, Mädchen zu sein und sich an gerechte und intelligente Männer anranken zu dürfen, wo sich der Mann in mir gegen meine Wesentlichkeiten erhebt, auf die er begreiflicherweise nicht gut zu sprechen ist. Sanftes und zorniges Instrument, das ich bin, und ich rede, und in allem Reden breitet sich eine Steppe der Stummheit aus, und ich kann schweigen, und es ruft in einem fort laut daraus auf. Ich liebe die Welt nicht und liebe sie dennoch. Wenn es nach mir ginge, wären alle Landstraßen mit Teppichen belegt, und jede Äußerung aus jedem Munde wäre eine Liebkosung. Meine in der Tat sehr schönen, feinen Hände lieben mich wie Schwärmerinnen, die vom Gegenstande ihres Verehrungseifers eine zu holde Auffassung haben. Ich verwende sie zum Gedichteschreiben, zum Anfassen von Türklinken, zum Ziehen an Glockensträngen, zum Waschen und Kämmen, und um jemand die Hand zu drücken, weil's die Sitte so will. Wandere ich nachts durch die Gegend, so kommt mein Gesicht mit wirrherabhängendem Gezweig in Berührung. Leichtsinnige halten mich für leichtsinnig, Ernsthafte für ernst, aber überall geschieht nichts anderes, als daß ich Tiefsinnige erleichtere, dagegen Lustige zum Kopfhängenlassen veranlasse. Leidende geraten in Fröhlichkeit in meiner Gegenwart, Schuldige werden durch mich unschuldig, und um Unschuldige gleiten Schuldbewußtseinsschlangen; ich töte etwas in denen, die lebendig sind, und kräftige mit dem Musizieren und dem Labsal meines sich über sie ergießenden Interesses die Schwachen, und die Kränklichen werden schon beim Denken an meine Existenz tapfer, und die Gesunden mache ich mit meiner fraglichen Miene nachdenklich, die Wege, die durch die Schönheiten und Schändlichkeiten und Helligkeiten und Dunkelheiten und Freiheiten und Gefangenheiten des Daseins ziehen, erbleichen, wenn sie mich sehen, um gleich darauf vor Vergnügtheit zu glühen, und die Häuser stehen da, und in den Städten kommt es zum Ausdruck, wie sich die Menschen nach Liebe sehnen und wie schwierig dies gestern gewesen ist, wie auch noch heute. Verunmöglichungen weichen nie, haben eine Ausdauer, eine Gelenkigkeit. Den Möglichkeiten hängen Fetzen an wie Bettlern. Und dennoch sieht man sie gern.

Mir scheint, daß ich mich zu schnell bildete, und daß ich mich nicht häufig genug vor Anlässe stellte, Gebrauch vom Erworbenen zu machen. Was Bildung betrifft, muß ich gestehen, daß ich glaube, sie gewinne durch Benutzung. Die Uhr tickt. Das Gärtchen ist wie ein Mensch, an den man denkt. Stimmen lassen sich vernehmen. Ob's kalt oder warm ist, ob Tag oder Nacht, die Menschen regen sich immer, außer im Schlaf, aber da atmen sie doch. Morgen abend soll ich in einer Gesellschaft Verse vortragen; ich werde eine Unruhe zu bemeistern und eine Gewöhntheit zu beleben haben, und man wird zu sehr Ergreifendem lächeln und zu Übermütigkeiten die Miene ein bißchen zu verziehen für passend halten.

(1926)

WILHELM HAUFF
1802-1827

HAUFF

Hauff hat einen Roman und zahlreiche Novellen geschrieben, meiner Ansicht nach machen ihn aber seine Märchen zu dem, was er ist: zu einem der feinsten deutschen Dichter. Sein Roman mag gut sein; seine Novellen mögen stellenweise ausgezeichnet sein, die Märchen jedoch sind fabelhaft schön. Sie sind, wie ich mir erlauben möchte zu sagen, eine Art Wunderwerk, obwohl ich freilich durchaus nichts behaupten will. Das Recht, Behauptungen aufzustellen, darf sicher ein so bescheidener, unbedeutender Mann, wie ich einer bin oder zu sein scheine, keinesfalls beanspruchen. Aber für Hauffs Märchen schwärmen darf ich, das weiß ich. Ich weiß, daß es keine Selbstüberhebung ist, für etwas Schönes zu schwärmen, denn damit trete ich niemand zu nah und begehe kein allzu großes Unrecht. Hauffs Märchen! Man nehme mir alles weg und lasse mir nur Hauffs Märchen, so bin ich immer noch ein beneidenswerter Mensch, ein reicher Mensch, ein glücklicher Mensch, denn wenn ich Hauffs Märchen lese, so bin ich glücklich. Man gebe mir Hiebe, verabfolge mir meinetwegen eine wohlabgewogene und gehörige Tracht Prügel, steche, zwicke, haue und klemme mich nach Noten, lasse mich aber währenddessen nur Hauffs Märchen lesen, und so spüre ich von den Hieben nicht das geringste und bin für die derbe, tüchtige Portion von Schlägen völlig unempfindlich; die Lektüre von Hauffs Märchen macht mich vergessen, daß man mich zwickt und sticht, macht mich gänzlich übersehen, daß man mich klemmt und haut, macht mich alles vergessen und überwinden, macht, daß ich für alles Äußere unempfindlich bin. Der, der Hauffs Märchen liest, merkt nichts von der äußeren Welt, er ist in Hauffs wundervoller Märchenwelt, und alles sonstige existiert nicht für ihn, denn Hauffs Märchen sind himmlisch schön, sind entzückend. Hauffs Märchen gehören zum Schönsten und Kostbarsten, was in deutscher Sprache jemals gedichtet wurde, obwohl ich, wie gesagt, nichts behaupten will, da sich Behauptungen bekanntlich keineswegs für mich schicken. Sein Roman mag, wie gesagt, gut sein, und seine Novellen mögen, wie gesagt, stellenweise ausgezeichnet sein, aber seine Märchen sind ganz einfach bezaubernd. Sie beglücken und bezaubern in jeder Hinsicht ihren Leser, sie sind so schön, daß man sich fast einbildet, sie seien eher nur gehaucht und geträumt als mit der Schreibfeder geschrieben, und ihre holde, feine Sprache sei eher nur geredet und gesprochen als auf Druckpapier gedruckt worden. Ihre Worte haben etwas wie von Blumenduft, und so wie Hauff in seinen Märchen redet, spricht und redet ein gutmütiger Großvater, eine liebe welterfahrene Großmutter oder eine treue alte Magd. Deutsche Redlichkeit und deutsche Treue reden so! Es scheint beinahe, als seien die Märchen von Hauff im Fiebertraum entstanden, als habe sie ein schönes junges feinerzogenes Mädchen im Fieber phantasiert, oder als müsse Hauff selber fieberkrank gewesen sein, als er die herrlichen, schmetterlingflügelhaften Geschichten dichtete, oder als habe er abgelauscht, was im Traum jemand flüsterte. Ein Waldgeflüster, eine Waldesruhe, eine Wälderverborgenheit und eine Traumesruhe stecken in diesen süßen Geschichten, die ein Jüngling geschrieben hat.

Hauff starb als Jüngling. Ich erinnere mich, daß ich vor Jahren in Stuttgart sein von Efeu umschlungenes Monument gesehen habe, das wie ein Heldendenkmal aussieht. Es ist, als hätten die wunderbaren Phantasien den jugendlichen Dichter von innen angegriffen, um ihn rascher zu verzehren und ins frühe Grab hinabzuziehen. Ist es nur einer gewissen Kränklichkeit bestimmt, so schön zu dichten? Fast will es so scheinen! Mehr Genie als Hauff, als er die Märchen dichtete, scheint kaum je ein anderer Dichter bewiesen zu haben. Behaupten will ich indessen nichts, weil ich ein unbedeutender Mann bin, immerhin: Hauffs Märchen bewundere ich, und schwärmen dafür darf ich, das weiß ich, denn Schwärmerei ist kein Unrecht. Das Wirtshaus im Spessart, Felix der schöne Goldschmied, die Zwerg-Nase, das Gespensterschiff, die Geschichte von der abgehauenen Hand, das kalte Herz, der Räuber Orbasan oder wie der Bursche heißt, die arabische Wüste, der grüne deutsche Wald mit seiner Räuberhauptmannsromantik, die schöne edle Gräfin von Saldern, dann wieder der farbenglühende Orient mit seinen Perserinnen und Perserteppichen, Bagdads Herrlichkeiten und Kairos Schönheit, die falschen und wahren Prinzen: welche Fülle von Liebenswürdigkeit! Ja, das ist schön, das liebe ich, und das Herz wird mir beim Lesen aller dieser Dinge immer wieder vor Vergnügen hüpfen, das weiß ich, und mehr brauche ich nicht zu sagen.

(1917)

HAUFF

Hauslehrerlein bei Kindlein zart und fein,
fielen ihm viele art'ge Märchen ein,
von denen bis zum heut'gen Tag noch kein
Silblein, so klein es immer auch mag sein,

der Leserwelt verloren ging, o, nein.
Was er erfunden hat beim Glanz, beim Schein
der Sonne oder Lampe ist wie ein
beinahe heil'ger Kostbarkeitenschrein.
Mag's Frühling, Sommer, Herbst sein oder schnein,
mag man sein Werk sich kaufen oder leihn,
weil intellektualistisch durchaus sein,
blieb er als Dichter rein wie Edelstein.

(1927)

THEODOR KÖRNER
1791-1813

THEODOR KÖRNER

Die Heut'gen lächeln über ihn.
Aus perlenden Erfolgen ging er hin
und widmet' sich dem Allgemeinen.
Beinahe könnt' es scheinen,
daß er von allzu feinem Takte war.
Als Dichter bot er Flottes dar,
rauschend belohnt' man seine Anstrengungen,
von schönen Lippen ward sein Lob gesungen.
Statt sich hübsch an der seiden-
geschmeid'gen Existenz zu weiden,
zog er sehr mannhaft vor,
auf's jünglingsmäßigste zu leiden.
Benahm er sich nicht wie ein Tor
und war dies durchaus nötig? Nein,
ein andrer hätte können tapfer sein
an seinem Platz, doch fühlte er sich offenbar
berufen; ich find' ihn entzückend
und sein bescheidnes Werk beglückend.
Bei meiner wen'gen Ehr',
unglaublich deutsch war er!

(1927/28)

NIKOLAUS LENAU
1802-1850

LENAU (I)

Der Liebling des Grames, der Freund des Schmerzes war er. Seltsam war er, und noch viel seltsamer ist es, daß man von ihm eigentlich gar nichts kennt, und daß trotzdem sein Ruhm bis zu den Wolken hinaufragt. Das macht sein Name. Sein Name ist so schön, so zigeunerhaft-romantisch. Ich bin allein schon in den Namen Lenau verliebt, der nicht wie nach realem Leben, sondern wie nach einem Roman, nach einer holdseligen Liebesaffäre tönt. Lenau liebte den Herbst, das herbstliche Welken, das Fallen der Blätter, das Entfärben, das Vergehen. Er liebte das schneeweiße, kalte Schweigen des Winters. An den Tod und an das Ende zu denken, war ihm ein sonderbarer Genuß. Sonderbar war Lenau. Er war herrlich in seiner Art. Das Leben liebte er nicht, und dennoch liebte er es, er liebte es um der darin enthaltenen Enttäuschungen willen. Er war in die Enttäuschungen, in die Hoffnungslosigkeit, in die Unergründlichkeit, in die harte Unentrinnbarkeit verliebt. Er liebte den rauhen, kalten November, mithin also das sogenannte schlechte Wetter. Schönes, mildes, sonniges Wetter irritierte ihn, machte ihn stutzen. Dagegen, wenn die Stürme stürmten, wenn der Wind durch die Gegend brauste, wenn der Schnee fiel, da erkannte er sein Wesen und lebte das ihm angeborene Leben. Er fühlte sich wohl beim schauervollen Gedanken an die Gräber, und auf den Genuß dessen, was nicht zu genießen ist, verstand er sich vortrefflich. O, was für schöne, schmerzenbange, wehmuttrunkene Herbstgedichte hat er gemacht. Sein Hauptausstattungsstück bestand in einem schwarzen, flatternden Pelerinenmantel, und Nummer zwei seiner Requisiten war ein Rinaldini-Schlapphut, ebenfalls tiefernst und rabenschwarz von Farbe. Schwarz war sein Haar, das sich gleich tiefen, schönen, anmutigen Gedanken um seine ausdrucksvollen Schläfen ringelte. Voll schwarzen Glanzes waren seine traurig-lieben Augen, mit denen er in die Welt schaute, als verzweifle er, oder als sehne er sich nach einer Verzweiflung. Augenbrauen schwarz und Bart schwarz, falls er einen solchen hatte, was ich nicht geradezu behaupten möchte. Und in der trüben, grauen, kalten Novemberluft flogen Raben, und Lenau stand am Wege, unter einem entblätterten Baum, das Notizbuch in der Hand, schreibend einen seiner schwermutvollen Verse. Seine Herbstlieder sind weltberühmt. Ich selbst habe sie schon lange, lange nicht mehr gelesen. Aus ferner, umflorter Erinnerung nur tauchen die Worte dieser Gedichte vor mir auf, aber ich weiß, daß sie schön sind. Unverwelkliches Welken, blühender, unsterblicher Gram, rosengleiches Verzagen und Klagen, immergrüner Schmerz, ewig junger, ewig lebendiger Tod.

(1913)

LENAU (II)

Wenn ich sage, Lenau sei in Ungarn geboren worden, so sage ich vielleicht damit nichts so Neues, als wenn mir einfiele, glaubhaft machen zu wollen, er sei ein unfreiwilliger Humorist gewesen, und zwar dadurch, daß er oft tief über sich und andere nachdachte. Man vermag sich ihn kaum mit lachendem Antlitz begabt vorzustellen, und man ist kaum imstande, zu denken, er habe zu vermeiden verstanden, in Gesellschaft mit Vorliebe melancholisch zu sein.

Zunächst dies: er bedichtete mit Vorliebe Herbheiten. Falls ich mich nicht irre, unternahm er im Verein mit sonstigen Auswanderern, worunter sich Zigeuner befunden haben mögen, eine Reise zu Schiff nach Amerika, um daselbst das Volksleben zu studieren, die Fortschritte auf dem Gebiet etwa der Technik und der Organisation einer sorgfältigen Prüfung zu unterwerfen, d. h. mit den trauervollsten Augen wahrzunehmen, die es je gegeben haben mag.

Lenaus Existenz scheint ein Trauerspiel gewesen zu sein. Hie und da scheint er sich eine Portion rohen Schinkens gekauft zu haben, eine Speise, deren Dünngeschnittenheit er zweifelsohne hochschätzte. Einst trat er in den grünen, kühlen Wald, setzte sich auf eine Bank, die unter einer Buche angebracht war, und nahm sich den Luxus heraus, heiß zu weinen. Letzteres war gleichsam so seine Spezialität. Falls man der Meinung sein darf, der Weltschmerz sei eine Kunst, so sieht man sich für berechtigt an, hervorzuheben, Lenau sei darin ein Meister gewesen.

Natürlich trug er beständig einen schwarzen Anzug. Wenn wir seine Seele mit einem schwarzen Meer vergleichen, so erscheint das allerdings auf den ersten Blick kühn, dürfte aber immerhin ziemlich stimmen. Besaß nicht die Grasebene seines Heimatlandes, die man Puszta nennt, etwas Flutenhaftes, Unabsehbares? Solch eine immense Ebene mutet wie die Versinnbildlichung des Lebens an.

Was Lenaus Lebenswerk betrifft, so hat er eine Gestalt zu gestalten, eine Figur auf Dramatisierungsweg zu beleben versucht, die unter dem weitbekannten Namen

Savonarola kulturelle sowohl wie historische Bedeutung besitzt. Ich hatte einst einen Freund, der für dieses Bühnenstück, das wohl nie aufgeführt worden sein dürfte, schwärmte. Ich zählte damals, warten Sie mal, zirka neunzehn Jahre, und die zwei Schwestern meines Freundes, von Beruf Konzertsängerinnen, reichten mir eines Abends im Hause, worin sie gewohnt haben, der Straßenname und die Hausnummer entfielen inzwischen begreiflicherweise meinem Gedächtnis, ihre weiche, bleiche und, ich darf wohl hinzufügen, gütige Hand. Ich selbst bewohnte damals ein Haus, das den einladenden Titel führte: »Herberge zur Heimat«. Indem ich mir Freibillets zu verschaffen gewußt hatte, sprang ich beinahe allabendlich ins Theater, um heute den Egmont klagen, morgen den Othello Unannehmlichkeiten aussprechen zu hören. Tagsüber übte ich das Schreibergewerbe aus, das im Aufsetzen von Briefen bestand, zu deren Abfassung meine Mitmenschen teils zu ungeübt, anderteils zu bequem waren.

Nun wieder zurück zum Gegenstande vorliegenden Aufsatzes, wobei mir die holde, beinahe großartige Klanglichkeit auffällt, die für alle Zeiten mit dem Begriff und Namen desjenigen verbunden sein wird, der eines Tages, ganz in Sonnenschein gebadet, der ins Zimmer oder Gemach hineinfiel, das nicht ihm gehörte, sondern in das er sich begab, um in eine Stimmung zu geraten, nach der er sich sehnte, vor dem Bett der Dame, die er liebte, hinkniete. Wie es zu diesem Zeitpunkt in diesem Zimmer still gewesen sein mochte! »Verzeihe mir«, redete er die Abwesende leise an, »daß ich einen Teil der Gesinnungen, die dir gehören, zu Gedichtherstellungszwecken verwendet habe und wahrscheinlich fernerhin wohl verwenden werde.« Prächtig wird er in dieser Situation ausgesehen haben.

Möglich ist übrigens, daß sein Haar Blondheiten aufwies. Sicher aber strahlten seine Augen faszinierend, und ebenso sicher ist es, daß er sich gewissen Wehmütigkeiten, gewissen Zärtlichkeiten und gewissen Fassungslosigkeiten zu sehr hingab. Doch wer dürfte hieraus einem Lyriker einen ernsthaften Vorwurf machen? Wer könnte so hartherzig sein, von einem Dichter erstens des Biedermeierzeitalters, zweitens des an Lyrismen schon an und für sich reichen Ungarlandes zu verlangen, daß er schneller und besser hätte kopfrechnen sollen, als wie er's tat?

Ich setze gern voraus, daß in seiner Art, Unterhaltung zu machen, etwas Langsames, Träumerisches lag. Wenn man seine Gedichte tüchtig schüttelt, so fliegen Raben usw. mit der solchen Vögeln eigenen Artikulation daraus herauf, und es wachsen aus seinen Versen Bäume mit dunkelsilbernem Gefieder oder Geäste, und es ist eine gleichsam rosige Nacht, ein kosendes Trauern in allem, was er hervorbrachte. Was ihm gelang, mag von Vertretern der Literatur beurteilt werden, wie es kann und will, immer wird es junge Leute geben, die sich in den Buchhandlungen nach einem Buche von ihm umsehen.

Wie glich gestern um die Mitternachtsstunde der Garten, worin ich noch ein wenig herumspazierte, ehe ich mich ins Haus hineinzutreten entschließen konnte, einer lautlosen großen Lenaulandschaft.

(1926)

GEORG BÜCHNER
(1813-1837)

BÜCHNERS FLUCHT

In der und der geheimnisvollen Nacht, durchzuckt von der häßlichen und entsetzlichen Furcht, durch die Häscher der Polizei arretiert zu werden, entwischte Georg Büchner, der hellblitzende jugendliche Stern am Himmel der deutschen Dichtkunst, den Roheiten, Dummheiten und Gewalttätigkeiten des politischen Gaukelspiels. In der nervösen Eile, die ihn beseelte, um schleunigst fortzukommen, steckte er das Manuskript von »Dantons Tod« in die Tasche seines weitschweifigen, kühn geschnittenen Studentenrockes, aus welcher es weißlich hervorblitzte. Sturm und Drang fluteten, einem breiten königlichen Strom ähnlich, durch seine Seele; und eine vorher nie gekannte und geahnte Freude bemächtigte sich seines Wesens, als er, indem er mit raschen und großen Schritten auf der mondbeglänzten Landstraße dahinschritt, das weite Land offen vor sich daliegen sah, das die Mitternacht mit ihren großherzigen, wollüstigen Armen umarmte. Deutschland lag sinnlich und natürlich vor ihm, und es fielen dem edlen Jüngling unwillkürlich einige alte schöne Volkslieder ein, deren Wortlaut und Melodie er laut vor sich hersang, als sei er ein unbefangener, munterer Schneider- oder Schustergeselle, befindlich auf nächtlicher Handwerkswanderung. Von Zeit zu Zeit griff er mit der schlanken feinen Hand nach dem dramatischen, nachmals berühmt gewordenen

Kunstwerk in der Tasche, um sich zu überzeugen, daß es noch da sei. Und es war noch da, und ein fröhliches, lustsprudelndes Gewaltiges überkam und überrieselte ihn, daß er sich in der Freiheit befand, eben da er in das Kerkerloch des Tyrannen hatte wandern sollen. Schwarze, große, wildzerrissene Wolken verdeckten oft den Mond, als wollten sie ihn einkerkern, oder als wollten sie ihn erdrosseln, aber stets wieder trat er, gleich einem schönen Kind mit neugierigen Augen, aus der Umfinsterung an die Hoheit und an die Freiheit hervor, Strahlen auf die stille Welt niederwerfend. Büchner hätte sich vor lauter wilder, süßer Flüchtlingslust auf die Knie an die Erde werfen und zu Gott beten mögen, doch er tat das in seinen Gedanken ab, und so schnell er laufen konnte, lief er vorwärts, hinter sich das erlebte Gewaltige und vor sich das unbekannte, noch unerlebte Gewaltige, das ihm zu erleben bevorstand. So lief er, und Wind wehte ihm in das schöne Gesicht.

(1913)

EIN DRAMATIKER

Wenn man auf der Bühne mit etwas recht Feinem kommen will, so serviert man diesen nach allen Richtungen hin, die fürs Theater und den Geschmack daran in Betracht fallen, kränklichen, höchst unlustigen, über und über gefühlvollen, zu vielerlei gewiß ganz unpassenden Lyrismen neigenden, seinerzeit verblüffend früh verstorbenen Dramatiker, der nicht im geringsten Theatraliker ist, der viel zu vornehm, sensibel, nervös, philosophisch war, als daß er den Beruf eines Bühnenbeherrschers im Sinne eines wirklichen Gelingens hätte ausüben können. Meines Wissens schrieb er einmal, als er gerade nichts Pompöseres zu tun wußte, eines der seelenvollsten, schönstklingenden Prosastücke, die je im Zustand der Verfeinertheit geschrieben worden sein mögen.

Im Bereiche der Möglichkeit scheint zu liegen, daß er sich gern etwa eine Apfelsine zu Munde führte, denn er scheint sich aus dem Tannenwaldgebiet der gemäßigten und darum vielleicht etwas bläßlichen Temperatur, wo er zu Hause war, nach dem übermütigen, farbigen und gewissermaßen tragischen Süden gesehnt zu haben. Der Dichter, von dem ich hier eine Abbildung zu entwerfen versuche, schrieb keine Verse, weil ihn das Verseschreiben verwundet oder irritiert haben würde. Dafür warf er sich mit aller verfügbaren Jünglingskraft in eine zufällig gerade damals wellen- oder wogenemporwerfende, bald danach aber in alle Sanftheiten ausmündende Revolution. Seither lieben ihn sämtliche Jünglinge; sie finden z. B. unvergeßlich, daß er eines Nachts, während vielleicht der Westwind ging und der Mond wie ein Zauberer aus umherfliegenden, beruhigend aufs Gemüt wirkenden Wolken hervorleuchtete, sozusagen eine Art Flucht ergriff, weil ihn das Gefühl beschlichen haben mochte, man traue ihm eine Denk- und Empfindungsweise zu, die sich nicht schicke. Er lief, lief und langte nach soundso viel Zeit in einem Lande an, das sich in der Tat durch das Vorhandensein zahlreicher naturumdufteter Gasthäuser in des Wortes bestem Sinne auszeichnet. Wenn ich fallenlasse, daß aus des Dichters Rocktasche ein noch unaufgeführtes Drama weißblitzend hervorschaute, und wenn ich außerdem anmerke, daß er eine Jungburschenmütze auf dem denkbar genial veranlagten Kopf trug, worin es von Schaffens- und Zukunftsplänen nur so wimmelte, so wird man vielleicht finden, daß ich ihn bis dahin schon ganz treffend porträtiert habe. Daß ihn Locken von der unschuldigsten Sorte schmückten, versteht sich von selbst.

Ein alter Landmann, mit dem er sich gelegentlich in ein

Gespräch verwickelte, hielt den heute verhältnismäßig häufig auf der Bühne Gespielten für einen Friseur. Verwechslungen können vorkommen. So wohnte er denn also jetzt in einer Stadt, deren Gemeinderäte sich gerade mit dem Aufbau einer Tonhalle befaßten, in einer Stadt, die ihn als anerkannten Verfasser einer Schrift über das Leben der Fische zum Doktor der Naturwissenschaft erhob. Die Nachwelt, die feinfühlend ist, hat Briefe aus jener Akademiezeit an seine daheimgebliebene Braut für alle diejenigen aufbewahrt, die gefunden haben, daß diese Briefe eines glühend Liebenden entzückend seien. Gewiß gehe ich nicht fehl, wenn ich sage, er habe sich unter anderem an die Übertragung eines Theaterstückes herangewagt, dessen Verfasser sein Zeitgenosse gewesen zu sein scheint. Bereits mit neunzehn Jahren schrieb er übrigens eine historische Tragödie, die indessen für die Welt der Bretter stets etwas wie ein Dessert blieb, immerhin durch wundervolle Geniespritzer oder Details in die himmelblaue oder rosarote Literaturluft hinaufragt. Wenn gesagt oder geschrieben worden ist, daß ein gewisser Dramenschreiber dramatisch von einem Dramatiker abstamme, der dies vorwiegend in seiner Seele war, so will ich dies mit dem größten Vergnügen für annähernd richtig halten, wenn aber ein Lustspiel von ihm, das gestern in unserer vorzüglichen Stadt mit Orchesterbegleitung aufgeführt wurde, als ein glänzendes bezeichnet wird, so kann ich mich an diesem Beifall unmöglich beteiligen; denn was den Humor in dieser sicher sehr vornehmen Posse betrifft, so scheint mir Tatsache zu sein, er sei unecht, indem er sich gleichsam vor sich selbst hochachtungsvoll verbeuge, und was die Schönheit des Stückes betrifft, so würde ich sie als fein bezeichnen, immerhin aber beifügen, sie stehe nicht ganz auf eigenen Beinen, es sei ein bißchen viel Anlehnung dabei. Die Jugend ist von diesem Dichter deshalb tief gerührt, weil er jung starb.

Man wolle dieses Moment nicht außer Betracht lassen. Auch ich liebe ihn, obwohl mich sein Witz streckenweise ermüdet. Was ich fehlerhaft an ihm finde, ist, daß er auf mich den Eindruck macht, er sei insofern unvorsichtig gewesen, als er über sein eigenes Lachen hell auflachte. Aus der Art seines Humors scheint zur Genüge hervorzugehen, daß ihn sein Eigentümer oder Schöpfer selber für sehr humoristisch hielt. Darf ein Dichter für seine eigene Belustigung dichten? Wenn sein Lebenswerk denjenigen gehört, die das vertreten, was man Mode nennt, so freut mich dies selbstverständlich aufrichtig, und wenn der Gegenstand dieser Zeilen jäh an einer Krankheit verschied, so finde natürlich auch ich diese Art abzutreten hochromantisch. Das Alter zu erleben, spät zu sterben, hat dagegen etwas Wirklichkeitliches. Das Theater war bei Anlaß der Aufführung, von der ich sprach, sozusagen nur maßvoll besetzt, und dem Beifall haftete etwas Gehorsames an.

Während der Vorstellung sah ich meine Nachbarin, eine Frau von nicht sehr anerkannter, aber eigentümlicher Schönheit, lachen.

Auf die Frage, was sie so amüsiere, antwortete sie:

»Weil es als unverzeihlich gilt, diesen Dichter nicht lustig zu finden, und ich ihn bis dahin noch nicht lustig fand, überkam mich plötzlich dieses taktlose Lachen.«

»Wer schön ist wie Sie, benimmt sich mit unpassendem Benehmen reizend.«

Durch meine Bemerkung angenehm berührt, fächelte sie sich.

(1926)

LEOPOLD RITTER VON SACHER-MASOCH
(1836-1895)

SACHER-MASOCH

Er kam in Galizien zur Welt, ging in jüngern Jahren wohl zur Schule, bildete sich zum Schriftsteller aus, blieb als solcher nicht erfolglos, machte aber dafür seine Frau unglücklich.

Über keine übertriebene Bildung verfügend, schuf er Novellen wie »Fräulein Direktor«.

In der »Venus im Pelz«, dem bekanntesten seiner ehemals vielgelesenen Bücher, zeichnet sich der Liebhaber durch Schachtelntragen aus.

Hübsch ist er, leider nur zu stark verliebt, mithin an Schwäche reich, an Energie arm.

Er hilft mit viel Geschick und dem entzücktesten Lächeln auf den Lippen seiner Geliebten, die in dem Grad einen andern achtet, wie sie ihren Gehilfen geringschätzt, in den Eisenbahnwagen erster Klasse einsteigen, und begibt sich mit wahrer Wonne in ein geringeres Abteil.

Solche und ähnliche Erlebnisse tischt uns unser Autor mit merklich zu viel Vergnügen auf. Sein Schicksal will, daß ihn seine eigene Schreibweise verspottet.

Ich las einst eine Inspektorsgeschichte von ihm auf dem Boden eines mit Alkoven versehenen, nett möblierten Zimmers, die Beine dabei gemütlich ausstreckend.

Ferner verdanke ich ihm die Kenntnis eines Peitschenhiebes von seiner Gutsherrin zu schmecken bekommenden und diese Wohltat vollauf zu genießen wissenden um naiven Verfehlens naiv bestraften Burschen.

Dies geschah in den Karpaten; das dient als Entschuldigung.

Der Schilderer östlicher Eigenart fand gerade im abgestufteren Westen geneigte Leser, was uns nicht wundert, da doch Wildlinge auf Gezähmte Eindruck machen.

Wo anders als bei ihm fand ich mit grünlich schillernder Schnapsluft geschwängerte Wirtsstuben? Wer anders als er läßt mich noch heute an Bärenkämpfe und so weiter denken?

Vielleicht sollt' ich ihn lieber nie gelesen haben, bekenne mich aber gern zur Tatsache. Mit etwas gutem Willen befreit man sich mit Erfolg von unliebsamen Bekanntschaften. Löst nicht im Leben ein Einfluß den andern glücklich ab?

Er ließ einen seiner Romanhelden von mit rotledernen Stiefeln, die allemal auf dem Pflaster wacker klapperten, ausstaffierten Bäuerinnen wahrscheinlich nur zu gelinde durchprügeln.

Ich würde mit dem Einfältigen härter haben umgehen lassen, der sich über Verminderung seines Lebensrechtes in höchst einseitig orientierter Seele aufs unnachahmenswerteste freute.

Die Dame, der er unterlag, fand ihn so fade, daß ihr nichts übrigblieb, als ihn preiszugeben. Die Art, wie sie's tat, fiel für ihn unangenehm aus.

Indes er um sie litt, ließ sie sich Tee einschenken und lauschte in aller Ruhe auf die Beethovensche Mondscheinsonate.

Sie sehnte sich übrigens aus dem Schloß weg, wo sie Aufgaben zu übernehmen begonnen hatte, wie zum Beispiel ihre Zofen zu ohrfeigen. Ihr edles Wesen litt unter solchem Milieu.

Er, der solches schrieb, wäre zu seinem und des Lesers Vorteil gern ein anderer gewesen, was ihm nun aber einmal nicht gegönnt war.

Immerhin machte er sich berühmt, diesem Umstand entstammen diese Zeilen.

(1924)

ADALBERT STIFTER
(1805-1868)

ADALBERT STIFTER

Wunderbare Ruhe
geht von seinem Buche aus.
Gleicht es einer Truhe,
worin kostbare Sachen
nicht Wesens machen?
Ist es wie ein Schmaus
auf feingedecktem Tische ausgebreitet?
Ähnelt es der tautropfenübersäten,
erquicklichkeitsdurchwehten
Steppe oder eher einer Treppe,
die in einen Himmel leitet?
Manche Bücher sind begleitet
von Aufpeitschungen, dieses aber
ist schmackhaft wie Haber,
saftig wie die Kirsche.
An Schmiegsamkeit kann's mit dem Hirsche
verglichen werden.
Solange ich auf Erden
bin, war mir noch nie ein Buch so lieb,
wie dieses; sicher schrieb
es ein innerlich Schöner, einer,
der von Stufe zu Stufe feiner
wurde im bildenden Trieb.
Der Schreiber, Schrifter

ist Adalbert Stifter,
heut' noch in die Seele trifft er!

(1927)

II. DIE LITERARISCHE SCHWEIZ

DIE LITERARISCHE
SCHWEIZ

Einst zogen die Römer kulturbringend durch das Schweizerland. Schon vor ihnen mögen Ansiedelungen respektabler Art vorgekommen sein. Mühsam und beharrlich, tausenderlei Übungen absolvierend, entwickelte sich die einheimische Sprache. Pflug und Sense kamen in Anwendung, und für die Sämtlichkeit der Einwohner blieb die Kleidungsfrage hervorragend. Indem die Kirche zu Ehren zu kommen dachte, und indem diese durchaus gutgemeinte Absicht nach Verwirklichung strebte, regten sich da und dort unter begünstigenden Umständen, beschützt von der um sich greifenden Religion, literarische Bemühungen. Hiebei weist der Verfasser auf die noch heute das Auge in jeder Hinsicht befriedigenden Burgen hin. Angesehene Frauen wünschten sich in Gedichten gefeiert zu sehen. Wenn Klöster bereits existierten, worin sich entsagungsentschlossene Leute mit dem Lösen von Bildungsaufgaben beschäftigten, was nicht hoch genug geschätzt werden kann, gedieh langsam die Gründung bürgerlicher Städte samt Einsetzung der Behörden und der erforderlichen Ordnung. Manches Wichtige übergehend, worüber die Geschichte Aufschluß erteilt, und da ich nicht den Professor spielen will, sondern nur einige Zeilen, die einigermaßen interessieren sollen, darzubieten im Sinne habe, spreche ich leise von feinen und neuen Zeiten, Schlachten mit Bedauern außer acht lassend, wovon Zeughäuser und Museen bedeutsame Zeugen sind. Diejenigen von den

Umliegenden, die sich von den Schweizern besiegen ließen, machten sie siegestrunken, was zur Folge hatte, daß sie unvorsichtig wurden, was wieder an sich eine Verfassung war, die ihnen Belehrungen eintrug. Die Düpierten lernen mehr und prägen sich Besseres ein als die, die zusehen dürfen, wie andere in Verlegenheit sind. Ähnlich ging es auch hier zu.

Irgendwo im Ausland machten sich Dichter bemerkbar wie Cervantes und Shakespeare, von deren Erzählungen und Theaterstücken man mit Behagen und Staunen Kenntnis nahm. Haushaltungen sahen sich erweitert, Forschungen fanden Anklang, die moderne Frau fing an, sich zu entpuppen. Im Jahrhundert der zierlichen Manieren und spitzenbesetzten Manschetten hielt sich Jean-Jacques Rousseau auf der Bielersee-Insel fördernd und vorübergehend auf. Genannter verbreitete eine Menge zarter, sentimentaler Einflüsse, und Wirkungen gingen von ihm aus, die man landschaftsanerkennend nennen kann. Wohlsituierte und Empfindsame begannen für die Natur zu schwärmen, indem sie die Hand aufs Herz legten und in den Himmel emporschauten. Unmerklich statten wir dem Sozialismus einen lohnenden Besuch ab, aus welchem die wundervolle Dichterblume Gottfried Keller aufwuchs, dessen Talent derartig war, daß die Leser verführt wurden, zu glauben, den Dichtern gelinge, was sie vorhaben, spielend und die Schriftstellerei sei kinderleicht. Meyer schrieb landhausmäßig-vornehm, Gotthelf bäurisch-reformatorisch. Die Schweiz erwarb sich eine eminente literarische Berühmtheit. Zahlreiche Auswärtige reisten nach Zürich, damit sie sähen, wie eine dichtungumhauchte Gegend aussieht.

Ein Höhepunkt des Schöngeistigseins war erreicht. Dadurch, daß sich nun verhältnismäßig viele Schriftsteller auf das Bücherhervorbringen warfen, mußte sich mit der

Zeit gleichsam eine Art von Abstieg abzeichnen. Die Erfolge der literarisch Tätigen wurden infolge ihres vielfältigen Auftretens notwendigermaßen bescheiden. Erstens verringerten sich die Eindrücke; zweitens protestierte irgendwie das nationale Leben gegenüber fortwährender Ausbeutung. Ein Land und ein Volk wollen nicht in einem fort geschildert, dargestellt oder abgebildet, sondern begehren in Ruhe gelassen zu sein.

Der schweizerische Schriftsteller sieht sich nicht entmutigt, doch er hat Anlaß, allerlei unterlassend Kommendem anheimzustellen, was er mit Leichtigkeit nicht vermag.

(1931/32)

JEREMIAS GOTTHELF
(1797-1854)

DIE ZOFE

Gelesen haben gewiß Schriftsteller, die sich durch ihre Schaffenskraft einen großen Namen machten, allerlei, wenn nicht viel. Autoren gab's, denen nur irgendein interessantes Bildchen zu Gesicht zu kommen brauchte, damit sie sich in einen Zustand des Hervorbringens von Gegenden und Gestalten versetzt sahen. Die Musik mag manchen schöpferisch Tätigen wohltätig beeinflußt haben. Schiller las mit Vorliebe, falls ich mich nicht irre, Pariser-Geschichten, deren Inhalt er zu seinem Nutzen übersetzte. Hier spreche ich, wenn ich dies ohne Bedenken tun darf, von Gotthelfs »Erdbeerimareili«, das ein Büchlein im Umfang von zirka achtzig Druckseiten ist. Aus welchem Gedankengebiet nahm der bernische Dichter eine Erzählung her, die vielleicht die anmutigste ist, die er schrieb oder der er Form zu verleihen für richtig hielt? Gedichte dichtete der Hervorragende im Reich des Fabulierens nicht, indem er offenbar hiezu keine Zeit hatte, da ihm sein Pfarramt genug zu sorgen gab.

Von einer Frau wird gesprochen, die den Beruf des Nähens mit mehr oder weniger Erfolg ausübte. Zuerst lebte sie in der Stadt, wo achtunggebietende Karossen über das Pflaster rasselten, Schuster, Schneider, Schreiner, Küfer und Buchbinder handwerkten und Gelehrte würdevoll in der Straße auf und ab promenierten. Indem ihr indes nicht gelang, sich zu befestigen, begab sie sich bescheiden aufs Land, wo man ihr eine Hütte als angemessenen Wohnplatz anwies. Das Liebste und Kostbarste, was sie besaß, waren drei kleine, sittsam und naiv aufwachsende Kinder, die hie und da artig, dann und wann auch unfolgsam zu sein schienen, je nachdem es ihnen paßte. Zwei Kinder nahm ihr, eins nach dem andern, der stille, hohe Tod kalt weg. Das dritte, das der Genannte gütig und rücksichtsvoll verschmähte oder geringschätzig leben ließ, als lohne sich's nicht, es zu sich zu nehmen, hieß Mareili, und an dieses belanglose Kind verschwendet Gotthelf die ganze Weite, Breite und Fülle und alle schöne, angenehme Unvorhergesehenheit seines Könnens, indem er verlauten läßt, es habe häufig nachts im Bettchen lebhaft geträumt und sei während des Tages Erdbeeren suchen gegangen, um zu bewerkstelligen, daß die Mutter dieselben verkaufe. Selten oder nie schrieb ein Schriftsteller anheimelnder über die saftige Frucht, die im Wald unter allerlei Blättern wächst.

Hoffentlich bin ich willkommen, wenn ich vorbringe, daß Mareili mit der Zeit ihre Erdbeeren eigenhändig in den Handel brachte, denn sie wurde größer, selbständiger. Eines Tages schlief sie auf einem entlegenen, weichen Plätzchen ein. Als sie erwachte, schaute sie in zwei wunderschöne Augen, von denen sie sich aufmerksam betrachtet sah. Die Augen gehörten einem vornehmen Fräulein, die in der Nähe ein parkumschlossenes Schloß bewohnte, und die das Mädchen einlud, nächstens einmal bei ihr vorzusprechen, was in der Tat zur Ausführung kam und zu einer Kammermädchenschaft führte. Zofen müssen flink und zugleich behutsam sein, und bei Mareili war dies der Fall.

Jahre gingen vorbei. Das Fräulein, die sich bald sanft und geduldig zeigte, bald von Unmut und Unduldsamkeit heimgesucht wurde, fing an zu altern und kränkeln. Dies war an sich etwas ganz Einfaches und ist im Lauf zivilisierender Zeit unzählige Male vorgekommen. Einsam wurde es in ihren Zimmern. Nur noch selten kam jemand zu ihr. Mareili wußte um jeden leisen, feinen Kummer im Herzen ihrer Herrin. Der Verfasser gelangt, da es mit dem Buch zu Ende geht, zu herrlichen Äußerungen. Die schöne Seele, die ihr Leben lang mit Unbefriedigtheiten zu kämpfen gehabt hatte, nahm sowohl von der Zofe wie von ihrer eigenen Körperlichkeit Abschied.

Mit wenig Stoff, Vorwand oder Beweggrund kommt einer aus, der viel zu sagen hat.

(1931/32)

ERDBEERIMAREILI UND DON JUAN

»Mikrogramm«-Entwurf

Auf meinem Schreibtisch liegen beieinander das fröhlich dem Leben entsagende, schwärmerisch seinem Schloßfräulein dienende Erdbeerimareili von Jeremias Gotthelf und der freche Molièresche Don Juan in friedlicher Gemeinschaft, beides in ihrer Art Prachtwerke. Gotthelf und Molière! Pourquoi pas? Beide waren bedeutende Künstler auf dem Gebiete des Geistes. Ich nehme [an], irgendwo begegneten sich das Erdbeerimareili und Don Juan und letzterem gefiel es, folgendes zum Bernermeitschi zu sprechen: »Eine seltsame Figur. Voyons. So einfach. Ach, Einfachheit kann seltsam sein. Mädchen, du rührst mich. Es regt sich etwas wie eine sehr angenehme Achtung in meinem Bewußtsein vor dir. Du siehst nämlich gar nicht nach Salonmoral aus, bist ein Engel, ohne dir das geringste darauf einzubilden. Was mich besonders anziehend, d. h., mißversteh' mich nicht, sympathisch an dir berührt, ist gerade der für mich so belustigende Umstand, daß du nie das Leben zu kennen und auszukosten begehrtest. Wenn du erlaubst, find' ich das hochinteressant, und wenn du es mir nicht übel nimmst, verneig' ich mich vor dir (er tut es). Sieh, ich steh' in sehr üblem Ruf. Ich machte nämlich zwei bis fünfzehn Frauen unglücklich. Ich kann mich kaum aller Damen erinnern, bei denen ich es mir wohl sein ließ und denen ich Hoffnungen zarter Art weckte und die ich sogenanntermaßen betrog, im allerdings ein bißchen frechen, aber durchaus aufrichtigen Gefühl, sie wünschten im Grund, sie würden betrogen. Es gibt nämlich Frauen, die das wollen, vielleicht ohne es zu wissen. Sie lieben es sehr, die Hände zu ringen, und finden Schönheit darin, in Anklagen auszubrechen. O, wie lustig du lächeltest. Welch scharmantes Verständnis. Die Magd ist's, die den Grandseigneur würdigt. Denn in gewissem Sinn bin ich so gut ein Opfer wie ein Verführer, glaubst du das? Ich danke dir sehr, daß du mit dem Kopf nickst, und ich freue mich über eine so simple und liebenswerte Bekanntschaft. Was man Gesellschaft nennt, das ist und bleibt so ein Gemisch von Frivolität und engster Engherzigkeit, von Aufstachelung und Prüderiegeflüster. Hat die gebildete Welt keinen Don Juan, so seufzt sie und sehnt sich nach ihm. Wenn er dann anlangt und sie ihn hat, flüchtet sie sich vor ihm. Dich mit all deiner urschönen guten Anhänglichkeit, dem Wunderlich naiver Liebeslust im Herzen braucht das nicht [zu] kümmern, ich weiß nur so viel, daß mich Verlockendes verlockt und Ruhiges beruhigt, Kokettes kokett, Ernstes ernst macht. Wir sind alle abhängiger als wir glauben. Für sehr fein glaube ich halten zu dürfen, daß du auch nicht staunst, als wüßte eine Vernunft, die dir innewohnt, um alle Angelegenheiten. In deiner Nähe bin ich ohne weiteres ein Besserer, und warum bin ich bei denen [nie] ein Gebesserter, die mich für **schlimm** halten? Weil sie sich an dieser Überzeugung laben. Ich geh' und sorge ferner, daß sie etwas zu reden haben, und nehme einen Eindruck mit, der mich weder langweilt noch umschmeichelt. Du bleibst, was du bist, und ich werde das wohl auch müssen.« Sie schaut ihn unbewegt an, und beide gehen nach verschiedenen Seiten auseinander. Ich bitte dies als eine kleine Phantasie zu nehmen.

(1925)

GOTTFRIED KELLER
(1819-1890)

GOTTFRIED KELLER

»Mikrogramm«-Entwurf

Ich weiß nicht, ob ich nicht besser täte, einen Aufsatz ungeschrieben zu lassen, dessen Abfassung und Publikation vielleicht um seiner Gelungenheit willen bei den Verständnisvollen Aufsehen hervorrufen wird. Wie es womöglich etwas Merkwürdiges oder sogar Komisches hat, mit wenigen Sätzen das Lebensantlitz eines Mannes wiederzugeben, dessen Name mit dem Titel vorliegender Arbeit übereinstimmt, so darf ich mich auf das berühmte geflügelte Wort ›Zeit ist Geld‹ mit so viel heiterem Anstand stützen, wie er mir zusagt und wie [ich] ihn gebilligt zu sehen wünsche. Bekanntlich hat Keller die Figur einer Dienerin geschaffen, die in einer seiner Novellen auf's Rührendste zur Geltung kommt und deren Wesen mir mit einer andern Magd, nämlich mit einer Ib[s]enschen, einige Ähnlichkeit zu haben scheint. Er komme sich wie ein rechter Wirtshausteufel vor, äußerte sich einer der geistvollsten Schriftsteller des, falls man sich so ausdrücken darf, literarischen Deutschtums gelegentlich irgendwelchen Sinnens über sich selber. Wenn sich übrigens Ibsen vielleicht aus der Lektüre Kellerscher Werke eine Magd herausgeholt hat, so würde dieser Umstand, vorausgesetzt, daß er auf Wirklichkeit beruhte, den interessanten und zugleich leichtfaßlichen Beweis leisten, daß beinahe alle bedeutenden Dichter einander gegenseitig gelesen und befruchtet haben, und wenn gegenwärtig ein paar Prosastücke von mir unveröffentlicht, ähnlich Wartenden in Wartezimmern, in Schubfächern oder Mappen liegen, wo ich sie wohlaufbewahrt hoffe, so hindert mich diese gewiß an sich unbedeutende Tatsache nicht am Niederschreiben und Aufstellen der Behauptung, Keller habe geradezu scharmant gekämpft, und mütterlicherseits sei französische Art auf ihn übergegangen. Während sich sein Vater als verhältnismäßig gebildeter Handwerker, d. h. Kleinbürger in einem vorübergehenden Wienferienaufenthalt gefiel, der den Lebenslustigen mit den zeitgemäßen Produkten der theatralischen Kunst bekannt machte, impfte ihm die Mutter gleichsam Freiheitsdurst, gebirgliches Empfinden ein. Wie wäre es möglich, daß ich diesen Aufsatz über den nicht nur **beliebten**, sondern anerkannt großartigen Behaglich**keits**vertreter anders als denkbar ruhig und behaglich schreibe, und wie könnte **man** ferner imstande sein, nicht zu glauben, er habe in seiner Jugendzeit hie und da Briefe voll hinreißenden Freiheitssinns an diese(n) oder jene(n) Bekannten geschrieben. Die Gebildeten wissen, daß schon mancher Essay über den mich hier beschäftigenden Gegenstand verfaßt worden ist, und sie werden ebensogut wissen, daß er sich, mit seiner Laufbahn beginnend, jahrelang mit einer Berufsausübung **abgab**, die ihm nicht beschieden sein sollte fortzusetzen, auf die er wie auf ein Lieblingskind verzichten mußte, wobei ich an Mut und zugleich an Entmutigtheit denke, die **ihn** gleichermaßen **belebt** und **angeregt** haben mögen. Nahe lag für den Jugendlich-Einsamen, sowohl Bücher zu lesen wie **zahlreiche** Gedichte zu schreiben, die er veröffentlichte und die ihm allerlei Kritik und Bekanntschaft(en) erschlossen. Gönner statteten den in vieler Hinsicht an sich Zweifelnden mit Reise- und Studiergeld aus, und obwohl er sich in seinen späteren Tagen dann und wann derb, sogar grob benahm, was denen, die ihn schätzen, nicht unbekannt ist, halte ich ihn mit gütigem Einverständnis für eine der zartestbesaiteten **männlichen** Naturen, die aus der Biedermeierepoche hervorblühen mochten. »Schade, daß Gottfried Keller nicht geheiratet hat. Mit seinem Junggesellenwesen söhnt man sich nur mühsam aus«, sprach einmal ein Kellerverehrer mir gegenüber so aus, als wundere er sich über den Ton, womit er es sagte, und als belustige es ihn, an einem Bewunderungswürdigen etwas auszusetzen. Mir kam neulich die Wiedergabe eine[s] Liebesbriefes des Dichters, über den ich hier referiere, zu Gesicht, den er im einfachen und vielleicht nur allzu ehrlichgemeinten Bestreben an ein anscheinend kluges Mädchen richtete, in ihrem Innern eine Neigung zu wecken, es fürs ganze Leben gleichsam mit ihm und allem, was es Wunderliches, Widerspruchsvolles an ihm gab, zu probieren, was für ihn auf ein total erfolgloses Unternehmen herauskam. Bedeutende geben sich in Bezug auf Privatangelegenheit[en] mitunter eigentümlich unbedeutend, will sagen harmlos und offenherzig. Er rief in seiner Bittschrift an die Verehrte ein bißchen zu freudig und zugleich ein bißchen zu schmerzlich bewegt aus: »Rette mich«, wo es doch, wenn er sich seinem Gefühl nicht so sehr hingegeben hätte, wenig oder überhaupt nichts an seiner Person und an seinem Leben gab, was nicht in Ordnung gewesen wäre, denn was seine Gestalt und sein Gewicht unter seinen Mitbürgern betrifft, so hatten ihm diese ja das Amt eines Staatsschreibers anvertraut, das er mit einem Pflichteifer übernahm und ausfüllte und fünfzehn Jahre lang behauptete, der an einem Phantasiebegabten, wie er einer war, geradezu groß anmutet. Als das interessanteste **Moment** in seinem Dichterleben kann und muß meiner Ansicht nach sein so überaus naives und offenbar tiefbegründetes Sehnen nach der Eroberung der Bretter, die die Welt bedeuten, betrachtet werden. Der geborene Epiker bringt seinen biographischen Roman und hernach seine entzückenden Novellen gleichsam nur so neben seinem schöneren und höheren Sehnen wie in einer Fülle von seelischer und geistiger Verlegenheit, beinah möchte man glauben, melancholisch hervor. Ehe er seinen eigentlichen Beruf auszuüben beginnt, hat er allen Enttäuschungsschmerz, alles still sich vollziehende Verzagen und alle[s] vergebliche Ringen um eine[s] Herzenswunsches Erfüllung kennengelernt, und vielleicht scheinen seine Erzählungen so spielend geschaffen und so reich mit Tragikomik ausgestattet, weil alles Runde, Kreisende des Lebens erdkugelförmig sich in ihm selbst manifestierte, weil er an dem, was sich ihm gab, wie im Traum schrieb, es wollend und zugleich verschmähend, es gutheißend und geringschätzend, alle seine geschriebenen Fröhlichkeiten aus der Entsagung herkamen, sich in der Ohnmacht zu etwas Mächtigem härteten. Ich las übrigens letzthin seinen, wie mir vorkommt, ausgezeichneten, in Ton und Ausdehnung trefflichen »Martin Salander«, womit er sein Lebenswerk bescheiden und imposant abschließt, wie ich und wahrscheinlich auch andere überhaupt an diesem Werk bei seiner bedeutenden Inhaltlichkeit die feinsinnige und heitere quantitative Begrenztheit wertschätzen. Ein junger Kollege hielt sich vor einiger Zeit für berechtigt, mir zu sagen, ihm komme Keller wie ein Ausklang, herrlich verhallend vor, worauf ich ihm erwidern zu dürfen meinte, daß man dies an allem Vorzüglichen, wahrhaft Schönen, anscheinend Unübertrefflichen für gegeben halten könne, man stehe vor Kellers Werken wir vor einer großen, von immergrünen Ringmauern graniten und wieder seidenweich und fein umschlossenen Stadt, die mit ihren Mannigfaltigkeiten und in ihrer Ruhe ein nur einmal vorkommendes Kulturbild darbiete, er sei etwas Einziges, und seine beruflichen Nachfolger täten freilich gut, ganz andere Wege zu beschreiten, da es auf Kellerschen Wegen für keinen als nur für ihn selber Aussichten, wertvoll zu werden, gebe. »Welchem Dichter bescherte das Schicksal nochmals so viel Unglück und Schwierigkeiten und so viel Begabung, sich ihnen anzuschmiegen, wie ihm«, fügte ich bei, und nun meine ich, was ich mir vornahm darzutun, annähernd auseinandergesetzt zu haben.

(1926/27)

EINE GOTTFRIED-KELLER-GESTALT

Eine stille Stube zu Seldwyl. Pankrazius, der Schmoller: Liebe Mutter und liebe Schwester, nicht jeder wird mit der Zeit Oberst in fremden Diensten, der sich in seiner Jugendzeit darauf beschränkte, mit gebührender Aufmerksamkeit zuzuschauen, wie andere sich abrackerten. Er merkte sich die Handgriffe der Fleißigen. Eines Tages ärgerte ich mich über euch und infolgedessen über mich selbst, und der Groll bemächtigte sich meiner in solch hohem Grad, daß ich fortlaufen mußte. Schlank und weltgewandt, im Besitz einer Höflichkeit, die ich mir im Laufe meiner Lehr- und Wanderjahre aneignete, stehe oder sitze ich vielmehr vor euch da, daß ihr gar nicht aus einem für mich rührenden Erstaunen hinauszuklettern vermögt, falls dies Staunen mit einer Schlucht verglichen werden könnte. Durch ganz Deutschland lief ich bis ans mütterliche, zuverlässige Meer. Das Land sah grün, das Wasser blau aus, wobei ich womöglich poetischer rede, als sich für einen Weltmann schickt, als der ich sage, daß ich bis nach Indien kam, wo sich mir die Eigenartigkeiten des

Soldatendienstes zu erkennen gaben. Bald war ich mit sämtlichen Obliegenheiten derart vertraut, daß ich sie durchaus mechanisch ausübte. Meine Tüchtigkeit erlaubte mir, spazieren zu gehen, nämlich im Garten meines Vorgesetzten, dessen Tochter mir als das schönste Mädchen erschien. Keine Erscheinung würde es ausgehalten haben, in eine Vergleichung mit Lydia gezogen zu werden, so hieß sie, die ich von Tag zu Tag wegen ihrer Gestalt heißer, d. h. ehrlicher und aufrichtiger liebte, die aber weiter von mir nichts wünschte, als meine glühende Bewunderung in Empfang zu nehmen, an deren schöner Farbe sie sich in aller hochherrschaftlichen Vergnügtheit erlabte. Offenbar kam sie sich als die Krone ihres gewiß in jeder Hinsicht holden Geschlechtes vor. Ich hielt sie auf jeden Fall für einen Engel. Eines Tages erklärte ich mich ihr unter Ausströmenlassen einer mindestens halbstündigen Rede, worin sich wie in einem See, der still und glatt ist, die Sehnsüchtigkeit und auch die Seligkeit meine Leidens und meines Liebens mit einer Bildhaftigkeit und einer Deutlichkeit abspiegelten, über die sie lächelte. Nachdem sie das getan hatte und über die Erledigung von etwas so Angenehmem froh war, sagte sie mir das Schnödeste, was je den Lippen einer Tochter aus feinem Haus entfloh, so lange es eine Menschheit gibt, wonach ich für gegeben erachtete, den mir bisher so wertvollen Dienst zu quittieren. Nachherige Tage sahen mich in Paris, wo ich vergeblich meine Lydialiebe zu überbrücken, d. h. zu vergessen suchte, indem ich ausgedehnteste Kokottenbekanntschaften zu machen unternahm. Hierauf sah mich der Wüstensand Afrikas. Immer noch begleitete mich die Schwäche des Schmollens. Ich hatte bei euch daheim geschmollt, hierauf in Indien; jetzt bekam ich Gelegenheit, mit einem Prachtexemplar von Löwen zu zürnen, der mich mit seiner urplötzlich auftauchenden Gegenwart beehrte. Vierzehn Stunden lang fixierten wir uns gegenseitig aufs intensivste, und wenn nicht Soldaten herbeigekommen wären, die die Sorge um ihren Führer auf die Suche nach mir getrieben hatte, wäre ich hingesunken, und ihr könntet mich nimmermehr hier vor euch als einen von seiner Schmollerei Gebesserten erblicken, was aber nun zum Glück der Fall ist. Ihr mögt es mir glauben oder nicht: ich kann nicht mehr böse sein, was ja vielleicht sehr schade ist. Mit diesem Schmollgeist, der von mir floh, ist ein Stück Angeborenheit total von mir gewichen.

(1926)

KURT VOM WALDE

Die Oper »Wilhelm Tell«, sprach ich gestern vielleicht etwas zu harmlos zu einer Kellnerin, sei doch wohl nach wie vor, dächte ich, sozusagen von Rossini, eine Bemerkung, über deren Einfachheit das Mädchen nicht etwa laut lachte, nein, nur sehr amüsiert lächelte. Ihr Lächeln besaß für mich etwas Gedankenvollmachendes, indem ich eine halbe Minute lang oder noch länger ganz verdutzt, verblüfft über ihr Betragen dasaß, das ich mir nicht recht zu erklären vermochte. Sie hatte dazu ein kältlich-feuchtliches, wärmeliges Händchen, was ich insofern zu konstatieren vermag, als ich dieses gleichsam ebenfalls ein bißchen lächelnde Händeli angerührt hatte. Jedenfalls scheine ich für Eindrücke zarter, delikater Art erstaunlich empfänglich zu sein, und ich kann kaum glauben, daß hierbei etwas Besonderes mitspiele.

Nun gehe ich zur Süchelidee über.

Bei uns in der Schweiz werden ungehobelte, unpolierte Menschen mit der Bezeichnung Süchel beehrt. Ein Süchel scheint derjenige zu sein, der keine oder zu wenig Ahnung von Galanterie hat. Man kann hauptsächlich Frauen sich über Süchelei beklagen hören, indem die Frauen ja am Entgegenkommen naturgemäß interessiert sind, und mit einmal kam ich auf den vielleicht etwas seltsamen Einfall, mir zu sagen, daß der bekannte König Lear von Shakespeare unter Umständen eine Art Süchel gewesen sein könnte. Benahm sich dieser Herrscher, der gottlob bloß ein Theaterherrscher ist, gegenüber seinem Töchterchen Cordelia nicht doch schon beinahe ein bißchen süchelhaft, d. h. grob? Ich für mich glaube dies aufrichtig. Man wird mir entgegnen wollen, ein König sei weit eher zur Süchelhaftigkeit berechtigt als irgendein sonstiger Sterblicher. Hierauf würde ich meinerseits erwidern: Ganz recht, aber ob nun ein König recht habe oder nicht, wenn er drauflossüchelt, so schließt das die Tatsache, daß er unartig ist, keineswegs aus, und in der Tat läßt ja der Dichter den König für das Unrecht, das er begeht, und wozu er immerhin aufs königlichste berechtigt zu sein scheint, wacker büßen. Das Fabelhafte an Shakespeare ist ja, daß er mit Königen wie mit Menschen umging.

Gott sei Dank bin ich mit dem Süchelthema, das mir ein unsympathisches zu sein scheint, fertig und gelange zum Kurt vom Walde, dessen Figur mir Gelegenheit gibt, mich über das, was man unter Aktualität versteht, zu verbreiten. Vorerst dies: Dieser brave Kurt vom Walde ist eine Gestalt Gottfried Kellers, der ein Schriftsteller gewesen zu sein scheint, dem es bisweilen behagte, nachts zu später Stunde in nicht sonderlich alkoholfreiem Zustand nach Hause zu kommen, was als eine Junggesellengewohnheit bezeichnet werden kann. Nun läßt Keller den Kurt vom Walde einen außerordentlich fruchtbaren Federhelden sein, der über die kleinste, zufälligste Aktualität ein langes und breites schreibt. Alles, was ihm begegnet, sei es dieses oder jenes, schildert er mit wichtiger Miene, indem er's in sein Notizbuch trägt. Man bekommt das Gefühl, oder besser, man gelangt zur Ansicht, er sei der behendeste, besorgteste, genaueste, exakteste Tagebüchler, den es weit und breit gebe, und die Tagebüchelei, die ihn erfaßt hat, veranlaßt ihn, die schönste seiner Obliegenheiten total zu vernachlässigen: zu seiner Frau zu schauen, sich um ihr Wohlergehen zu kümmern, die sich im Lauf der Zeit glücklicherweise von ihm zu trennen weiß, indem sie denjenigen heiratet, der kein Kurt vom Walde ist, vielmehr ein ganz anderer, ein viel Liebenswürdigerer, vor allen Dingen einer, der nicht von fern ans Schriftstellern usw. denkt. Diesen Kurt vom Walde, diesen Vergegenwärtiger alles dessen, was Literaturteufelei ist, hat Selbstgefälligkeit zum ungefälligsten und Eingebildetheit zum ungebildetsten Menschen werden lassen. Keller stellt sehr fein dar, wie gerade der Aktualitätsaufschnapper mit der Zeit unaktuell wird.

Was mich selbst betrifft, so meine ich, daß ganz einfach der Brauchbare an sich der eigentliche Aktuelle sei, und ferner ist meine Meinung, daß man sich nicht in das verbohren darf, was man Bildung nennt, weil sonst nicht Bildung, sondern Verbohrtheit entsteht.

Lese ich nicht zurzeit in einem Buch, das bereits vor zweihundert Jahren verfaßt wurde, und empfinde ich es nicht trotz seines hohen Alters als überaus jung?

Indem ich für aktuell halten zu können glaube, was gut ist, und indem ich erkläre, was dauerhaft, d. h. von gesunder Konstruiertheit ist, sei jedesmal neu genug, empfehle ich mich, als wäre ich ein Kurt vom Walde, will sagen, ein flinker Handelsreisender, der sonstwo schnell noch vorzusprechen die Absicht hat, bestens.

(1926)

DIE KELLERSCHE NOVELLE

Ich befand mich letzthin, etwas angeheitert, falls das nicht zu beschönigend gesprochen ist, doch drückt man sich gern gewählt aus, in einem unserer Restaurants und trank zur Wiedergewinnung schärferer Besonnenheit Kaffee. Da merkte ich, daß mir eine Dame von sehr üppiger Erscheinung ziemlich nah gegenüber saß, Kotelett und Bohnen essend. Ich fing an, sie zu beobachten, und kostete die Genugtuung, wahrzunehmen, wie sie mit Miene und leise sich bewegendem Fuß auf den Versuch einging, Unterhaltung zu machen. Gott, mit irgendwas zerstreut man sich halt! Die beidseitige Korrespondenz gedieh trefflich. Mir fiel ein, bis zum Zeitungsständer zu spazieren, ich könne, dacht' ich, die Verehrte dabei womöglich zart streifen. Ich wünschte, sie ließe vielleicht gütig irgend etwas fallen, etwa das Taschentuch, ich würd's ihr aufheben und gelänge zu ihr in nettere, heimeliche Beziehung. Sie besaß ein rundliches, gutherziges Gesicht, geschmückt mit allerliebstem Mündchen. Welcher Empfindsame sähe solches und spürte nicht Anpassungslust! Zu meinem nicht kleinen Erstaunen enthielt die Zeitung, die ich mir geholt hatte, den Abdruck der Kellerschen Novelle: »Romeo und Julia auf dem Dorfe.« Ich fand den Zufall interessant und las, was er mir in die Hand spielte, und sank so ins Lesen, und Gedanken aller Art umfingen mich derart, daß ich die engere Umwelt, samt der Schönen in derselben, total vergaß. Etwas wie eine Heiligkeit, zwanglos aus den wundersamen Zeilen steigend, die wohlig-berghaft gestellt, nicht geschrieben, nein, recht eigentlich gedichtet schienen, lebte um mich. Mitunter schaut' ich umher; die Alltagsgestalten wurden simpler und bedeutender, und mich selbst empfand ich als ein Ergebnis ernsthafter Verjüngung, wie es auch nicht anders zugehen konnte beim Aufnehmen so edlen, erzählenden Gehaltes. Besonders schön war mir die Stelle, wo der Dichter, die Feder mit einem aus Schwergewicht und Grazie überaus reizvoll vereinigten Können handhabend, sich über den Unsegen nebenher verbreitet, den Aneignung unrechten Gutes aufs Menschenleben nach sich ziehen muß, und ebenso schön, wenn nicht rührender, das Einfügen oder Anmerken, welches andeutete, wie die Trinker in der romantisch gelegenen Vagantenbude Vreneli und Sali, die beglückten Unglückseligen, um ihrer sichtlich-tiefen Neigung willen, so ehrlich bemitleideten wie beneideten. Ich war quasi auf mich still-stolz geworden, daß ich trotz viel inzwischen Erlebtem, immer noch, ganz wie in frühern Jahren, dem Lauf und den Windungen des Geschichtsstromes, der in so großer Form, wie sie ihn auszeichnet, sicher zum reichsten Nationalgut gehört, nachzugehen vermochte, fühlend, wie wichtig solches Gehorchen und Genießen nicht für mich allein, sondern für Landsleute überhaupt sei, und ich wunderte mich dann auch nicht im geringsten, daß ich beim Ummichblicken die Dame, mit der ich geliebäugelt hatte, nicht mehr im Saale sah, fand es recht vernünftig, sogar feinsinnig von ihr, daß sie in der Zeit, die ich zur Belebung von Herz und Geist weidlich ausnützte, weggegangen war, weiblich offenbar erkennend, daß ich mich von Stärkerem und gar noch Lieblicherem beeinflussen ließ, als was sie darzubieten haben mochte. Ihr unabsichtlich entschlüpfend, brauchte ich mir nicht vorzuwerfen, ich hätte sie schlecht behandelt: Schöneres entwand mich Schönem...

(1924)

CONRAD FERDINAND MEYER
(1825–1898)

[SZENE ZU »ANGELA BORGIA«]

*Angela Borgia, Julio, Der Kardinal,
Der Herzog, Lukrezia,
Der Autor dieser Szene*

»Mikrogramm«-Entwurf

Angela Borgia: Wie ich mich dieses Geständnisses schäme!

Julio: Du hast es mir ja noch gar nicht abgelegt, darf ich bitten?

Angela: Du weißt es. Die Geschichte nennt dich einen Ruchlosen, und ich gehöre zu denen, die das in Abrede stellen möchten. Hat dir mein Benehmen nicht alles gestanden? Daß du mitansiehst, wie ich um dich zittere, empört mich. Sie nennen dich laut einen Verworfenen, du zuckst darüber nicht mit der Wimper.

Kardinal (für sich): Ich finde dieses Mädchen herrlich, ihn um so abscheulicher.

Angela (zu Julio): Wovor fürchtest du dich denn eigentlich?

Julio: Nicht mal vor mir selbst, geschweige vor dem da, dem ich im Weg bin.

Kardinal: Man tut nicht gut, sich vor nichts zu fürchten. *(Er hat das für sich selbst geflüstert.)*

Angela: Komm' ich schon wieder mit Reden an die Reihe?
Julio: Ich will dir etwas erzählen.
Angela: Nein, ich dir noch schnell vorher etwas. Du bist mir viel, weil dir ein Unglück bevorsteht und weil dich die Mädchen umlachen, die ungebildeten, die gewöhnlichen, mit dir ihren Scherz treiben, dich zum Gegenstand ihrer Unterhaltung machen, dich auslachen und bevorzugen, verhöhnen und verwöhnen. Ich wünsche dir alles Gute und, daß ich es dir nur gleich gestehe, alles Böse.
Julio: Du bist aufrichtig, und so laß es mich auch ein wenig sein. Gestattest du mir das, Kardinal?
Kardinal (für sich): Es hat keinen Sinn, ihm zu antworten, aber es wird Sinn haben, ihn zu züchtigen.
Der Herzog: Was bringt dich gegen einen Harmlosen so sehr auf? Kannst du den Anblick eines Glücklichen nicht aushalten, nicht warten, bis er sich selbst unglücklich macht?
Kardinal: Es gibt Menschen, die sich ums Betragen anderer kümmern müssen, weil sie sich für sie verantwortlich fühlen.
Lukrezia (zum Herzog): Er liebt es, sich zu grämen. Er ist nun einmal der immerwährend Geärgerte. Er ist stolz, ehrenhaft und möchte die Ehre von sich werfen und verwünscht seinen Stolz. Er haßt sich, weil er sich Verdienste erwarb und nun stets danach aussehen muß. Mich dauert er, und den Julio hätt' ich Lust, in ein Ackerpferd zu verwandeln. Er schadet uns mehr als sich, obwohl er ein wahrer Verbrecher gegen sich selbst ist. Ich bewundere ihn, und das sag' ich natürlich nur dir.
Der Herzog: Deine Klugheit hat etwas so Schönes, daß man sie noch über **deine** Schönheit stellt.
Julio: Ich kaufte neulich ein Billet fürs Theater, ich wollte mal ausnahmsweise unter die Schar der Abend-

lichen gehen, ich ließ mich von einem Appetit nach guter Aufführung bewältigen. Das Theater ist von einem heiteren Garten umgeben. Die Bäume kamen mir riesig lustig vor. Ich warf einen Blick auf die Häupter der Alpen, gleichsam einen Blick voll Hochachtung und dann einen etwas leichter beschaffenen auf ein Mädel, das vereinzelt auf einer Bank saß. Sie trug ein nettes Hütchen, das mich um Aufmerksamkeit ersuchte. Die Mädchen amüsieren mich, weil sie bestrebt sind, mich eifersüchtig zu machen, ich wieder bin ihnen amüsant, weil ihnen das nicht so leicht gelingt. Da sah ich zwei Kinder Ball spielen, ging zu ihnen und beteiligte mich am Spiel, und die Hübsche sah das und entfernte sich, still dagegen protestierend, daß ich mich so einfältig, so klein, so niedrig gab. Mich entzückt, belebt nun einmal alles Unschuldige, vielleicht von wegen daß ich mich darin sozusagen bade. In die Theatervorstellung zu gehen, vergaß ich, und das war auch ganz gut, da sich sonst der Hof gesagt haben würde, ich wäre mir untreu geworden.

Kardinal: Eben das ist die richtige Treulosigkeit, ich sage das diesmal laut. Wozu immer die Sentenzen verschlucken und krank werden vor diplomatischer Zurückhaltung? Hüte dich vor mir, Verächter!

Julio (indem er den Kardinal zum so und so often Mal nicht ernst nimmt): Du findest zu mir kein Verhältnis.

Kardinal: Ich werde mir Mühe geben, dir diesen Irrtum zu nehmen.

Julio: Wie sie mich so alle lieben, und ich am liebsten, eine Traube zu zerdrücken, dortherum faulenze, wo ein bißchen Aussicht ins Land um mich ist und wo mich in der Sonne eine Eidechse anblickt und ich einen langsämeligen Gedanken umfasse. Wie find' ich dich um deiner Vorwürfe schön, die du mir schon einigemal machtest, Angela, und zu denen du vielleicht nicht mal berechtigt bist, aber diejenigen, die sich etwas herausnehmen, werden interessant.

Kardinal: Ich muß mich an ihm rächen.

Herzog (zum Kardinal): Du solltest dir Erholung gönnen!

Julio: Der Kardinal leidet unter dem Bedürfnis, der Klügste zu sein, aber die Lebenslust ist klüger als er. Wenn etwas in mir lacht, bin ich an Weisheit nicht zu übertreffen. Er nennt mich absurd, weil er mir nicht die Hand zu geben wagt, aus Furcht, es könnte ihn kränken. Angela, tu' mir den Gefallen und liebe den Kardinal.

Angela (gedankenvoll): Entweder plapperst du ins Blaue oder sprichst etwas sehr Sinnreiches aus.

Julio: Meine Damen und Herren erlauben mir, daß ich mein Vergnügen im Auge behalte. Ich halte das für sehr wichtig.

Lukrezia: Das Bedenkenerregende ist sein Geschmack.

Der Herzog: Er sucht Angela zu gewinnen.

Kardinal: Und lechzt nach dem Ruhm, mißhandelt worden zu sein.

Angela: Und du nach Erlösung deiner Mißbilligungen. Du bist einer, der nicht Ruhe hat, bis er sich Gelegenheit verschaffte, in Reue zu versinken.

Der Autor dieser Szene (scheint sich an Conrad Ferdinand Meyer zart angeschmiegt zu haben. Wie es scheint, experimentiert er. Zum Mindesten beweist er einige Bildung und scheut vor einer gewissen Anlehnung nicht zurück. Er hält sich nichtsdestoweniger für originell, für fast zu sehr. Bekam er das häufig genug zu hören?)

(1925)

FERRANTE

Heute bin ich vor Bosheit ganz schneeweiß und gleiche an glühendroter Ungemütlichkeit einem gestiefelten Kater. Tulpenkavalierlichkeit, wohin flogest du? Was nützt es mir, wenn ich mir vergegenwärtige, in früheren Zeiten seien Schweizersoldaten mit dem Namen rote Schweizer beehrt worden; da mir doch scheinbar nichts übrigbleibt, als das »Kalb« zu machen, worunter ich dieses fortlaufende Gutaufgelegtsein verstehe, das meiner Ansicht nach ein energisches »Pfui« verdient. Wie ist es möglich, sich nicht von Zeit zu Zeit den pathetischen Ausruf »zukünftiges Kanonenfutter« zu gönnen, als trage man die Berechtigung oder den Erlaubnisschein in der Brieftasche, in den gähnenden Drachenrachen des Menschenhasses hinabzustürzen, wobei ich auf den idyllisch anmutenden Verfassernamen Kotzebue stoße, der zahlreiche Empirerührstücke schrieb, auf den jedoch eines Tages ein scheinbar zum Äußersten entschlossener Mensch, der kaum verdient, genannt zu werden, einen Revolverschuß abfeuerte, indem er die zivilisierte Welt von einem sogenannten Waschlappen befreien zu müssen geglaubt hat. Sorgte ersterer nicht für Unterhaltung, war er nicht aufs eifrigste ums Aufflammen von Fröhlichkeiten bemüht?

»Zukünftiges Kanonenfutter« nannte ich heute in außerordentlich schlechter Gutgelauntheit diejenigen, die, was sie erleben, mit den passendsten Worten zu begleiten pflegen, die zum Beispiel sagen: »Ich freue mich«, sobald sie des Glaubens sind, daß dies der Fall sei. Gibt es nicht unanständige Anständige, zufriedene Unzufriedene unter uns? Von verantwortungslosen Verantwortungtragenden wage ich nicht zu sprechen. Die Zuverlässigkeit sei ihrer selbst überdrüssig geworden, meine ich manchmal. Zu all dem kommt nun noch dieses Meer von elektrischem Licht in den Nächten, das doch scheinbar gar kein Licht in die Köpfe zu tragen vermag, und die Hunde und die Buben bilden ein Kapitel für sich, das voll Gekläff, Gehetz ist, obwohl man nicht leugnen kann, daß man dazu Bube zu sein scheint, um das Recht auf bubenmäßige Aufführung zu besitzen, und obwohl außer Frage steht, daß es Hunde gebe, damit sie gehetzt werden. Die vielen Lichter in den Nächten lassen mich aber immerhin denken, daß es einst viel schwärzere, dunklere Nächte gab, und daß trotz solcher Stockdunkelheiten Lichtvolles gesprochen und gedichtet worden ist, und daß es trotzdem eine Gesellschaft gab, die es an Eleganz mit der heutigen offenbar jeden Augenblick aufnahm. Ich meine, daß uns materielles Licht nicht vor zukünftiger Kanonenfütterung bewahrt. Wahr ist zwar, daß man auf dem Wege des Zeitunglesens phantasiehaft auf Pressebällen anwesend sein kann. Journalismus, wie manches stille Vergnügen gestattest du mir vollständig kostenlos!

Was massenhaftes Hundehalten betrifft, so würde ich diese Gewohnheit, wenn ich etwas wie Erziehungs- oder Bildungsminister wäre, wie ein echter Ferrante bekämpfen, der der unvergleichlichste Tyrann war, der je existierte, wie mich eine Filmannonce überzeugte. Wie würde ich übrigens erstens einem Ferrante gegebenenfalls mit schweizer-freiheitlicher Unerschrockenheit gegenübertreten, als wenn ich Ferdinand von Walter wäre, der sich mit dem Hofmarschall von Kalb auseinandersetzt, und wie würde es mir zweitens Spaß machen, voller Wortgeschicklichkeit darzulegen, wie es klar am Tage liege, daß jeder Hund bestimmt sei, seinen Herrn zu verwöhnen, daß sämtliche Hunde eine sittliche Gefahr bedeuteten, denn der Treue und Anhänglichkeit des Hundes habe man soundso viel Hochmut, Anmaßung, Dünkel, Eigenliebe, die beim Menschen anzutreffen sind, zu verdanken. Wäre ich recht böser Laune, würde ich der guten Gesinnung ganz und gar keinen Einlaß in mein Bewußtsein gewähren, so könnte es mir einfallen, mit kanonenschußmäßig hallender Stimme auszurufen, die Menschheit verdiene eher einen Tyrannen als einen Hund, verdiente eher leibeigen als frei zu sein, da sie mitunter mit der Freiheit nur das »Kalb« mache.

Weshalb mußten mir Kinoannoncen zu Gesicht kommen, die mich auf einen Ferrante aufmerksam machten? Weshalb muß mir zufällig bekannt sein, daß Kotzebue ein russisches Rittergut samt dazugehöriger Leibeigenschaft für seine mannigfaltigen Bemühungen um das Gedeihen des Theaters geschenkt erhielt? Weshalb nahm ich von Pressebällen Notiz? Ferrante, du Tyrannencharakter, was machtest du aus mir?

Gestern setzte sich im Restaurant derjenige in meine Nachbarschaft, dem gegenüber ich, indem er eine Frau hat, von der er weiß, wie sehr sie mir gefällt, den Ferrante spiele. Er schaute mich an, als wenn er mir hätte sagen wollen: »Deinetwegen schickte ich sie in die Ferien.« Ich verstand, was er verschwieg, und hielt für korrekt, zu sorgen, daß ich erblaßte.

(1926/27)

III. WELCH WERTVOLLE WERTLOSIGKEIT

AUGUST VON KOTZEBUE
(1761-1819)

KOTZEBUE

Eigentlich kann man nicht sagen, daß Kotzebue Unvergängliches geschaffen hat, obgleich man doch seinen kotzebutzlichen katzlichen Namen auch heute noch hin und wieder nennt. Es ist mit Berühmtheiten, vielmehr Unsterblichkeiten, wie Kotzebue eine ist, ein seltsames Ding. Ich persönlich, das heißt: still für mich, stelle mir vor, daß Kotzebue entsetzlich gewesen ist. Er bestand nicht aus Knochen und anliegendem zähen oder weichlichen Fleisch, nein, er war Asche. So blies man zum Beispiel: und weg war Kotzebue. Kotzebue hat einer stets dankbaren und freundlich-anhänglichen Nachwelt seine massiven, sämtlichen, gepreßten, gedruckten, in Kalbsleder gebundenen, gekotzten und gebutzten Werke hinterlassen, und dennoch, so darf man sich wohl erdreisten zu sagen, wird er kaum noch je wieder gelesen. Die ihn lesen, müssen erblassen, und die ihn nicht lesen, scheinen nicht viel zu verlieren, indem sie ihn ignorieren. Immerhin ist er ein Biedermann. Sein Gesicht war ganz verkrochen und verborgen in einem ungeheuerlich großen und kühnen Rockkragen. Einen Hals hatte Kotzebue gar nicht. Seine Nase war lang, und was seine Augen betrifft, so glotzten sie. Er hat zahlreiche Lustspiele geschrieben, die mit glänzendem Kassensturzerfolg während der Zeit, da Kleist verzweifelte, aufgeführt worden sind. Im allgemeinen, das muß man ihm lassen, hat er saubere Arbeit geliefert. Wenn man in Kotzebues Nähe trat, so kutzelte und kotzelte es ganz bedenklich, und diejenigen Mitmenschen und Zeitgenossen, die mit ihm zu tun hatten, schämten sich unwillkürlich, daß sie lebten. So und nicht anders war es rund um Kotzebue, der denn auch, wie wir hoffen, zu den Heroen der deutschen Geisteswelt gerechnet werden darf, wie so mancher andere, der ein ebenso seltsamer Kotzebukauz war wie er. Wenn ich nicht ganz vom Irrtum befangen bin, war er in Weimar tätig. Wo er aber erzogen worden ist, und wer ihm sein bißchen Bildung eingeimpft hat, das wissen die Götter. Die Götter wissen alles. Die Großherzigen, die Gütigen! Sie wissen sogar über einen Kotzebue Bescheid. Kotzebue hat die Götter in jeder Beziehung beleidigt, und zwar durch nichts andres als einzig und allein schon dadurch, daß er sich einbildete, er habe die Pflicht, sich für was Bedeutendes zu halten. Ein dummer Mensch, der Sand hieß, glaubte in seiner Blindheit, die Welt von Kotzebue befreien zu sollen und schoß ihm eine Kugel durch den Schädel. So endete Kotzebue.

(1912)

CHRISTIAN AUGUST VULPIUS
(1762-1827)

RINALDINI

Über Paganini habe ich bereits geschrieben. So will ich mir denn heute die Freiheit nehmen und einen geeigneten Aufsatz schreiben über Rinaldini. Das Aufsatzschreiben und Essayieren ist gegenwärtig in großem Schwang und erfreut sich einer weitverbreiteten Beliebtheit. Rinaldini, dem vorliegender Essay gilt, war ein bedeutender Mann und ein großer Räuber. Andere Leute waren groß als Künstler, er aber war ein Künstler im Rauben und Morden, und groß war er als der prädestinierte Hauptmann seiner Rotte oder Bande, die er zum Schrecken des friedlichen Teiles der Einwohnerschaft befehligte. Groß von Gestalt, kühn von Charakter und grausam von Sinnesart, schwang er sich gleichsam mit leichter Mühe zum Herrn der Berge und der Wälder hinauf, und wer sein Feind war, lebte keine vierundzwanzig Stunden länger. Rinaldini teilte mit andern Mordbrennern und Mordbuben, von denen die Chronik berichtet, die edle Eigenschaft, daß er das Kapital und den feigen Geldsack haßte, daß er dagegen die armen Leute schonte. Wer irgendwie unterdrückt war, dem war er ein Freund; wer dagegen auf den Vorteilen und auf den Wertpapieren trotzte und protzte, dem spaltete er den Schädel, daß es eine Lust war. Die Regierung setzte einen hohen Preis auf seinen Kopf; er jedoch, als der freie Gewalt- und Renaissancemensch, der er war, trug ebendenselben Kopf hoch und lachte über die Maßnahmen derer, die ihn fürchteten. Seine Geliebte hieß Rosa, und sie war sein Alles. Wo Rosa war, war auch er, und wo sie nicht mehr war, war auch er nicht mehr. Sie war sein Herz, seine Seele. Sie war seine Mordlust. Ihr trug er, was er raubte, zu den Füßen. Er stattete ihr das Felsengemach, in welchem sie wohnte, wahrhaft fürstlich aus, bekleidete es mit den kostbarsten Teppichen und füllte es an mit den zierlichsten und edelsten Gegenständen. Er war ihr Löwe, ihr bis in den Tod treuer Löwe, und sie, sie liebkoste den Löwen, sie liebte ihren Löwen. Der Jubel, die Freude und die Wonne durchzuckten sie, wenn sie sah, wie er so grausam morden konnte, und wie er dann bei ihr so sanft, so schüchtern war. Sie war möglicherweise eine kleine Sadistin, diese Rosa. Doch zu Rinaldinis Zeiten nahm man dieses Kapitel noch nicht so genau. Herrlich war sie, wenn sie, angetan mit den schönsten Gewändern und mit schweren, goldenen Ohrringen in den Ohren, vor das Zelt oder vor die Höhle trat, eine Zigarette zwischen den blendend weißen Zähnen. Stolz wie eine Königin blickte sie in die Runde, und wer sie so sah, verneigte sich vor ihr. Das taten die Herren Spitzbuben und Räuber. Sie verehrten sie wie ihre Königin. Rinaldini, der sonst doch ganz gewiß im höchsten Grade verunglückte Bursche, war glücklich durch sie, dieser Galgenhalunke. Schlicßlich, und so wurde er doch aufs Rad geflochten.

(1913)

ALEXANDRE DUMAS
(1802-1870)

[SONETT ÜBER DEN »GRAF VON MONTE CHRISTO«]

»Mikrogramm«-Entwurf

Hast du je einen solchen Kapitän,
solch einen glücklichen und unglücksreichen,
gefahrentrotzenden und dennoch weichen,
so weit du dich besinnen kannst, geseh'n?

Ein **sehenswertes** Unrecht war gescheh'n.
Er sah sich eingeschlossen bei den Leichen,
den schrecklich anzusehenden und bleichen,
der Atem glich einem Roß mit sträubender Mähn'.

Hierauf **enteilte** er auf eine Insel,
solch ein Rubine- und Smaragdgepinsel,
daß er sich als der Herr der Welt empfand.

Die Rache nahm dann freilich überhand,
schad', daß er's seiner nicht unwürdig fand,
zu hören seiner Feinde Leidgewinsel.

(1925)

EUGÈNE SUE
(1804-1857)

EUGÈNE SUE

Ein hellerleuchteter Salon
Eine Dame: Sie treten also quasi für ihn ein?
Der Autor dieses Prosastückes: Nicht, als täte ich dies durchaus. Er fiel mir bloß so ein. Vielleicht erlauben Sie mir, Ihnen zu sagen, daß ich ihn gleichsam schon deshalb schätze, weil sein Name, seine Gestalt in eine romantische Obskurität gehüllt ist. In die Reihen der Feinen gehört er nicht unbedingt.
Die Dame: Deshalb interessiert er Sie?
Der, der für diesen Essay haftet und ihn fortsetzt: Mir scheint, daß Sie mich erraten haben. Sind Sie nicht übrigens der Meinung, man fühle heraus, wie dieser Salon hier auf luftiger Höhe steht? Was ihn betrifft, der den Gegenstand dieses Gespräches bildet, so las ich ihn in einer Mansarde. Ich kaufte einen Roman von ihm, worin sich ein Pferd im Walde nächtlings hochaufbäumt, für vierzig Centimes auf dem Markte. Für mich hatte die Freizügigkeit, Zufälligkeit des Einkaufs etwas Sympathisches. Kurz zuvor hatte ich einer allerliebsten Jugendlichen auf einem Vergnügungsplatz das Täschchen, das sie fallengelassen hatte, aufgehoben. Eine Erwachsene, die den Artigkeitsauftritt mit ansah, musterte mich hiebei nicht ohne einen Gesichtsausdruck voll Verneinung.

Die Dame: Dann vertieften Sie sich also in ihn und fanden das hübsch?

Der, der für den Inhalt dieser Zeilen aufkommt: Ja, das tat ich. Schauspielerinnen gestanden mir einst, sie hätten gefunden, er unterhalte sie sehr gut. Ein Buch von ihm, das betitelt ist: »Memoiren einer jungen Frau«, besitzt einen ausgezeichneten Aufbau. Wenn ich Verleger wäre, könnte ich von der Möglichkeit überzeugt sein, eine illustrierte Ausgabe davon zu veranstalten.

Die Dame: Wie schreibt er?

Der, der von einem in gewisser Hinsicht nicht in Betracht Kommenden zu sprechen wagt: Er tut ausdrucksvoll, was er ebenso leicht seicht hätte tun können. Ich möchte Sie glauben machen, seine Schreibweise sei markant. Er hat Seiten geschrieben, die mir unvergeßlich blieben.

Die Dame: Jetzt interessiere ich mich für ihn.

(1926)

FRIEDRICH GERSTÄCKER
(1816-1872)

FRIEDRICH GERSTÄCKER

Sie sollten ihn unbedingt lesen!

Er besitzt Schliff.

Ich erinnere mich, daß mich seine Trappereleganz sehr erquickte.

Wie so viele seiner Landsleute, die das Lorgnontragen der Baroninnen der fünfziger Jahre des vorigen Jahrhunderts nicht mehr aushielten, wanderte er nach Amerika.

Die Not unter der damaligen arbeitenden Klasse war groß, und in diese Not warfen stolze Rittergutsbesitzerinnen die übermütigsten Blicke.

Als einmal ein hungriger Knabe seine Herrin um ein Stück Brot anbettelte, reichte sie ihm einen Kieselstein zum Genusse dar.

Müssen das spöttische Damen gewesen sein!

Solches und mehr mit seinen blauen Augen anzuschauen wurde unserem Gerstäcker zur blanken Unmöglichkeit.

Er besaß Mut und insofern Genie.

Die Fahrt übers Meer scheint ihn immerhin angegriffen zu haben.

Als er die Gestade Nordamerikas betrat, wo's in den Wäldern von Rothäuten und auf den Prärien von Ungebildetheiten, die unter dem Titel »Büffel« bekannt sind, wimmelte, machte er zunächst ein bedenkliches Gesicht.

Indem er Erlebnisse zu haben anfing, kam er auf den Gedanken, sie zu verewigen. Infolgedessen griff er jeweilen abends im Blockhaus zur Feder, wobei er entdeckte, er habe Talent.

Mit seiner Büchse am Rücken, die er meisterhaft handhabte, durchquerte die stämmige Erscheinung, die er war, die Mississippigegenden.

Auch in Arkansas tauchte er von Zeit zu Zeit zu seinem eigenen wie zum Vorteil anderer auf. Indianerlist hat er sich zu Nutzen zu machen verstanden.

Man denke an die Whiskyflasche und an Marterpfähle, und man wird sich von jenen Zuständen ein Bild machen können.

Und dann gab es damals ja noch Sklaven. Gerstäcker beschreibt uns in einem seiner Bücher aufs anschaulichste, wie die kindlichkeitumfangenen Neger ahnungslos hinvegetierten.

Sie erhielten ab und zu von einem Mulatten, der die Aufseherstellung versah, ein paar gutgemeinte Hiebe über die schwarze Haut, die man nur anzuschauen brauchte, um sie sogleich gering zu schätzen.

Gerstäcker scheint diesbezüglich, wo sich ihm Gelegenheit darbot, helfend, ausgleichend eingegriffen zu haben. So rettete er einst ein schokoladenbraunes Kinderfräulein aus ihrer unerbittlichen Gebieterin Händen.

Welche preiswürdige Tat! Ich schätze diesen gleichsam aufrechten deutschen Schriftsteller sehr. Er gewährt uns Einblicke in Flußfahrten usw.

Schon nur diese Vegetation, die er sah. Diese von Spanierinnen besetzten Balkone. Dieses Leben in den Plantagen!

Einst sah er in New Orleans eine Kiste, die vielleicht Zucker enthielt, von zwei herkulisch gebauten Negern forttransportieren. Sie tanzten, indem sie die Last wälzten, und indem sie den Zuschauern ihre prächtigen Zähne vorwiesen, schnitten sie die glücklichsten Gesichter.

Solches und ähnliches erfährt der, der Gerstäcker liest.

(1925)

MÓR JÓKAI
(1825-1904)

EINIGES ÜBER MAURUS JOKAI

Wenn ich sage: »Die Sonne ist groß«, ist das sicher nicht viel wert. Bemerkungen sind wertlos. Sind die Häuser, die da so still, so stimmungshaft in der Sonne stehen, etwas wert? Inwiefern ich diese Häuser in meine Augen faßte, können sie unmöglich viel wert sein, denn ich entwerte, was ich begaffe. Und was sind das für üppiggrüne, aber wertarme Bäume unter dem Himmel, der ein verfözeltes blaues Hemd ist? Hemden sind sonst weiß. Daß ich nun von Ungarns gelesenstem Schriftsteller rede, vom großen Maurus Jokai, wird wohl auch in lauter Wertlosigkeit zerfallen. Welch wertvolle Wertlosigkeit oder wertlose Wertgeschätztheit ich jetzt wieder darstelle! Heute hatte ein Schulmädchen die entzückendsten, weißen Strümpfe an, und als ich diese wundervollen Strümpfe sattsam angeliebelt hatte, waren sie natürlich wieder einmal zur Abwechslung ihres Wertes beraubt. Ich raube, wenn ich schaue. Je sanfter ich blicke, ein desto unverschämterer Räuber bin ich. Blicke ich bös, so stehle ich nichts. Meine schlechte Laune nimmt euch also nichts. Liebe ich euch aber und schaue euch dementsprechend an, dann, ihr wertlosen, lieben Mitbürger, geht's euch schlecht. Meine Liebe zu euch bereichert mich; ich beziehe den Reichtum von euch, was ihr natürlich nicht glauben wollt. Letzteres kann mir aber egal sein.

Nun zu ihm, den ich beraubte! Sein Buch lag in der Unbeachtetheit, aber ich beachtete es. Was ich beachte, das genieße ich, als wenn's Wurst oder Käse wäre. Ich schlürfte Maurus Jokai wie einen Teller Suppe. Er besitzt auch ein Pathos! Übrigens zeigte ich eben einer Amerikanerin den Weg in unser bestes Restaurant. Reizend, wie sie mir dafür ihr Händchen reichte. Ich küßte die Hand, daß es nur so schallte. Ein Kuß muß einen Ton erzeugen. Diesem Grundsatz getreu führte ich mich denn auch auf, und sie lächelte über meine gelungene Huldigung. Ich glaubte es meinem Vaterland schuldig zu sein, zur Hebung des Fremdenverkehrs etwas Weniges beizutragen. Man möchte sagen, Jokai sei emphatisch. Man kann ihn einen interessanten Trivialisten nennen: Ein Mädchen darf um des Vaterlandes willen, dessen Regent sie ist, nicht Mädchen sein. Unnachsichtig zwingt sie sich zu männlichem Betragen. Wie die uns leid tut! Mühselig verbirgt sie hinter Starkheitsgebärdung milde Wallungen. Welche Großartigkeit und wieder welche Schwächelei! Sie liebt einen Gesandten, den wir der Kürze wegen Schmachtlappen heißen. Er liebt sie auch mit all seiner Abwaschlappenhaftigkeit. Sahen Sie je einen lappigen Diplomaten? Wenn nicht, hier steht er vor Ihnen. Die Fabrik heißt Jokai. Der Betrieb floriert flott. Dienstmädchen usw. werden mir zürnen, mich derart mit ihrem Lieblingsautor umspringen zu sehen. Auch ich erbleiche, daß ich ihn so hernehme. Elemér heißt sie, unsere gesandtische Verliebtheit. Der Mädchenfürst nennt sich Dalma, und nun muß dieses hüpfige, züpfige, politisch schwer in die Waagschale fallende Schwertgriffumklammerchen ohne Liebe durchs Leben wallen. Sie wird beobachtet. Der Besen ersticht sich, will sagen unser so sympathischer Lappen. Kublai heißt der Spitzbube, dem obliegt, das vaterlandrepräsentierende Mädchen zu entlarven. Ihm spaltet Dalma das

Haupt und legt damit einen vollgültigen Heldenhaftigkeitsbeweis ab. Es kommt zu gewaltigem Ringen. Dalma wird in eine Portion Geschnetzeltes verwandelt, das heißt zerhackt. Doch ihr Volk siegt. Einer Tochter, die sie hatte heiraten sollen, hatte sie gesagt: »Weil du mich nicht liebst, liebe ich dich.« Sie konnte sie wegen dem Waschlappen nicht lieben; als die Tochter ihr dies aber gestand, schrie sie. Beide liebten diesen Elemér. Ungefähr so geht es bei Ungarns bedeutendstem Romanschriftsteller zu.

Ich will nun einige Gläser Bier trinken gehen. Diese arme Dalma, die es nicht so weit gebracht hatte, einem Mädchen Liebe einzuflößen, was doch eine so einfache Aufgabe ist!

Warum könnte übrigens nicht auch ein Mädchen den Führer spielen? Von einem Mädchen befehligt zu werden, ist ja so hübsch. Hiebei kann für ein Volk doch auch was rauskommen.

Ich werde eine Meerfahrt unternehmen. Die nötigen Abmachungen sind im Gang. Ich wünsche benieden zu werden.

(1925)

IV. IM HAUSE DES KOMMERZIENRATES

LITERARISCHE
REVUE

Ich erkläre vorliegenden Essay für eine Erzählung, und ich tu' dies deshalb, damit, was ich da darbringe, nicht als Schwatzhaftigkeit, als Plauderei aufgefaßt wird. Ein Erzähler erzählt, er spricht nicht, und so erzähle ich denn mit großem Anstand, mit einer Gediegenheit sondergleichen und mit einer Ruhe, die, könnte man sie erblicken, eine Sehenswürdigkeit bildete, daß ich der Meinung sei, ein Poet sei verpflichtet, sich poetisch zu kleiden und eine möglichst poetische Wohnung zu bewohnen, damit allen Menschen sogleich bewußt wird: »Aha, das ist ein Poet«, und jede Verwechslung ausgeschlossen ist.

Im schönen und reichen Frankreich existierte um die Mitte vorigen Jahrhunderts eine Dichterin, genannt George Sand. Seit jenen Tagen hat sich in genanntem Land keine erhebliche weibliche Persönlichkeit mehr schriftstellerisch ausgezeichnet. Die französischen Frauen scheinen seither für richtig gefunden zu haben, zurückhaltend zu sein und auf schriftstellerisches Hervortreten zu verzichten. Vielleicht hat man es diesbezüglich mit einer Art Schönheit, mit einer Bescheidenheit zu tun, die eine gewisse Bewunderung verdient. Die französische Fähigkeit, in kultureller Hinsicht traditionell zu sein, wird übrigens vielleicht noch immer nicht in genügendem Maß anerkannt. In der Figur der großen George Sand bäumte sich Frankreichs frauliche Intelligenz vor zirka achtzig Jahren gleichsam hoch auf. Seit jener Zeit jedoch unterließ sie dies, und ich für mich, ich meine, in meinem Empfinden, finde dies schön, und ich glaube, daß man einem Staat wird gratulieren können, wo derartige Enthaltsamkeit, ein solches Übersichselbstsiegen bei der Hälfte der ihm Angehörigen sozusagen Mode geworden ist, was eine beinahe, wie man sagen möchte, von der Vorsehung unbedingt so und nicht anders gewollte Tatsache zu sein scheint. Vor nun schon gewiß recht langer, nämlich zur Barockzeit, lebte und schriftstellerte sowohl in Paris wie in provinzieller Landsitzlichkeit die kaum irgendwelchem Gebildeten gänzlich unbekannte Madame de Sévigné. Um auf Deutschland zu schauen, so kam in der Tat ums Jahr 1820, also um die Zeit, da Goethe noch dichtete, die zweifellos tiefvergeistigte Bettina Brentano vor. Von einer Gräfin, die den klassischen Namen Hahn-Hahn trug, wissen solche, die einen Schimmer von Literaturgeschichte ihr eigen nennen dürfen, daß sich diese Frau im Schloß, das sie bewohnt hat, ein Privattheater bauen ließ, was uns Heutige berechtigtermaßen beinahe märchenhaft anmutet. Vom Jahr 1880 an machten sich Schriftstellerinnen bemerkbar wie Marlitt und Werner, die gleichsam vom Schicksal oder wie von der Sternbahn auserlesen worden sind, zahlreiche und zugleich in ihrer Art fraglos tapfere, also sozusagen süperbe Unterhaltungsromane herzustellen. Die Frage, ob eine lebhafte weibliche Schreib-Beteiligung für ein Volk förderlich oder undienlich, ob erwähntes praktisches Teilnehmen an einem Geschäft, wie es die Verbreitung bildender Schriften ist, für das betreffende Staatswesen ein Glück oder ein Ungemach sei, ließe sich, falls man dies zu unternehmen wagen wollte, gewiß nur sehr schwer, erst nach äußerst gewissenhafter Prüfung mannigfaltiger Gesichtspunkte, beantworten. Österreichs Frauen scheinen ihrerseits ja eine geradezu üppige Fülle von Gelegenheit gefunden zu haben, zu Ruhm und Ansehen zu gelangen, denn Namen wie Bertha von Suttner, Handel-Mazzetti, Ebner-Eschenbach klingen noch heute, und ich überreiche der Schweizer Dichterin Maria Waser jeden Moment, falls mir dies irgendwie zukäme, mit Vergnügen einen Lorbeerkranz, und nun erinnere ich mich mit einmal daran, daß ich vor Jahren in einem meiner Bücher die in gewisser Hinsicht sicher überaus naheliegende Bemerkung machte, mir scheine schicklich zu sein, wenn sich unsere Zeit in bezug auf Gefühls- und Denkweise von Frauen und ihrer natürlichen Sorgfalt leiten lasse. Diese Bemerkung kann eine zufällige sein, aber alles Zufällige kann ebensogut irgend etwas anderes als etwas Zufälliges darstellen.

Indem ich, wie gesagt, überzeugt bin, daß hier eher erzählt als gesprochen wurde, finde ich mich insofern heute manchmal geradezu unbegreiflich, als ich es zustande brachte, acht meiner besten Jahre in einem Dachzimmer zuzubringen.

Vielleicht sind meine diesmaligen wenigen Zeilen eine Art Revue.

(1928/29)

CHARLOTTE BIRCH-PFEIFFER
(1800-1868)

BIRCH-PFEIFFER

Wenn jemals jemand, so kalkuliere ich, Talent besessen hat, so war es die berühmte Birch-Pfeiffer. Sie hat in dem idyllisch gelegenen Zürich gewohnt und nannte sich Gräfin. Dick und zugleich gewissermaßen schlank von Figur, war sie eine imponierende, ja, man darf sagen, berükkende und bezaubernde Erscheinung. Alles huldigte ihr, alles und jedes kniete vor ihr nieder. Sie hat sowohl als Mensch wie als Dichterin die üppigsten Erfolge errungen. Sie erschwang sich, indem sie ihre breiten Röcke raffte, mit einem prachtvollen Schwung die Bühne, und von da an beherrschte sie sie. Sie war eine Begnadete, und sie selbst teilte in Hülle und Fülle Gnaden, Genüsse und Entzückungen aus. Noch heute, nach so vielen Jahren, werden ihre Bonbons, das heißt: Stücke gegeben. Sie hat so süß und so liebreizend gedichtet, daß alle diejenigen Leute, die in Theater liefen, um sich ihr Stück anzusehen, vor Rührung und Seelenbeklemmung weinen mußten. Sie hat einer liebelechzenden Welt das Rührstück, das stets auch zugleich Zugstück war, vor die Nase geworfen, und die gerührte und erschütterte Welt dankte ihr, indem sie sie hochhob und im Triumph auf der Achsel herumführte. Eins ihrer am häufigsten gegebenen Stücke heißt: Das Lorle oder Dorf und Stadt, Schauspiel in fünf Ab- und Aufzügen. Während ein Büchner, der zu gleicher Zeit lebte wie die Birch-Pfeiffer, so gut wie verschollen und unbekannt blieb, schrie man nach ihr, und wenn sie vor dem Vorhang, breit und groß, wie sie war, erschien, so wollte der Jubel kein Ende nehmen. Noch einige Merkwürdigkeiten, die die große Frau an sich hatte, wollen wir uns erlauben zum besten zu geben: O, daß wir stürben am Andenken an die Unvergleichliche und Unvergeßliche. Die Süße, sie hatte einen so starken Busen, daß, wer sie zu Gesicht bekam, umfiel, als wäre er von einer Kanonenkugel getroffen worden. Gleich einem beweglichen Hektoliterfaß stürmte sie daher, und ihre Adlernase konnte niemand anschauen, ohne aufs tiefste von dem edlen Anblick betroffen zu sein. Sie trug, so heißt es in den Annalen, mit Vorliebe grellgelbe Strümpfe mit getrocknetschwarzen Strumpfbändern. Ihre Taille war mächtig, und ihr Rücken stemmte sich hinten hoch zu Berg, als wenn er zersprengen wollte. Ihre gewitterdunklen Augen blickten stets strafend, und ihr Mund war zugebissen. So, das sind einige der markantesten Züge. Es bliebe noch manches zu sagen – aber wir wollen lieber schweigen und... ehren!

(1912)

HARRIET BEECHER-STOWE
(1811-1896)

ONKEL TOMS HÜTTE

Das Aufsehen, das dies Buch machte! Selten wohl gab es solch einen Erfolg. Die Sensation, die dies Frauenwerk hervorrief, war ungeheuer. Ich las es vor einiger Zeit in einem Hotelzimmer und war über die Langfädigkeit verblüfft, mit der es mir geschrieben schien. Aber bei Aktualitäten kommt es nicht auf den feinen Vortrag, die Stilistik an, oder wie alle diese netten Dingelchen heißen mögen. Hier entscheiden Sujet und Rechtzeitigkeit des Erscheinens. Seit ziemlich langer Zeit schon war die Negerfrage in Amerika entbrannt. Die Gemüter brodelten, loderten lichterloh. Zwei Meinungen kämpften gegeneinander: die erste plädierte für Abschaffung, die zweite drängte auf Beibehaltung der Sklaverei. Ersteres Gutdünken herrschte in den Nordstaaten vor; letzteres im Süden. Noch schlummerte der Zwist gleichsam. Als das Buch auftauchte, das unglaublich gut gemeint war, kam es zum Ausbruch der Feindseligkeiten. Die Verfasserin rieb sich womöglich vor Vergnügen die Hände, als ihr die Nachricht vom reißenden Absatz ihres Erzeugnisses zuging. Nicht unwahrscheinlich ist, daß sie eine Prise Tabak nahm. Ich stelle mir nämlich vor, sie habe hie und da geschnupft, wobei sie sehr graziös ausgesehen haben mag.

Mache ich mich hier über die Befreiung der Neger lustig? Wie käme ich dazu! Mich amüsiert bloß, daß eine von zarter Hand verfaßte Tendenzdichtung so gewaltigen Einfluß ausübte. Wie die Autorin hieß, entfiel mir. Ich bitte dies zu entschuldigen und gütigst zuzuhören, wie sich der Inhalt des berühmten Propagandabuches in mir abspiegelte.

Ein Pflanzer besaß eine ungewöhnlich dicke Peitsche, mit der er gern in der Luft herumfuchtelte. Da seine Sklaven für ihn arbeiteten, langweilte er sich öfters, obschon seine Plantage in der angenehmsten Gegend lag und er sich ja aufs Aquarellieren hätte werfen können, was für ihn ein schicklicher Zeitvertreib gewesen wäre; doch er schien für derartige Übungen keinen Sinn zu besitzen. Hauptsächlich tat es ihm der Whisky an. In der Konsumation diese Getränkes leistete er Hervorragendes. Wundervoll war's, wie der warme Wind säuselnd mit Palmen- und anderen Blättern spielte. All die Baumarten aufzuzählen, die sich innerhalb des Heimwesens des Peitschenschwingers vorfanden, würde zu weit führen. Geschichten gestalte ich gern möglichst prägnant. Der nahegelegene Ozean spendete kostenlos Kühle.

Nun besaß der Baumwollzüchter einen braven, seelenguten Neger namens Onkel Tom, der die Unvorsichtigkeit beging, daß er lesen und schreiben gelernt hatte. Das Lieblingsbuch dieses nicht mehr jungen, vielmehr im sogenannten besten Mannesalter stehenden Burschen war die Bibel. Er hatte die Keckheit gehabt und den Mut gefunden, zum Christentum überzutreten. Sein Eigentümer nahm sich vor, ihm dasselbe sorgsam wieder auszutreiben. Zu diesem Behufe ließ er ihn mir nichts dir nichts durchpeitschen. Eine schlichte Maßregel, das! Onkel Tom hatte insofern eines Abends Mitleid an den Tag gelegt, als er nicht einwilligte, eine Negerin zu bestrafen, die anscheinend nicht die gewünschte Summe von Arbeitsfreudigkeit bewiesen hatte. Überdies pflegte er allabendlich bei freilich primitivem Lampenlicht einen geistreichen Brief zu schreiben. Konnte das geduldet werden? Unter keinen Umständen!

Onkel Tom ertrug die Schläge, die ihm Tag für Tag zugeteilt wurden, mit der Geduld und der Frömmigkeit eines Lammes. Der über diesen Besitzer von Christentugend Verfügende huldigte mehr und mehr bereits erwähntem Betäubungsmittel. Wahrscheinlich beneidete er seinen Sklaven um die Geistigkeit, die ihm selber mangelte, und so prasselten Hiebe und Hiebe auf den trotz allem in einem fort ja zum Leben sagenden Rücken des in der Tat wenig Beneidenswürdigen, der ja denn auch endlich mit Atmen usw. aufhörte, mit anderen Worten sich erlöst sah.

Ich las das Buch auch schon als Knabe in einer Spezialausgabe für die reifere Jugend und erblickte es außerdem eines Nachts verfilmt an der Berliner Straße zu Charlottenburg. Eine Kammerzofe saß neben mir, die mich mit diabolischdunklen Augen herausfordernd und zugleich zurechtweisend anfunkelte. »Onkel Toms Hütte« wurde wohl in alle Sprachen der Welt übersetzt.

Dieses Buch trug zu erheblichen Neuerungen bedeutsam bei.

Im Zeitalter der Negermusik, die jeder von uns zum Teil zweifellos schätzt, findet vielleicht vorliegende Arbeit einigen Beifall.

(1926)

OTTILIE WILDERMUTH
(1817-1877)

OTTILIE WILDERMUTH

»Mikrogramm«-Entwurf

Einem ausländischen Zirkus wurde die Einreise in hiesige Stadt deshalb nicht bewilligt, weil er den Behörden zu wenig Platzgeld anerboten hat. Ich fand Gelegenheit, »Quo vadis« von Sienkiewicz zu lesen und fand das Buch großartig, dessen Tonart mir [als] eine durchweg weltmännische erschienen ist. Auf einem Spaziergang dachte [ich] über Theaterangelegenheiten denkbar lebhaft nach und schrieb einen höflich-verdrießlichen Brief an einen Verleger, dem ich Anlaß gegeben haben mag, über mich zu stutzen. Schreibe ich hier einen politischen Aufsatz? Noch weiß ich es nicht. Jedenfalls leistete ich einer vielleicht nur vorübergehend etwas unschön gewordenen Schönen zehn Minuten lang insofern Gesellschaft, als ich mich tapfer ihr gegenüber ausschwieg, was eine sehr bequeme Art ist, jemanden zu unterhalten. Ich finde Mädchen reizend, die mit mir unzufrieden sind. England hat jetzt meiner Meinung nach womöglich nicht unwesentliche Sorgen, was natürlich ein anderer ebenso leicht sagen könnte wie derjenige, der diese Zeilen hier schreibt, worin er kundgibt, er habe eine Kindergeschichte aus dem Jahre 1880 aufgestöbert, nämlich in einem Töchteralbum von Ottilie Wildermuth. Weshalb ich mich gerade hierfür interessiere, wurde ich gefragt. Übrigens korrespondiert seit einiger Zeit eine einstige Hauslehrerin des Grafen von Tolstoi mit mir, dessen Wesen sich aus eminent künstlerischen und zugleich antikünstlerischen Elementen zusammensetzte, was für ihn selbst bedenklich genug gewesen sein mag. Als ich mich seinerzeit im Ausland aufhielt, hatte ich keine Ahnung, daß ein Teil meiner Landsleute sich inzwischen in die Köpfe gesetzt hatte, mich für einen »strahlenden Menschen« zu halten. Ich kehrte heim, und es stellte sich heraus, daß ich bezüglich beständigen Kopfhochtragens und Strahlens eine Enttäuschung ersten Ranges darstellte. Mit der Zeit sank infolgedessen der Glaube an mich verhältnismäßig rapid. Das kommt davon, wenn ein Schriftsteller Bücher dichtet, die von Fröhlichkeiten leuchten. Wenn man ihn dann jetzt auch persönlich in einem fort prangen und leuchten und sieghaft auftreten sieht, so will man eine Art Aufschneider in ihm entdeckt wissen. Man findet ihn lächerlich, weil es keinen Sinn zu haben scheint, froh zu ihm emporzublicken. Ich habe allen Grund zu beklagen, in starkem Grad lebensbejahend geschriftstellert zu haben. Die Kindergeschichte, die ich las, wies folgenden hübschgedrechselten Inhalt vor: Eine Frau besaß ein allerliebstes Kind und besaß zugleich eine Magd mit hübscher und niedlicher Schürze. Wie eine Rose sah die Magd aus, und das Kind glich einem Schneeglöckchen und streckte immer seine zarten Händchen nach der Magd aus und schien sich aus der Liebe besagter Mama gar nicht viel zu machen, weswegen es zu diversen unangenehmen Szenen zwischen der Hausfrau und der Magd kam. »Du stieh[l]st mir die Neigung meines Kindes, du Falsche«, rief die Frau empört aus, am ganzen Leib von tiefinnerlicher Bestürzung und Entrüstetheit zitternd, und solch eine Erzählung aus dem häuslichen Leben, die immer wieder jung, weil wahr bleibt, hätte nicht mein aufrichtiges Interesse wecken sollen? Vor zirka vier Jahren stattete das Herrscherpaar von Rumänien unserem Land seinen Besuch ab. Man sah hübsche Uniformen, bedeutende Gesichter, die Königin ließ sich in einem blauen Hut sehen. Ich bringe das aus keinem sonstigen Grund vor, als weil es mir in diesem Moment einfällt. Unsere Stadt gewährt dem hiesigen Theater jährlich eine überraschend große Subvention, und dann las ich ja in diesen Tagen nach so und so vielen Jahren wieder einmal J. P. Jacobsens Roman »Niels Lyhne« in der Reclamausgabe und habe die Lektüre außerordentlich interessant gefunden, indem sie mich stellenweise ungeduldig machte und mich anderenteils in einem aufrichtigen Entzücken gleichsam baden, schaukeln ließ, mir sowohl eine Mühsamkeit bereitend, wie zu einem Genuß auserlesener Art verhelfend. Ich finde, daß das Buch jedenfalls auch heute noch in mancher Beziehung höchst lesenswert ist, das ich zum ersten Mal in einem Züricher Kleinbürgerhaus las, worin ich bei einer gutherzigen Witfrau logierte, die mir erlaubte, ihr den Mietzins zeitweise schuldig zu bleiben, ein Entgegenkommen, das mir in jeder Weise in einem Abschnitt meines Lebens zustatten kam, der mich in eine Schreibstube eilen sah, um daselbst im Taglohn Adressen und dergleichen zu schreiben. Zu der Zeit, als ich zur Schule ging, wurde ich übrigens von einem meiner Lehrer um meiner Handschrift willen stark gelobt. »Du wirst in ein Büro treten«, wurde mir versichert, und in der Tat hat sich die Prophezeiung bewahrheitet. Ein Blick, den ich neulich auf eine Landkarte warf, überzeugte mich von der Vergrößerung Rumäniens. Ich komme auf dieses Land schon deshalb unwillkürlich zu sprechen, weil ein hiesiger Redakteur dort früher Kinder aus guten Familien unterrichtete. Die hübscheste Partie dieses Essays dürfte sehr wahrscheinlich die Erwähnung der Kindergeschichte sein. Was für große

Dichtungen Rußland der gebildeten Welt vor dem Weltkrieg geschenkt hat, und inzwischen hat diese große Nation scheinbar nichts Besseres zu bewerkstelligen gewußt, als nach überallhin in höchstem Maß problematisch zu wirken. Auch die Schweiz geriet dem Geburtsland Dostojewskis gegenüber bis zu gewissen Grenzen in Differenzen, was weiter nicht Staunen hervorrufen kann, da es ja beinah zum guten Ton gehört, das östliche Europa als unbehaglich zu empfinden. Vom Diktator Italiens liest man in den Zeitungen zur Zeit wenig. Mir ist jetzt klar, daß dieser Brief, falls ich, was ich hier schreibe, so nennen darf, kein politischer ist, obschon ich bekenne, daß mir Leitartikel zu Gesicht gekommen sind, worin ich Ungarn lobend erwähnt fand, ähnlich wie besagter Lehrer die Knabenhandschrift des Verfassers dieser »Abhandlung« anerkennend hervorhob, worin er gern gesteht, er glaube, daß Unglückliche gewissermaßen zum Glück ausersehen sein könnten und daß allem, was zeitweise geschmäht wird, irgendwann und -wie eine eigenartige Genugtuung zuteil wird. Ich sprach gewiß von obigen Ländern und den höchsten Vertretern derselben sozusagen bloß so zum Vergnügen wie [von] etwas Dekorativem, damit meine Arbeit nach »irgend etwas« aussähe, so als hätte ich irgendwelchen Schmuck ernstlich und heiter lächelnd in Erwägung zu ziehen für gegeben erachtet. Manchem Literaturkundigen beliebt vielleicht, den großen Polen, von dem ich sprach, einen sogenanntnten Kitschier zu nennen, meiner Ansicht nach kann man aber bei Klassifizierungen nicht vorsichtig genug sein, wie ich im allgemeinen für richtig halten würde, vieles lieber nicht stark zu betonen. Ich darf wohl glauben, daß, wenn ein Schriftsteller wie der, von dem die Rede ist, den Lesern von der ersten Zeile an ein ganz merkwürdiges Vertrauen einzuflößen imstande ist, er zweifellos zu den ausgezeichneten gezählt werden darf.

Eine schöne Frau kehrte eines Abends mit einem denkbar vergnügten Lächeln auf den Lippen nach Hause zurück, und auf dem Umstand, daß dies Lächeln dem Herrn des Hauses überaus unangebracht vorkam [und] einen Riß in seiner Seele verursachte, baut sich ein zweibändiger Roman auf, den ich soeben zu lesen angefangen habe und wovon ich mir viel verspreche. »Sie beging mir gegenüber einen Fehler, worüber sie nun vergnügt lächelt«, spricht er zu sich und stößt beinah einen theatralischen Schrei aus, versucht sich jedoch zu beherrschen, doch der Konflikt ist geboren, kann nicht mehr ungeschehen gemacht werden, er wächst, wächst und erstreckt [sich] auf nahezu tausend Druckseiten, von denen ich Kenntnis zu nehmen haben werde. Mit einer Kleinigkeit, wie dieses Lächeln eine ist, beginnt eine großformatige Angelegenheit, eine Geschichte, die in die Kreise der Wissenden, man kann sagen, der ganzen Welt drang. Das spannendste gesellschaftlichste Ereignis der Saison bildete die Wahl des Nationalratspräsidenten, die charakteristisch, d. h. zeitgemäß ausfiel.

(1927)

MARLITT
(EUGENIE JOHN)
(1825-1887)

IM HAUSE DES KOMMERZIENRATES

Einmal lebte und wirkte, nicht in Wirklichkeit, sondern nur im Roman der Marlitt, den der Zufall mich lesen ließ, ein Arzt namens Bruck, der unter dem Druck einer gewissen Flora Mangold litt, die den ganzen Tag am Schreibtisch saß, nur hie und da zu den übrigen in den Salon rauschte, stolz, effektvoll, voll Verachtung für einen Mißverstandenen, denn das war er, obschon er sich alle Mühe gab, anerkannt zu werden. Flora, die vorgab, ihn zu lieben, log sich wie ihn an, es regte sich in ihr kein Fünkchen Mitleid, nicht ein Fädelchen eines Glaubens, indem sie lediglich glaubte, er sei ein Trottel und ihn als Bettler betrachtete. Daß du eine so unbarmherzige Braut hattest, armer Bruck! Sich hielt sie für eine Schriftstellerin von Rang, und doch flogen ihr die schönsten Manuskripte ans zuckende Näschen zurück. Obschon sie bezaubernd schön war, wollte der Verleger dennoch jeweilen von der Sache nichts wissen. Henriette, um auf einen bessern Gegenstand überzusiedeln, lag krank im Lehnstuhl und liebte Bruck auch, glaubte aber an ihn, war Floras Schwester, hätte sie am liebsten um ihres lieblosen Wesens willen schelten mögen, doch behielt sie alle Qual, die sie um ihn litt, für sich. Auch die dritte und jüngste der drei Mangoldinnen war Verehrerin des uns bekannten gelehrten Menschen, dem vom Schicksal beschieden war, unintelligent zu scheinen, bis mit einmal die Sonne über ihm lächelte und der Himmel des Erfolges blau leuchtete, wo es vor kurzem aussah, wie wir's nicht wiederholen mögen. Jetzt, jetzt wollte ihm die charakterlose Flora an den Hals fliegen, sie schämte sich der Bequemlichkeit ihres Herzens kein bißchen. Jetzt, wo andere an ihren Bruck glaubten, war's von ihr keine Kunst mehr. Sie gehörte zu den Naturen, die sich Selbständigkeit, eigenes Denken zumuten, in Wahrheit aber Nachahmerinnen sind. Du tust uns leid, Flora! Henriette hielt sich, da sie Bruck glücklich sah, still und schien selig; sie hatte ihn immer für was Rechtes angeschaut. Käthe, die dritte, wurde die seine, unnötig zu sagen, wie das zuging. Sie war ein herrliches Mädel mit gesunden Armen, nicht weniger graziös als gut und nicht weniger hübsch als mit einem Reichtum von Empfindungen ausgestattet. Um Brucks Mund zuckte auch im Glück noch ein aus früheren Zeiten herübergewitternder Schmerz. Flora reiste, da sie sich abgesägt sah, schleunig in eine Stadt, wohin diejenigen wandern, die zu stark an sich und zu schwach an andere glauben, und etablierte sich als einsame Größe. Henriette nahm der Tod zu sich. Ein Pulverturm flog rasch in die Luft, eh' die Geschichte am Ende anlangte, worin die Landschaft, wenn auch geschickt, so doch etwas hart behandelt wird. Neuere Malerei schien der Verfasserin noch unbekannt, sonst würde sie daraus haben lernen können. Noch wäre von einer Mühle, von Tauben, Himbeersträuchern, Fabrikarbeitern, einem Großkaufmann und einer Präsidentin zu reden. Das Wesentliche wurde jedoch gesagt. Ich wollte von der Marlitt bisher nie was wissen. Bereu' ich nun, sie kennengelernt zu haben? Keineswegs! Es war mir eine liebe Bekanntschaft.

(1923)

SOPHIE WÖRISHÖFER
(1838-1890)

WÖRISHÖFER

Ich las in meiner Knabenzeit die Bücher von Wörishöfer, von denen mir eines, um der Illustrationen willen, die es enthielt, im Gedächtnis blieb. Ein junger Deutscher nahm von seiner ins Kostüm der Bismarckzeit gezwängten Mutter Abschied und fuhr per Schiff nach Madagaskar, wo sich ihm Gelegenheit bot, eine Probe seiner Geschicklichkeit dadurch abzulegen, daß er mit seiner Büchse, die ihn stets treulich begleitete, was vielleicht nicht ganz fachmäßig ausgedrückt ist, da Flinten nicht mitlaufen, sondern umgehängt werden, ein Krokodil erlegte, das nach einem Eingeborenen schnappte. Das Untier hatte schon den Rachen geöffnet, um zu tun, worüber es sich kaum Rechenschaft abgelegt hätte, da fiel rechtzeitig der Schuß, der sogenannte heilige Teich färbte sich rot, das gefräßige Wesen verendete, und dem armseligen Individuum, das einem Wahn geopfert werden sollte, war das Leben gerettet. Dafür geriet nun des Jünglings Leben in Gefahr; die Leute hielten, was er in seiner Menschlichkeit getan, für Sünde; ringsumher erhob sich ein Gemurr, er müsse sterben. Zum Glück konnte er aber entfliehen, und wir sehen ihn neuerdings vom treuen Anhängsel, um nicht Begleiterin zu sagen, Gebrauch machen, und zwar durch Schlangenniederknallen. Das respektable Reptil hatte nichts Geringeres im Sinne, als seinen Bedienten zu verschlucken, wurde aber vom Stutzer dran verhindert, indem ihm derselbe den Rest gab. Weiter ging es durch beschlingpflanzte, beleopardete, affenbeherbergende Urwälder. In einem Negerreich und -dorf war die Fürstin gestorben. Infolgedessen beduselte sich der Herr Gemahl, das war so Sitte, schon die Urgroßväter hatten sich in derselben geübt. Da fing er an zu tanzen, Sklaven mußten ihn nachahmen, und er hieb ihnen, so ungern sie's geschehen lassen mochten, die Köpfe ab. Ein Häuptling wischte seine vom Essen fettigen Finger in Ermangelung einer Serviette am prächtig bekräuselten Kopf eines Untertanen ab. Nachdem eine am Beine eines Kamels sich emporringelnde Aspis zur Nachtzeit unschädlich gemacht worden war, konnte nach dem wesentlich von Unbilden gereinigten Europa zurückgedampft werden, wo die auf solch unternehmenden Sohn stolze Mutter ihn mit einem Freudeausruf in die Arme nahm, indem sie ihn bat, in Zukunft zu Haus zu bleiben.

(1924)

BERTHA VON SUTTNER
(1843-1914)

[ÜBER BERTHA VON SUTTNER]

»Mikrogramm«-Entwurf

Und dann und so kam Bertha von Suttner mit ihrem »Waffen nieder!«. Wie's mir zumute ist, so menschheitsheiß. Aber Anklagen verhallen. Wir konnten unmöglich in einem fort dies Kriegsgetümmel verabscheuen. Eines Tages erschien Max Reinhardt. Wir alle jubelten ihm wie einem Befreier zu. Weshalb taten wir das? Weil er uns Farbigkeiten, Lebhaftigkeiten vorsetzte. Er machte das Publikum auf Shakespeares Helden aufmerksam. Der Jüngling Kleist stieg aus dem Grab hervor. Die Mädchen glühten wieder für Romantik. Wer verargte ihnen das? **Schurken**[1] und schöne Frauen kamen auf dem Literaturgebiet in Mode. Die Salons glaubten sich genug gelangwelt zu haben. Das Wort war frei, und wir Schriftsteller machten von uneingeschränkter Erlaubnis behaglich Gebrauch. Hat sich die Gesellschaft seither verändert? Wie könnte ich wagen, das zu beurteilen. Ich glaube bloß zu wissen, daß der »Simplicius«, jenes aus der Zeit des dreißigjährigen Krieges stammende Bekenntnisbuch, ein ausgezeichnetes und anziehendes Buch sei. Was Kriege betrifft, so wünschte ich, sie würden vermieden werden können, aber an ihr Aufhören glaube ich nicht. Bertha von Suttners gutes Buch ärgerte vielfach. Na, da sehen Sie. Können wir die

1 **»Schmucke«**

Ärgernisse abschaffen? Max Reinhardt führte auf seiner Bühne Schlägereien, Tumulte usw. mit größtem Erfolg vor. Ich wünsche demnach also, liebe Herren und Damen, es möchte uns in Zukunft gut gehen. Zu glauben wag' ich das nicht. Einstweilen sind wir belehrt, aber werden wir immer dessen eingedenk bleiben? Ich wünsche es aufs lebhafteste, glaube es aber keineswegs. Ich glaube an die Grausamkeit und an die Schönheit und an die sehr angenehme Notwendigkeit, aufzupassen, achtzugeben.

(1924)

ELLEN KEY
(1849-1926)

ARTIKEL

Bezüglich Frauen schaut in Wirklichkeit manches ganz anders aus, als wie sich's in Büchern oder auf dem Zeitungspapier ausnimmt, denke ich da so für mich. Es ist neun Uhr vormittags, und mein Blick fällt zufällig auf den Abrißkalender, den ich von der Herausgeberin, einer Nahrungsmittelfabrik, zugesandt erhielt. Gestern, so um die Abendessenszeit, saß ich wieder einmal in der Bahnhofswirtschaft dritter Klasse. Ich studierte da das Tableau, das heißt, die an der Wand angemalte Aufstellung der Abfahrts- und Ankunftszeitpunkte der Züge, wobei ich nachzählte, auf welcher Strecke oder Route die meisten Züge zirkulierten. Den lebhaftesten Verkehr wiesen die Richtungen von und nach Paris und von und nach Mailand auf. Hierbei dachte ich sogleich an den Verfasser zweier berühmter Romane, den das Leben sowohl nach der einen wie nach der anderen der beiden genannten Richtungen geführt hat, nämlich an Stendhal. So kann man also sogar in Bahnhofsrestaurants sozusagen ein bißchen gebildet sein, das heißt an höhere, feinere Dinge denken, Gespräche mit sich selbst führen, die so kurz sie sein mögen, an irgendeine Bedeutung streifen.

Auf dem Abrißkalender ist ein junges Mädchen abgebildet, das bräunliche Wangen hat, keck in die Welt schaut, und jetzt erinnere ich mich plötzlich, so am Tisch sitzend und diese Skizze hier skizzierend, an Ellen Key, neben der ich einst, das heißt vor soundso vielen Jahren, die für die Menschheit so merkwürdig geworden sind, im Hause eines Berliner Verlegers, anläßlich eines Diners, bei Tisch saß, und die mir bei dieser Gelegenheit, vielleicht zum Zeichen des Wohlwollens, wozu eine ältere Frau gegenüber einem jungen Anlaufenden und Strebenden naturgemäß berechtigt war, eine Birne, die sie geschält hatte, auf den Teller legte. Ich meine, daß dies ja gewiß Nebensächlichkeiten sind, aber aus allerlei kleinen Geschehnissen, Vorfällen, Zufälligkeiten, Begegnungen setzt sich ja überhaupt unsere zivilisierte Existenz zusammen. Somit hätte ich vorher zwei große Städte und hiernach eine Schriftstellerin erwähnt, mit der ich persönlich bekannt geworden bin. Ihre Bücher sind ja von sehr vielen Leuten aufs eifrigste gelesen worden. Diese Kämpferin für die Interessen der Frauen fand ja seinerzeit mit ihren Schriften großen Anklang, anders ausgedrückt, Erfolg.

Nun ist mein Abrißkalender mit Sprüchen versehen, und zwar so, daß mir jeder neue Tag einen neuen Weisheitsspruch beschert. Solche Sprüche genügen uns, was ihren Gedankeninhalt betrifft, nicht immer, was ja verständlich ist. Aber der heutige Abrißkalenderspruch ist, ich möchte sagen, großartig. Er ist schön und fromm, fröhlich und tief, gutmütig und achtunggebietend zugleich, und er stammt aus persischem Geistesleben her. Ich füge nun vielleicht etwas Eitles, Selbstgefälliges bei, wenn ich melde, daß der Abrißkalender auch einen aus einem der Bücher, die ich schrieb, herausgezogenen Ausspruch birgt. Dies natürlich bloß durchaus nebenbei, und ich bedaure eigentlich, diese Persönlichkeitsbemerkung, die vielleicht nicht ganz statthaft ist, gemacht zu haben. Immerhin bin ich doch nun schon sowohl mit der Ankunfts- und Abfahrtstafel, also mit Bahnhofssachen usw., wie mit

Kalendrischem ziemlich fließend, wie mir scheint, fertiggeworden, und nun dürfte ich mir vielleicht noch etwas über die Frauenbewegung zu sagen erlauben.

Selbstverständlich achte ich Bemühungen, die auf diesem Gebiet vor sich gingen, hoch. Das tut jeder Gebildete, zu deren Kreisen ich mich wohl auch zählen darf. Ich denke mir, daß manches Mädchen, das Ellen Key las, mit Vorstellungen von freier Liebe usw. ins Leben hinaustrat und sich in demselben Enttäuschungen holte, und zwar Enttäuschungen, die sich aufs Gelesenhaben genannter Schriftstellerin stützten. Ich las in der Tat vor kurzem in einem im allgemeinen lebhaft und klug redigierten Blatt einen Aufsatz über die Ehe, der mich begreiflicherweise fesselte und worin hingedeutet wurde, wie in China die Ehefrau es aufs artigste, gewissermaßen kunstvollste, verstehe, ihrem Gatten eine Geliebte zu gönnen, es also zustande bringe, in einer Ehegenossin keine Rivalin, sondern eine Freundin zu erblicken. In dem an sich interessanten Aufsatz war verhältnismäßig anschaulich ausgesprochen, wie schwierig es für manchen Eheherrn sei, keine Geliebte neben seiner Frau zu haben, und eine wie schwierige Aufgabe es für viele Ehefrauen sei, das Hausfrauenwesen mit der Bestimmung zu verbinden, zugleich Geliebte zu sein. In dem Aufsatz war von der Persönlichkeitsgeltendmachung die Rede, wobei ich mir wieder, wie schon häufig, die Lebensweise und Anschauungen des Westens und des Ostens seltsames Gesicht vorstellte. Unter keinen Umständen möchte ich hierüber zu viel sagen, da dies alles für uns hochproblematisch ist. China hat eine mangelhafte Bildung, dafür aber eine tausendjahralte, überlieferungslebendige Kultur. Was in China bezüglich des Ausbaues der Ehe möglich ist, wird vielleicht für uns Europäer immer unausführbar bleiben. Sei dies, wie es sein will, jedenfalls erwähnte ich zu meinem Vergnügen eine hervorragende verdienstreiche Frau.

Von dieser Frau lieh einmal ein geistvoller Mensch Geld, das er ihr nicht wiedererstattete, was gewiß nicht sehr fein von ihm war. Immerhin können solche Fälle leicht vorkommen, ohne daß Folgen zu entstehen brauchen. Sie erzählte mir das nämlich an obgenanntem Tisch, derart, daß ich hier sogar die Gedeckte-Tisch-Frage leise berührt hätte. Mir ist so ein gedeckter Tisch lieb. Das Problem des gedeckten Tisches bleibt, wie so manches sonstige, ein offenes, d. h. wartet noch auf seine Lösung. Sehr wichtig ist dieses Problem ja nicht, sicher aber sehr reizend. Ich würde eventuell gern bereit sein, an seiner Aufhellung mitzuarbeiten. Ich glaube mich hierzu ziemlich befähigt.

Vorläufig glaube ich alle diese Fragen der Vorsehung anheimlegen und meine Aufmerksamkeit dem nahe bevorstehenden Mittagsmahl zuwenden zu können.

Es ist halb zwölf Uhr.

(1926)

HEDWIG COURTHS-MAHLER
(1867-1950)

DER KNIRPS

»Mikrogramm«-Entwurf

Dieser Knirps von Schneiderlein im bekannten Märchen, der in seiner Werkstatt sieben Fliegen mit einem Streich zu beweisen vermochte, daß es ein kurzes Verfahren gibt, sich von Butterbrotschwärmern zu befreien, und der dann auszog, um einen schlafenden Riesen zu unangenehmem Erwachen zu nötigen. Den und den hätten die »Weiber« verdorben, hörte er hin und wieder solche versichern, die sich auf der Flucht vor dem Weib ertappen würden, wenn sie sich genau zu prüfen die Mühe nehmen wollten. Wenn einer mit Schwierigkeiten feiner und nicht leicht zu definierender Art kämpft und mit dem, was er unternimmt, nicht gleich Erfolg findet, werden einfachheithalber die Frauen als das Hindernis bezeichnet, als wenn Hindernisse für eine Menschenexistenz nicht von durchaus annehmbarer Wirkung sein könnten. Derartige Frauenfeinde richten sich hoch auf, um so einem anscheinenden Frauenliebling ein gebieterisches »Zu spät« mitten ins verdutzte Gesicht hineinzuwerfen. Zweifellos gilt dieses »Zu spät« für manche erstrebte Angelegenheit, wofür sich jedoch meiner Ansicht nach manchmal ein ganz netter Ersatz findet, falls nicht voreilig verzagt wird. Für den oder den, der sich vielleicht einbildete, es wäre für ihn zu spät, mag es in Wirklichkeit noch zu früh gewesen sein. Um nunmehr vom Volksschriftstellertum zu sprechen, so feierte dieser Tage eine Schriftstellerin ihren sechzigsten Geburtstag, die an die hundert Romane schrieb und die, man mag sie nun einregistrieren, wie man will, jedenfalls mit ihrer Tätigkeit in[s] Volk gedrungen ist. Ich weiß nicht genau, ob sie nicht womöglich einige ihrer Bücher in einem Gemach zu ebener Erde verfaßt hat, dessen Türe und Fenster bei der Niederschrift dessen, was später von einer breiten Schicht dankbar aufgenommen wurde, offenstanden, damit das reiche Haar der Schriftstellerin leise von einem auf angenehme Weise in's vornehm möblierte Zimmer hineinwehenden Wind gewissermaßen liebkost würde und damit ihre dichtende Stirne die unmittelbare Nähe der großen Mutter Natur fühle. Von Zeit zu Zeit mag der Ehrwürdigen ein Pianist dieses oder jenes Stück auf dem Flügel zur Erheiterung der Tiefnachdenken[d]en vorgespielt haben, und sein schöner Dienst wird ihm schön vorgekommen und ein Vergnügen für seine bereitwillige Seele gewesen sein. Diese Schriftstellerin schrieb hauptsächlich für die vielen Provinzmädchen, die [in] irgendwelche passende Stellung zu treten pflegen und für die es so leicht zu sein scheint, sich rasch zu sagen: »Ach, ich bin müde«, und denen es wieder vom Geschick und von der Geburt gegeben ist, sich schnell für ermuntert und wiederhergestellt zu halten. Aus dem Bilde der Genannten gewann ich, als ich es zu Gesicht bekam, den Eindruck von etwas Reserviertem, Klugem. Ich durfte mir sagen, daß sie mit einer gewissen natürlichen Güte dem Volk das dargeboten habe, was ihrer Gesinnung ganz wie von selber entsprang. Indem sie zu erwerben gesonnen war und gar nicht weiter ans Geben, Schenken dachte, bedeuteten ihre Arbeitsamkeit und ihr Erwerbssinn ein Geschenk, das von keinem Vernünftigen angezweifelt werden kann. Daß die

Erfolgreichen zu Wohltätern werden, ohne es direkt beabsichtigt zu haben, dürfte angesichts des Umstandes, daß sie vielen Händen eine Beschäftigung, mithin eine Möglichkeit des Lebensunterhaltes verschaffen, sogleich einleuchten. Schon die ungemein gutklingenden, leicht einprägsamen Titel, die sie teilweise ihren Werken auf den Büchermarkt, d.h. auf den Weg in die Kauflust mitgab, vermögen den Beweis einer bemerkenswerten Geschicklichkeit darzustellen, der gegenüber man das Gefühl des absolut Ungekünstelten nicht los wird. Indem ich eine ungemein Talentierte erwähnen zu dürfen gemeint habe, fällt mir ein, durch eine exklusive Zeitschrift darauf aufmerksam gemacht worden zu sein, wie wichtig es wäre, wenn von der Öffentlichkeit, d.h. vom Volk, den Besten gewissermaßen gehuldigt oder gehorcht würde. Diese Besten seien es, wurde da zu empfehlen unternommen, die sozusagen zur Leitung der Angelegenheiten der Länder befugt wären, wobei, wie ich aufrichtigkeitsmäßig zu gestehen habe, gegen diese scheinbar doch wohl ein wenig rätselhaften Besten Bedenken gleichsam in mir aufkeimten, denn die Besten, so sprach ich zu mir selbst, müßten die Wirklichkeit ihres Ambestenseins immer zuerst noch in der manchmal überaus holprigen Praxis erhärten. Alle diese Besten, diese Gütigsten, Umsichtigsten, Wohlwollendsten, Gedankenreichsten usw. würden so gut wie sonstige Menschen, d.h. wie solche, die man nicht ausgesprochen für die Besten hält, durch irgendwelche Möglichkeiten zu straucheln, ihren vortrefflichen Eigenschaften eventuell untreu zu werden, gewissermaßen zu marschieren haben. Diejenigen, die in den Zeitschriften, d.h. auf dem Papier oder im Mund eines Teils der Gesellschaft die Besten sind oder zu sein scheinen, sind es in der Wirklichkeit, die stets ein wenig »rauh« ist, vielleicht nicht, würden unter Umständen entweder vollständig oder bruchstückweise »versagen«. Für das schönste Mädchen unserer Stadt halte ich übrigens gegenwärtig, wie mir so vorkommt, eine nachlässig oder doch wieder mit einem gewissen Anstand oder einer Art Gemessenheit sich vorübergehend eine Ruhepause gönnende, hauchartig und, falls ich so sagen darf, goyamäßig auf den Platz, den sie berechtigterweise einnimmt, Hingegossene. Ich bitte diesem Bekenntnis keine größere Ernsthaftigkeit beilegen zu wollen, als ihm, von höherem Gesichtspunkt aus gesehen, zukommen mag. Ich hoffe, daß der Leser hinsichtlich des belustigenden Charakters, der in dem Ausdruck Knirps liegt, mit mir einiggeht, da ich das Wort so hübsch finde, daß mich seine Anwendung auf mich selbst nicht im geringsten vom Aufrecht[er]halten meiner Gleichgewichtigkeiten abhalten würde. Jener Schriftstellerin aber, von der mir zu sprechen zum Glück einfiel, küsse ich aus Achtung vor ihrem stattlichen Lebenswerk ergebungsvoll die Hand.

(1927)

V. KOMBINATION

KOMBINATION

VON EINIGEN DICHTERN UND EINER TUGENDHAFTEN FRAU

Bin ich am Lesen, so komm' ich nicht leicht wieder davon, kann Wochen damit verbringen. So las ich mich durch Molières Komödien und Maupassants Novellen und mag diese beiden großen Künstler gern beieinander haben; sie sind im Temperament, in der Menschenkenntnis ähnlich. Maupassant zu lesen kann einen den normalen Lauf des Lebens geringschätzen machen, so Erstaunliches stellt er dir vors Auge. Eine unglaubliche Kraft bei feinster Empfindung. Einen größeren Novellisten gab es wohl nie. Ihn gelesen zu haben bedeutet gutgelaunt, erschreckt, entzückt gewesen zu sein. Ich glaube nicht, daß je wieder einer soviel Merkwürdiges zusammenschreiben wird. Ich kann übrigens Bücher bewundern und sie nachher wegwerfen, sie sind ja in Buchhandlungen immer wieder zu haben. Sehr gut unterhielt ich mich mit den »Grausamen Geschichten« vom Grafen Villiers de l'Isle-Adam. Wie großzügig und abenteuerlich schreibt Dumas. Kennen Sie seinen Roman vom Monte Christo? Von Eugen Sues »Memoiren einer jungen Frau« werden Sie sagen, Sie hätten das Buch nicht weggelegt, ehe Sie an die letzte Zeile kamen. Beide letztgenannten Autoren dichteten absolut unliterarisch, das heißt ursprünglich-phantasiehaft, und stellen wohl gerade darum einen literarischen Wert dar. Balzac verrät in seinen Schriften unendlich viel Bildung.

Es gibt aber Bücher, die einzig schon um der Unbekümmertheit ihrer Niederschrift hinreißen. Ich las im Spital einen Aufsatz über eine Jüdin, die ihrem Manne auch noch treu blieb, als er in den Pranger kam, und die durch dies Verhalten die Menge von jeder Beschimpfung abhielt. An Frauen sind uns durchaus dieselben Eigenschaften lieb oder unangenehm wie an unsereins. Unscheinbarkeit kann strahlend schön werden durch Tugend! Manchmal lese ich ganz gewöhnliche Büchlein, wie man sie etwa im Kiosk kauft, als wäre man ein Reisender, dem die Geschäftigkeit nicht erlaubt, bei der Auswahl bedenklich zu sein. Bekanntlich legt man ja in das, was man liest, eigenes Gedankliches, deshalb braucht man eigentlich kein Buch zu scheuen. Soll man nicht auch mit jedem Menschen umgehen können? Mit manchem haben Sie zu tun und lassen es ihn nicht gleich merken, wenn er Ihnen nicht gefällt. Heinrich von Kleist ist lange gemißbilligt und dann mit einemmal beinahe überschätzt worden. Seine Prosa möchte ich für gelungener halten wie seine Verse, die mir zum Teil aus Gemüt und Verstand herausgenötigt erscheinen. Die Penthesilea find' ich stimmbrüchig; in diesem Stück liegt für mich ein unintelligenter Eifer, groß zu sein, der in sich zusammenstürzte, ein Mit-einemmal-zuviel-aus-sich-herausschlagen-Wollen. Ich las hierauf Goethes Jugenddichtungen und begriff bei der Freude an Gestalten wie Goetz, Klärchen und Gretchen Weimars Bestreben, einen so Besonnenen, Umsichtigen und zugleich Lebhaften, wie dieser Dichter einer war, an den Hof zu ziehen. »Werthers Leiden« möchte ich himmlisch nennen. Wenn sich Jean Paul über dies Buch lustig machte, so zählte immerhin Napoleon zu denen, auf die es großen Eindruck machte. Man möchte oft eine Liebe abschütteln! Leiden ist so schön wie Freuen, und läßt sich eine höhere Freude denken als bei dem Leidenden, der aus dem einen wie andern

Becher trank? Wie feinsinnig und verständig Egmont von der Regentin spricht, und mit was für einfachen, schönen Worten das Mädchen nachts durch die Brüsseler Gassen zieht, den Freund im Kerker wissend, wie die Bürger fragen: »Was fehlt dem Kind?« Welche reizende, prächtige Dichtung! So klug und warm. Mir mußte dann interessant sein, mich bei Erscheinungen wie Klinger und Wagner umzublicken. (1924)

LITERATURBRIEF

Gestatten Sie mir, Ihnen zu sagen, daß ich dann und dann in einer Mansarde wohnte, obwohl man das eigentlich nicht tun sollte, und daß ich dort Alfred de Vignys Roman »Cinq-Mars« mit großem Vergnügen las, womit ich Sie vielleicht gar nicht zu interessieren vermag. Ich hielt besagtes Buch für eine ausgezeichnete historische Dichtung, die mir eine denkbar willkommene Unterhaltung darbot. Die Mansarde enthielt übrigens ein Ruhebett, von dem ich mir, da ich hierzu Zeit hatte, einbildete, es stamme aus der Madame-Récamier-Epoche. Mitunter stand ich etwa fünf Minuten lang, ans Fenster gelehnt, da, wobei ich die Unverhältnismäßigkeit beging, mir wie der seinerzeit von Tischbein porträtierte junge Goethe im Elternhaus zu Frankfurt a. M. vorzukommen. Jeden Sonnabend fegte ich eigenhändig die Stube, was ich hauptsächlich des Spaßes wegen tat, der mit dieser gleichsam anheimelnden Beschäftigung verknüpft war. Vielleicht hätte ein anderer hierauf verzichtet. Hie und da ging ich ins Kaffeehaus, wo mir einmal eine Frau zu Gesicht kam, die für mich insofern anziehend wurde, als sie sich für mich zu interessieren vorgab. Ihr anscheinendes Interesse war für mich interessanter, als wenn's ein wirkliches gewesen wäre. Wirkliche Teilnahme wirkt oft erkältend, während uns eine gespielte als etwas Erwärmendes berühren kann. Koketterie scheint mir ein Belebungsfaktor zu sein. Aufrichtigkeiten werden gern mit Vortäuschungen erwidert, indes wir Vortäuschungen gegenüber aufrichtig zu werden vermögen. Einmal nahm ich, freilich nur ausnahmsweise, ein Buch mit ins Kaffeehaus, das sich »La petite Comtesse« betitelte, um mit demselben sozusagen ein wenig zu flunkern, damit man mich für weiß der Kuckuck wie gebildet hielte, womit ich mich etwas derb ausdrücke. Man sollte vor der eigenen Person stets die genügende Menge Achtung haben. Hier erwähne ich einen Romancier, der sich Octave Feuillet nennt und Mitglied der Französischen Akademie ist, von dessen Novellen ich gestehen muß, sie hätten mir gefallen. Nebenbei betete ich ein Mädchen an, die mir aus dem Kaukasus herbeigeflogen zu sein schien. Wieder zur Literatur zurückkehrend, spreche ich so flüchtig wie möglich von einem Erzeugnis, das sich »Vers le pardon« betitelt hat. Brantômes Frauenporträts scheinen mir ebenso einförmig wie hinreißend geschrieben zu sein. Die großartig-ruhige Schreibweise, die dieses Buch auszeichnet, strengt freilich den Leser an, aber eine Wanderung, auf der man allerlei Sehenswertes wahrnimmt, tut dies auch. Man macht bei Brantôme mit hochgestellten Personen Bekanntschaft, deren Menschliches zum Teil tief ergreift, und wenn der Verfasser seine Gegenstände ausnahmslos mit Ehrfurcht behandelt, so begreift man das ohne weiteres, denn er war Höfling. Zur Höflichkeit war er verpflichtet, jedoch nicht, geistvoll und von einer imponierenden Zurückhaltung im Anteilnehmen zu sein. Nur seine Begabung hinderte ihn, uninteressant zu denken und zu schreiben. An der Lektüre von Racines Theaterstücken fand ich die größte Freude. Ferner bitte ich um die Erlaubnis, hervorheben zu dürfen, daß ich gegenwärtig in einem

Buche lese, das »La séductrice« genannt ist, worin es sich ergibt, daß die männliche Hauptperson keine Renaissancenatur ist, indem sie auf eine glänzende Art den Mut verliert, sich prächtig moralisieren läßt, statt daß sie diejenigen, die sie mit Vorwürfen meinen behelligen zu sollen, mit einem anmutigen Lächeln und einigen schlagfertigen Bemerkungen besiegte oder wenigstens schmiegsamer, toleranter zu machen versuchte. Vor einiger Zeit befaßte ich mich mit »La femme abandonnée« von Balzac, die gewiß ein Prachtexemplar von Prosastück ist. Ist diese Verlassene nicht die Erfolglosigkeit selbst? Sechs bis sieben Jahre lang ist Madame de Beauséant glücklich, was ich, offen gestanden, sehr nett finde. Nun ging ihr Geliebter eine Art Geldheirat ein; ich meine, daß der Dichter dies schreibt, wie nur er es imstande ist. Im Grund ist's ein gewöhnliches Vorkommnis, das sich schon tausendmal zutrug. Doch bei guter Darstellung bleibt es immer wieder neu. Derartige Ereignisse bilden gleichsam dadurch etwas Unverwelkliches, daß sie stets neuerdings möglich sind, und die Schlechtigkeiten sind ebenso poetisch wie die Wohltaten. In der Kunst kann stofflich Triviales durch lebhafte Gestaltung zur Kostbarkeit werden, was hier zutrifft. Wie er ihr die Neuigkeit eröffnet, die sie in der Stille ihres Gemaches zu einem Schrei veranlaßt, ist herrlich, d. h. derart gesagt, daß der Entschluß in mir reif wurde, bei Gelegenheit zu erklären, man könne auch in sentimentaler Manier Ausgezeichnetes hervorbringen, Balzac bilde hierfür ein Beispiel.

(1926)

ETWAS ÜBER DIE SCHRIFTSTELLEREI

Irre ich mich nicht, so schrieb beispielsweise Balzac ununterbrochen, bis zum Augenblick, der ihn von seiner Geschäftsausübung abberief, Romane. Man stelle sich die Ausdehnung einer derartigen Phantasiefähigkeit annähernd vor. Bei Dostojewski mag es sich, wie ich wissen zu sollen glaube, ähnlich verhalten haben. Gottfried Keller trat, nachdem er eine Reihe von verhältnismäßig denkbar wertvollen Novellen publiziert hatte, in den Staatsdienst, der ihn fünfzehn Jahre lang von fernerem kontinuierlichen schriftstellerischen Schaffen abhielt. Adalbert Stifter, der ein lebhaftes Erzählertalent besaß, das einer sprudelnden Quelle glich, aus der er nach Herzenslust schöpfte, hatte eine pädagogische Beamtung inne. Goethe, dieser Große, dichtete sich, wie seine Lebensgeschichte dartut, mit einigen sich in den Unverwelklichkeitsrang hinaufschwingenden Werken in eine gleichsam höfische, d. h. Verwaltungsstellung hinein. Weder der Erfolg noch der Beifall scheinen mir bezüglich einer Schriftstellerexistenz entscheidend zu sein, die vielmehr von der Lust oder Kraft abhängt, immer wieder von neuem zu fabulieren. Balzac tat dies anscheinend unausgesetzt, Keller nicht, und daß er es nicht tat, hatte zweifellos Gründe. Ich halte die Ursachen, weswegen der eine weiter und weiter dichtet, der andere zeitweise aufhört, dichterisch zu wirken, für unter Umständen zu fein, als daß man sie mit Leichtigkeit definieren kann. Äußerliche Begebenheiten vermögen einer Laufbahn eine bestimmte Richtung zu geben, der Charakter oder Ereignisse in herzlichem Gebiet fallen gegebenenfalls gewichtig in Betracht. Manche Schriftsteller bieten im Anfang ihres Strebens ihr Bestes dar, um nachher der Neigung zu unterliegen, allmählich zu verflachen, während man von etlichen weiß, die einem merkwürdig vorkommen, weil sie unscheinbar oder unsicher beginnen, sich jedoch gerade darum im Lauf der Zeit immer mehr Sicherheit, überlegenes Schauen usw. aneignen. Welcher Art man den Vorzug zu geben habe, bleibt irgendwelchen Bedürfnissen überlassen. Jeder Schriftsteller vereinigt zwei Menschen: den Bürger und den Künstler, womit er sich mit mehr oder weniger Glück abfindet.

(1929/30)

ICH LAS LETZTHIN...

Ich sprach soeben mit jemand, der nicht genannt zu werden braucht, über Scheffels »Ekkehard«, ein Buch, das einst viel Aufsehen gemacht haben mag. Vor einigen Jahren fing ich übrigens, mich als Gast in einem Hause wohlfühlend, in einem Roman von Raabe zu lesen an, der auf seine Weise Köstliches schuf. Beginnt man einmal mit Lesen, so scheint man nicht daraus herauskommen zu können. Hier hat man Gelegenheit, sich mit der »Tulipe noire« von Dumas zu beschäftigen, die vielleicht ein bißchen maniert anmutet, dennoch aber als ein fesselndes Werk bezeichnet werden kann. Anderseits besitzen Edgar Allan Poes Novellen jenes Hinreißende, das mitnimmt und gleichzeitig gedanklich bannt. Hauptsächlich scheint man es in dem Amerikaner, der nur kurz, dafür aber hingebend lebte, mit einem, wie man wird sagen dürfen, erstrangigen Sprachkünstler zu tun zu haben, womit das Lob, das dieser Seltsamkeitsdichter verdient, gewiß nicht erschöpft ist. Neben anderen bescheidenen, doch darum nicht unlesenswerten Büchern kam mir ein Band von J. V. Widmanns schriftstellerischem Nachlaß in die Hand, der seinerzeit literarischer Redakteur am Berner »Bund« war und als solcher Ausgezeichnetes leistete, wessen sich noch viele erinnern, die seine Wirkung bemerken konnten. Mit »Le Baron mystérieux« ist ein Feuilletonroman betitelt, dem ich zur Zeit meine Aufmerksamkeit widme, indem ich täglich gern etwas, das spannend ist und doch weiter nichts anderes als unterhalten will, um mich habe.

Einen wunderschönen historischen Roman möchte ich Hauffs »Lichtenstein« nennen, der von einem Jungen für Junge, von einem Illusionsfähigen für ebensolche erzählt wurde, und worin von einem Treuen die Rede ist, der sich für seine Ausdauerlichkeit aufs ansprechendste belohnt sieht. Ein vornehmer Geächteter hält sich vorübergehendermaßen in einer Höhle auf, und die mit hübschem und gefälligem Aussehen verbundene Charakterfestigkeit kommt infolge von allerlei günstig lächelnden Zufälligkeiten in die Lage, ein Fräulein freien zu können.

Um auf Scheffel und seine Romangestalt zurückzukommen, die ich am Eingang zu erwähnen Anlaß fand, kamen mir einige Seiten, von denen ich Kenntnis nahm, interessant vor, wobei ich mir einprägte, eine gemütliche Schreibweise, ich meine: ein ungezwungener Plauderton, könne als etwas durchaus Ernsthaftes in Empfang genommen werden. Ein Buch, das man, weil es kein aktuelles oder Modebuch ist, unparteiisch, d.h. ruhig liest, kann einen womöglich ein wenig schläfrig, aber anderseits auch glücklich machen. Lektüre hat vielleicht den wesentlichen Zweck, freundlich zu isolieren, von Differenziertheiten angenehm abzulenken, im Gemüt etwas aufzubauen, das von zu einseitigem Teilnehmen an den Dingen des Tages angefochten wird. In Scheffels Roman macht sich ein Abschnitt bemerkbar, dessen Inhalt von einem Diener handelt, der seinen ihm restloses Zutrauen schenkenden Herrn hintergeht, indem er dem Brotgeber oder Arbeit-in-Aussicht-Stellenden zu verstehen gibt, er meine es gut mit ihm, während dies in Wirklichkeit keineswegs der Fall ist. Weil man ihn für einen Guten hält, hat er keine Lust, gut zu sein, indes sich schon mancher für schlecht Gehaltene nicht als schlecht genug erwiesen hat, den Ruhm, ein Bösewicht zu sein, zu rechtfertigen.

Ältere, ich meine Bücher, die von Generationen anerkennend gelesen worden sind, die der Vergangenheit angehören, atmen schon nur deswegen einen Hauch von etwas Heimeligem aus, wovon man sich gern einnehmen läßt. Das sanktgallische Klostergebäude hebt sich vom Ufer des Bodensees, geographisch nicht allzu genau genommen, architektonisch ab. Aus der Seefläche steigen Säbel über den Köpfen schwingende Hunnengestalten hervor.

Man kommt sich, derlei lesend, knabenhaft vor, man hat Eltern, geht noch zur Schule, kokettiert mit der Idee, man habe Kameraden. Sollte solche momentane Täuschung nicht etwas wert sein?

(1930)

KOMBINATION

Eine madonnenhaft aussehende Frau, die mir eines Tages, vermutlich um meines um jene Zeit noch spärlichen Alters willen, artig erklärte, sie sei meine Freundin, machte mich auf Heinrich Heine aufmerksam. Mit diesem Satze leite ich eine Notiz ein, von der ich mir etwas verspreche, was zwar vielleicht ein wenig mutig, will sagen, hoffärtig klingt. Auf etwas Leises, Bescheidenes übergehend, saß ich vor Jahren, d. h. da ich ungefähr fünfundzwanzig Jahre alt sein mochte, in einer Kaffeestube, blätterte in einer Zeitschrift, die zu einem stattlichen Band zusammengebunden war und ließ mir eine Novelle von Theodor Storm, die hübsch nach Wald und Feld duftete, und die von einem ebenso wertvollen wie verliebten Hauslehrer handelte, ruhig schmecken. Am Tisch, woran ich las und Neuigkeiten in mich aufnahm, saß eine aus dem Ausland, wie sie mir erzählte, ins Heimatland zurückgekehrte Erzieherin oder Gouvernante. Durchs geöffnete Fenster lächelte ein draußen seine Pracht entfaltender Garten zu den von Zeit zu Zeit einen Schluck Kaffee Genehmigenden oder dem Mund ein Stückchen Kuchen Zuführenden herein. Eine Saaltochter ließ mich wissen, man habe ihr anvertraut, man wünsche mich kennenzulernen. Auf meine Frage: »Warum?« antwortete sie: »Weil Sie interessant sind.« Wie eitel Erinnerungen mitunter sind! Bücher sind mit dem Leben wie Händedrücke, Grüße usw. verwachsen. Als ich noch das Progymnasium besuchte, das ehedem ein Kloster gewesen, und das einst vorübergehend vom Grafen Gobineau frequentiert worden war, der die »Renaissance« schrieb, führte ich mir Wildenbruchsche Erzählungen jugendlich zu Gemüte. In der Literatur gibt es ausgezeichnete Werke, die um der Reichlichkeit ihres Inhaltes willen von der aufwachsenden Jugend bevorzugt werden. Hiezu gehören die Novellen Conrad Ferdinand Meyers, zu deren Genuß es frischer, unermüdeter Aufnahmefähigkeit bedarf. Ich kam in einer Stadt zur Welt, in deren Nähe in anmutiger, wasserreicher Gegend die St.-Peters-Insel liegt, auf der seinerzeit Jean-Jacques Rousseau ferienhalber wohnte. Bei dieser Gelegenheit kommt mich die Lust an, der Meinung zu sein, Rousseau sei schwieriger zu begreifen wie beispielsweise der in letztverflossener Zeit vielgenannte Stendhal, von dem ich glaube, er schmeichle sich ins Verständnis leicht ein. Jens P. Jacobsen, von Geburt ein Däne, dichtete mit Vorliebe in der Schweiz, am Ufer des Genfersees. Mit der Flüssigkeit seines Schreibens machte er gewissermaßen Furore. Der Einfluß, den er ausübte, wirkt vielleicht noch heute da und dort nach. In seinen

Schriften porträtierte er Pagen, sensible Müßiggänger, kluge, hübsche Frauen. Eine seiner Erzählungen trägt sich zu Avignon zu. Schon früh fing ich den Dichter, den ich hier erwähne, an zu beachten. Unzählige haben ihn, und zwar hauptsächlich weil er kränkelte, nahezu verhimmelt. Er schrieb seitenweise unerhört vornehm. Tatsache ist, daß er zu ergreifen imstande war, und dies ist viel.

(1930)

HIER WIRD DIES UND
DAS GESPROCHEN

Manche singen in ihren Zimmern ganze Opernrepertoires durch, aber still steht draußen die Bergwelt. Ob ich nicht irgendwo vom allmählichen Verbleichen des Pirandello-Sternes las? Warum treten gerade solche, die das Leben bejahen, mitunter leicht als Pedanten auf? Und warum gibt es Leute, die sich anstrengen, einen gebildet zu machen, ohne zu bedenken, daß sie's vielleicht selbst bloß halb sind? Und nun habe ich da in Büchern gelesen, die zu der Bibliothek eines Sozialisten gehören, der nicht mehr lebt, der aber, als er am Leben war, aufrichtig bestrebt gewesen zu sein schien, sich Anschauungen, Kenntnisse usw. anzueignen. Unter anderem fischte ich aus der Bücherei einen gewissen Russen, nämlich Herrn Arzybaschew, dessen Roman »Sanin« sich ja, wie Sie wissen, seinerzeit zu einem erstrangigen Schlager auswuchs. Bei Arzybaschew kommen Gymnasiasten vor, die aus Erregtheit, daß sie ihr Examen nicht bestehen und weil sie ihre Frau Mama unsäglich zu betrüben fürchten, den Schuldirektor erschießen. Arzybaschew macht anderswo aus dem Füsiliertwerden eines Eisenbahnangestellten in Revolutionstagen meines Erwägens, Fühlens nach zu viel Aufheben. Wurde nicht auch der Herr Herzog von Enghien im Jahre 1804 *sans grande façon* niedergeknallt? Ich meine, die Zeit, wo für die und die Klasse geschriftstellert wurde, sollte eigentlich überwunden sein. Was erhalte ich, nebenbei gesagt, von doch gewiß ganz bedeutenden Verlagshäusern für resigniert lautende Briefe, daran erinnernd, daß unglaublich wenig gute Literatur mehr gekauft wird. Ich brauche aber nur auf die Vollkommenheit der Sportsverbreitetheit hinzuweisen. Wie ging meine Wenigkeit im Alter von zwanzig Jahren so eigentümlich oft in die Buchhandlungen. Dafür lief man damals in unansehnlicheren Anzügen einher. In einer weiteren Novelle Arzybaschews hängt sich ein Mädchen auf, weil man ihr die ihr unerläßlich scheinende Unschuld genommen hat. In eine dreibändige Weltgeschichte werde ich noch mehrmals mit Vergnügen blicken. Bis dahin befaßte ich mich mit gewissen Altertumsabschnitten, u. a. mit den Phöniziern, die sich zweifellos Verdienste erwarben. Wie ich mich zum voraus schon auf den Genuß dessen freue, was z. B. die Merowinger Interessantes taten und unterließen. Auf Arzybaschew zurückkommend, erzählt er irgendwo folgendes: Ein Ungeheuer in Menschengestalt tötet sowohl eine brave Frau als ein überaus junges, nettes, naives Mädchen, hierbei die hervorragende Güte an den Tag legend, einen Knaben zu verschonen, der sich sehr talentvoll beim Übeltäter einschmeichelt. Eigentümlich und doch wieder gar nicht seltsam mutet es an, daß Rußland seit dem Kriege hinsichtlich Dichtkunst keinen Vertreter von europäischem Ruf hervorgebracht hat.

Vor nicht sehr langer Zeit lag ich im Spital. Die Krankenschwester merkte mir offenbar an, ich läse gern Entsetzlichkeiten. Mit der fast strahlenden Bemerkung: »Hier bringe ich Ihnen etwas Grausames«, brachte sie mir einen Kurt Aram. Indem ich sagte: »Sie irren sich wahrscheinlich«, lehnte ich das Dargebotene verhältnismäßig höflich ab. Als sogenannnte Grausamkeitslektüre wirken auf mich Schilderungen russischer Zuchthauszustände. Wieder führte ich mir nun einige Gottfried Kellersche Novellen ruhig vors Gemüt, indem ich neuerdings dieses Dichters reiche Bildung, den feinen, allen möglichen Meinungen, Ansichten rechnungtragenden Verstand anerkannte, und die Anerkennung bestand ganz aus still mich überwältigender Bewunderung. Bei Keller macht sich z. B. ein fünfjähriger Knabe geltend, der seiner Mutter, die eine gescheite, liebe Frau ist, in einem Moment zu Hilfe eilt, wo sie sich von einer Art Umgarner fangen lassen will.

Von Jeremias Gotthelf fiel mir eine Erzählung in die Hand, die sich »Der Sonntag des Großvaters« betitelt und die vielleicht ein kleines Welttheater darstellt. Kaum je, so lange ich mich schon mit Büchern beschäftige, las ich etwas so Schönes, so Liebes, und dabei so Großes. Das Schöne und Große dieser kaum vierzig Druckseiten einnehmenden Schrift liegt in ihrer Sprache. Die Szene ist ein Bauernhaus. Der sein Ende herankommen fühlende Großvater liegt im Bett. Er spürt, wie er kalt wird. Nun wird geschildert, wie Kinder mit ihm reden. Möglich wär's, daß man aus dieser so alltäglichen Geschichte, an der es absolut nichts Romantisches gibt, eine Art Mysterium für die Bühne herrichten könnte, doch wer läse dieses rührendschöne Werkchen und brächte es über sich, solch ein Kleinod ländlicher Milieuzeichnung für anderweitige Zwecke umzuformen? Bei Gotthelf sind kleine, leise Wörtchen bedeutend. Kaum Beachtetes nötigt Achtung ab, wenn man's einmal wahrnimmt. Das Wahrnehmen wird manchmal bei Büchern so schwierig wie im Leben. Ich las das Büchelchen halblaut für mich vor, und ich kann von einer wahren Freude sprechen, die sich auf das Eingehen, Mitgehen gründete. Sohn und Tochter des alten Großvaters, die sich auf seine Befürwortung hin geehlicht haben, sind nicht so glücklich, wie sie es sein sollten, der Großvater weiß das, und nun redet er hierüber mit der Frau und klagt sich an. Bei diesem Anlaß gebraucht der Dichter Worte, wie ein anderer sie nie fand, so eigentümliche, von irgendwoher beleuchtete, daß man über des Verfassers Kunst, so ganz er selbst zu sein im Denken, in der Anwendung desselben, hier und da staunt. »Er könnte freundlicher, leichtherziger sein«, sagte er vom Sohn zur Tochter, aber man muß lesen, wie er das sagt. Kein Zweiter kann das so zart sagen wie dieser Dichter, der seines eigentlichen Berufes Pfarrer war. Hierauf hat der Großvater noch ein Gespräch mit dem Sohn, spricht dann noch mit sonstigen Bewohnern, und er nennt Tränen schön, die von jemandes andern Weinen begleitet sind, und beklagt das Weinen, das sich ergießt, wo Umgebungen bloß dazu lachen. Dann wünscht er hinausgetragen zu werden, man tut es, und jetzt sitzt er vor dem Haus an der Sonne und gibt im Anblick der ihm bekannten Gegend den Geist auf, und indem der Dichter von diesem Vorgang so schön spricht, kommt's mir vor, als halte er den Alten, das Haus, die Welt rund herum so auf seiner Hand, schaue allem zu, wie einem Spielzeug, zart, aufmerksam, gütig. Viele würden vielleicht solch ein »geringes« Buch nicht so hochschätzend lesen wie ich. Uns schüchtern des Lebens Nötigungen häufig genug ein. Hochgesinnt steht ein Dichter da, der uns mit seinem Bericht, den er ablegt, so sehr aufweckt und zugleich so sehr beruhigt.

(1926)

DISKUSSION

Möglich ist, daß ich mir ein Marcel-Proust-Buch, und zwar natürlich in der ursprünglichen, also nicht in der Übersetztheitssprache, anschaffen werde. Noch kenne ich keine Silbe von Romain Rolland, was ich als einen Beweis auffassen kann, daß ich kulturell nicht ängstlich, nicht neugierig bin. Übrigens hielt ich diesen Autor für noch sehr jung. Daß er bereits sechzig ist, tut mir leid. Einst schrieb ein nachmals viel- und wie z. B. von Bismarck gerngelesener Jude von seinem Verbannungsort Paris aus in die Augsburger Abendblätter, und nun schaute ich jüngst in eine Zeitschrift hinein, die mir Fuggerhausabbildungen vors Gesicht stellte. Heute erhielt ich einen gekränkten Brief, d. h. nicht der Brief war verstimmt, aber sein Absender. Dieser Heinrich Heine ist von einer grünenden Immortalität, und doch dichtete er die unmoralischsten Sachen, aber sein Schicksal stempelte ihn zum Unvergeßlichen. Ich liebte einst eine Frau, die sowohl ein uneheliches Kind als eine Menge von Heinebegeisterung aufwies. Ich hatte sozusagen bei dieser Frau einen Stein im Brett. Und nun schrieb da jemand, der sich auch schon darüber äußerte, wie man Bücher behandeln solle, über das himmlische italienische Lachen einen umfangreichen Aufsatz, der aber seinerseits nichts Lachendes an sich hatte. Gelegentlich einer Zusammenkunft in den Räumlichkeiten der Berliner Sezession sagte mir einst Walter Rathenau, der »Peter Camenzind« von Hesse habe es ihm angetan. Ich wieder teilte einem Mädchen mit, Hesse habe sich mit einer Serviertochter vermählt. Die Empfängerin dieser Benachrichtigung war so liebenswürdig, sie für wahr zu halten. Man kann mit zwanglos aufgetischten Lügen vollen Glauben einheimsen. Man kann für einen Lügner gehalten werden, dort, wo man aufrichtig ist, und man kann als artig gelten, dort, wo man sich Dreistigkeiten herausnahm. Tolstoi zog aus ethischem Fieberzustand heraus gegen Shakespeare zu Feld, um hernach aus Gram über diese Freveltat umzukommen, was natürlich anekdotisch gesprochen ist. Vor einigen Tagen hörte ich einen Drehorgelmann spielen und einen Humoristen einen Vortrag abhalten. Der erste stand in der Landschaft; der zweite saß am Lesepult vor einem gewählten Publikum. Aber dieser las ebenso gut für Geld, wie jener orgelte, nur mit dem Unterschied, daß dem Orgler die Belohnung in den dargehaltenen Hut gelegt wurde, indes man das Vortragseintrittsgeld an der Kasse zahlte. Sodann sah ich einen Stuhl vor Freude darüber glänzen, daß er einem Fräulein als Sitzgelegenheit hatte dienen dürfen. Semmeln lagen unsäglich ruhig auf schimmernd-weißen Tellern. Dann befand ich mich in einer Kirche, worin Haydns »Vier Jahreszeiten« aufgeführt wurden. Zwei Lehrer waren dabei, die sich auf die geschulteste, also ausgesuchteste Art aus dem Weg zu gehen pflegten, da sie sich nicht ausstehen mochten. Eine Sängerin sang fast zum Krankwerden schön, aber man gesundete in dieser Krankheit, und nun sprach mir wieder jemand von einem unglücklichen, jungen Dichter, dessen Unglücklichsein darin bestand, daß zwischen seinem Lebenwollen und Figurierenwollen eine Unüberbrücktheit klaffte. Ich antwortete dem Überbringer dieser Sensation, daß innere Uneinigkeit bei Kulturbeflissenen von jeher an der Tagesordnung gewesen sei. Einmal wurde ein sehr liebes, gutes, feines, vornehmes, in mancher Hinsicht verzwicktes, widerspenstiges, sonst aber an sich bedeutendes Buch von einem Mädchen in die Hand genommen. Im mädchenwarmen Händchen zerfloß das literarische Produkt wie Schnee, wenn's April wird. Auch ich gehöre zu denen, die schon Anatole France lasen. Mit der Bitte, vorliegendes Geschriebenes nicht zentnerschwer, nein, eher schwanenflaumleicht zu nehmen, gebe ich mir die Erlaubnis, mich zu empfehlen, obschon ich wohl bald wieder komme.

(1926)

DER LESER

Er nahm vor einiger Zeit von Thomas Manns »Buddenbrooks« sorgfältig Kenntnis und wußte nun nicht recht, ob es ihm angenehm sei oder nicht, daß er sich genötigt sah, sich glauben zu machen, dieses Buch, das natürlich von hervorragender Kunstfertigkeit sei, mache als Ganzes nicht einen durchaus erfreulichen Eindruck auf ihn, beunruhige ihn sozusagen als Gesamtes ein bißchen, er müsse wünschen, es gefiele ihm denn doch noch viel besser, obgleich es ihm freilich Achtung in Menge entlocke. Der Leser durfte sich sagen, daß ihn beispielsweise Schillers »Räuber«, als wenn sie eine wunderbar erdichtete Geschichte seien, ganz einfach entzückten. Er las lange Zeit mehr kein willkommeneres, unterhaltenderes Buch, und mit einmal erinnerte er sich dann, daß er die Art, wie Theodor Körner seine Dichtungen, falls man so sagen darf, flüssigzumachen verstand, elegant fand. Einst lag ihm Heinrich von Kleist gewissermaßen überaus nah, bis ihn irgendeine Stimme an andere Autoren mahnte, wie etwa an keinen erfolgloseren als Rudolf Herzog, dem jedenfalls Zeilen gelungen waren, die ihn interessierten, die diesen Verfasser aufs wärmste an sich selbst zu glauben angetrieben zu haben schienen. Ich charakterisiere den Leser mit den Worten: er sah sich nicht vom Vorurteil durchdrungen, nur Beifallsarme seien an schönerem Können reich, und er meinte, es sei für ihn ersprießlich, J. P. Jacobsen, wie irgendwelcher Laune gehorchend, aus dem

Büchergestell hervorzuziehen, den er sich das Vergnügen gönnen durfte, als sehr feinen Schriftsteller anzuerkennen. Eine Eigentümlichkeit des Genannten lag gewiß in seiner Fähigkeit, zu etwas wie Bravourarien zu gelangen, womit ich sagen will, Seiten zu schreiben, die als etwas besonders Prächtiges eine Extrawirkung auszuüben imstande sind. Ein Band Jeremias Gotthelfs wollte ihm mit beinahe nur zu üppiger Fruchtbarkeit beladen vorkommen, derart, daß er nicht zu unternehmen gewagt hätte, ihn von Anfang an bis zum Schluß durchzulesen. Vielmehr zog er vor, bloß darin zu blättern, sich mit teilweisem Genuß zu begnügen. Die Lektüre des Gottfried Kellerschen »Martin Salander« ließ ihn in denkbar guter Stimmung, was ihm ein Beweis zu sein schien, er habe etwas in seiner Art Vortreffliches studiert oder aufmerksam beachtet. Indem er sich der Meinung zu sein erlaubte, Leser seien eher leise als laut, eher unscheinbar als imponierend, und das Lesen ähnele vielleicht stets sowohl einer Bemühung als einem Zeitvertreib, sei bisweilen anstrengend, mitunter jedoch geradezu irgendwie erlösend, hatte er sich Gelegenheit gegeben, gewisse Lesestücke vorzunehmen, in eine Reihenfolge oder Auswahl bemerkenswerter Prosastücke hineinzublicken, die Hugo von Hofmannsthal verdankenswertermaßen zusammengestellt hat. Balzacs »Peau de Chagrin« schien ihm zu gestatten, sich in einen Musiksaal versetzt zu wähnen. Der große Romancier bezauberte ihn auch hier, wie schon so oft, wieder. Gesammelte nachgelassene Schriften von dem und dem Vertreter ausgezeichneten dichterischen Könnens machten ihn fröhlicher, als er es sich vorgestellt haben mochte. Gobineaus »Renaissance« glitt ihm, als habe dies so sein sollen, in die Hand, die sich gleichsam über den Fund freute, was zu bequem und unmittelbar gesprochen sein dürfte; doch man drückt sich auf irgendeine Art aus, und man vermutet, man brauche sich nicht zu scheuen, kleinere Mängel an sich und andern gutmütig zu billigen. Er las bald in einem engen, traulichen Stübchen, bald in einem stattlichen, nichtsdestoweniger wohnlichen Gemach und schrieb sich vor, jeweilen die gelesenen Inhalte, von denen er sich hatte beleben lassen dürfen, hübsch wieder zu vergessen, was jedoch, genau genommen, auf dem Weg der Natürlichkeit vor sich ging. Ist nicht auch das Leben ein Buch, das man zu der und der Zeit las, worin man sich stets von neuem mit mehr oder weniger Teilnahme zu lesen bewogen sieht? Beides, Lesen und Leben, können nützlich und schädlich sein. Etwas webt, geht und lebt ganz für sich weiter und weiter: die Zeit.

(1928/29)

VI. HIER WIRD SORGSAM ÜBERSETZT

STENDHAL
(HENRI BEYLE)
(1783-1842)

ÜBER EINE ART VON DUELL

Vielleicht fange ich dieses »Duell« sehr sonderbar an; mit wieder so einer Erinnerung aus dem Vaterhaus, wo meine Schwester und ihre Freundinnen eine Art Lesezirkel bildeten, bei dem ein Lehrer den geistigen Führer spielte. Da wurde z. B. Adolf Wilbrandt gelesen. Heinrich von Kleist war ums Jahr 1890 eine respektierte Unbekanntheit.

Doch nun vorsichtig zum »Duell«.

Dieses Duell kommt ja nun zum Glück bloß in einem Buch vor, das freilich eines der bedeutendsten Bücher ist. Ich las es ehemals in Biel, einer Stadt, die an einem sehr hübschen See liegt, der sich vorzüglich zu Ferienzwecken eignet. Ferner las ich das Buch auch schon in Solothurn, wo vor nicht langer Zeit Thomas Mann einen Vortrag abhielt, und ich las es auch in Zürich, einer Gemeinde, über die ein preußischer Vorkriegsoberst gesagt haben könnte: »Ach ja, in diesem Zürich blüht ein ganz harmloser Liberalismus. Dort kommen die Europäer zur Welt.« Und ich las das Buch auch schon in Berlin, wo ich sechs Romane schrieb, von denen ich für nötig hielt, drei zu zerreißen, wo mich Straßen wie die Leipziger bezauberten mit dem Gebäude des Warenhauses Wertheim, und wo mir eines Tages meine Aufwartefrau, die meine Manuskripte durchstöberte, gestand, ich schriebe sehr fein. Das

Buch heißt »Le Rouge et le Noir« von Stendhal, der in seiner Jugend napoleonischer Offizier war und dem es später dadurch, daß es ihm ein wenig schlecht ging, verhältnismäßig gut ging.

Und nun sage ich da vielleicht etwas Unerwartetes, nämlich, daß mir Toledo als der Geburtsort des europäischen Romanes vorkommt, indem daselbst Miguel Cervantes zeitweilig wohnte, der den Don Quichotte schrieb, der noch immer der beste Roman Europas blieb. Königinnen, Pagen, große Herren, Soldaten lasen das Buch. Goethe und Schiller und alle Romantiker studierten es mit Andacht, und dieser Julien Sorel in »Rouge et Noir« hat natürlich etwas von Don Quichotte an sich, wie auch Walt in den »Flegeljahren« von Jean Paul und ebenso der »Idiot« Dostojewskis.

Unternimmt man eine Reise von Toledo nach Pontarlier, wandert man von da nach Bayreuth, und beendet man die literarische Wanderschaft in Petrograd, so ist man zweifellos den Spuren der großen Romane und Romandichter nachgegangen. Man wird sich erinnern, wie Fürst Myschkin im Salon der Generalin Epantschin infolge einer ungeschickten Bewegung eine japanische Vase umwirft. Eine ganz ähnliche Vasenumwerferei findet auch in »Rouge et Noir« statt, nur statt in Petersburg zu Paris im Hotel de la Mole, und statt des »Idioten« ist hier Julien Sorel der Sünder, womit ich doch wohl einwandfrei feststelle, daß Dostojewski den Stendhalschen Roman gekannt hat, daß sich da der Russe sozusagen an den Franzosen »anlas«, was ich ihm natürlich keineswegs etwa zum Vorwurf mache. Und was ist denn der »Idiot« anderes als ein Bruder zum Don Quichotte? Auch der Idiot begeht ja in einem fort ideale Dummheiten, auch ihn schmücken Fehler schöner Art, und was die Fallsucht oder Epilepsie betrifft, woran der Idiot leidet, so kniet dafür

Don Quichotte mit Vorliebe vor Bauernmägden nieder, die er für Herrinnen hält, was man ja auch als Fallsucht anschauen kann.

Und nun zu unserem Duell, ich meine, zu dem interessanten Kampf zwischen dem Sekretär des Hauses de la Mole und der Tochter desselben, Mathilde. Mit diesem Kampf hat übrigens, wie ich hervorheben möchte, das Renkontre des Dieners Jean mit Komtesse Julie in Strindbergs »Fräulein Julie« eine nicht zu übersehende Ähnlichkeit. Auch Strindberg muß dem Stendhalroman »begegnet sein«. Es war ja da die Zeit um Nietzsche, der sich in den Geist Stendhals förmlich verliebte, was er ungezwungen zugibt. Auch Dostojewski las ja sehr viel, u. a. Shakespeare. Man vergleiche doch die Gestalt Walt mit der Gestalt Fürst Myschkin, diesem »Kind«, und es scheint sich zu erweisen, daß die »Flegeljahre« dem Verfasser des «Idioten« bekannt waren.

Wie war ich ganz Anteilnahme, als ich in »Rouge et Noir« zu diesem »Duell« kam. Julien war in der Provinz Erzieher zweier bis dreier vornehmer Kinder gewesen und hatte es verstanden, der Mutter dieser Kinder, einer Madame de Rênal, eine Art, man kann sagen, hohe Liebe einzuflößen. Eines Nachts erklärte er ihr, er reise nach Paris, zunächst kam er aber nur ins Seminar von Besançon, wo er sich derart auszeichnete, daß ihn sein Lehrer nach Frankreichs Hauptstadt sandte, wo ihm in der Tochter des Marquis das stolzeste Mädchen entgegentrat. Da Julien von Natur ebenfalls an Stolz »litt«, so fehlte es nicht, daß sie sich gegenseitig Eindruck machten.

Seine Rivalen bestehen in einer Gruppe eleganter junger Herren. »*Ces jeunes gens à moustaches*« werden sie von Stendhal spöttisch betitelt, gewiß, wie mir scheint, etwas jäh, womöglich sogar ein wenig gehässig, jedenfalls zu empfindsam.

Also weil sich Julien im Hause ihres Vaters stolz benahm, achtete ihn Mathilde. Sie achtete ihn auch schon nur darum, weil ihn ihre Mutter geringschätzte. Sie fing ihn an zu lieben aus Trotz gegenüber den Gepflogenheiten ihrer Umgebung, und nun lud sie ihn brieflich zu einem Besuch in ihrem Schlafgemach ein. Es kam zu Vertraulichkeiten, doch tags darauf war sie für ihn unnahbar. Sie fand, sie habe dem Angestellten ihres Herrn Papas zu viel Freiheit erlaubt, daher zeigte sie ihm alle Verachtung, deren sie fähig war, und sie war hierin Virtuosin.

Julien war jetzt in vollem Umfang des Wortes ein unglücklich Liebender. Er reiste als solcher nach Straßburg, wo er die Bekanntschaft eines Dandys machte, der ihm auseinandersetzte, wie er sich Mathilden gegenüber zu benehmen habe, damit er sie wieder gewinne. Die Ratschläge erwiesen sich als ausgezeichnet; sie bestanden darin, daß sich Julien ergebungsvoll, salbungsvoll zu geben habe. Das tat er. Er führte sich vor Mathildes Augen wie einer auf, der auf sich verzichtet und hübsch fromm auf alle Erfordernisse, die der Tag an ihn stellte, einging. Mathilde schaute ihn, man kann sagen, mit offenem Mund an. Sie erkannte ihn nicht wieder. Er war ein ganz, ganz anderer. An diesem Julien war gar nichts mehr auszusetzen. Madame de la Mole rühmte ihn laut. Das war zu viel für die aristokratische Rebellin, als welche sie sich vorkam. Sie bereitete ihm in der väterlichen Bibliothek eine Szene, indem sie ihn einfach »anschrie«. Nachdem sie ihm gesagt hatte, er solle sich schämen, »so zu lügen«, sank sie gleichsam entmathildet in einen Sessel, der so weich war, daß sie sich nicht weh tat, aber die Seele tat ihr um so mehr weh. Sie war erschüttert.

»Liebst du mich denn wirklich nicht, und bist du kein stolzer und großer Charakter mehr?« Solches und anderes floß ihr über die bebende Lippe. Diesem Mädchen tat unsäglich weh, daß sich Julien in einen Weltmann verwandelt hatte. Seine Untadelhaftigkeit durchschnitt ihr das Herz. Zum Umhalsen schön sah sie in ihrem Schmerz aus. Im Geist kniete Julien vor ihr nieder, aber in Wirklichkeit unterließ er das, indem er an die Ratschläge seines Freundes dachte, die ihn ermahnten, ungerührt zu bleiben. Sein ganzes Wesen zitterte vor dieser vornehmen, lieben Zitternden. Seine Zähne klapperten. Nie gab es einen entschlosseneren jungen Mann. Wie sie forschend zu ihm aufschaute, und wie er sie jetzt kalt, geschäftsmäßig fragte, ob sie ihm Garantien geben könnte, daß sie nicht mehr in die Geringschätzung zurückfalle! Sie erfaßte seine Sekretärshand und bat ihn um Verzeihung. Vielleicht ist diese Liebesszene die bedeutendste, die ich je las. Hier erhebt sich Stendhal zu unheimlicher Intelligenz. Daß er aber seinen Freund Rousseau herabsetzt, finde ich mindestens unhöflich. Warum gerade bedeutende, aufgeweckte Leute oft so uneinig untereinander sind? Sie ergab sich ihm dann. Sie heirateten. Der Marquis ließ ihn zum Offizier befördern. Julien schwelgte. In seiner Emporgekommenheit vergaß er sich. Er befand sich in befriedigten Ehrgeizes Umnebelung und beging nun eine Dummheit, und die letzten fünfzig Seiten des Buches muten unangenehm an. Jene Liebesratschläge und ihre Folgen sind gleichsam im Gebirgszug dieses Buches der höchste Punkt. Schade, daß es dann bergab geht, aber es liegt etwas Wellenhaftes hierin, also wieder etwas Schönes, aber warum geht denn die Welle nicht wieder in die Höhe? Aber ein Romanheld muß danach tun, daß es in des Katastrophen erwartenden Lesers Brust zum bedauernden Ach! kommt. Im Leben liegen mehr Möglichkeiten als im Roman. Ein Roman sucht seinen Abschluß, wo des Lebens Nimmermüdigkeit sich weitertummelt.

Die Romane, die wir erleben, werden zu Abschnitten,

aber wie schön ist's für einen Menschen, der einen Roman
erlebt hat, dann einen zu lesen.

(1925)

[ÜBER STENDHAL, PUSCHKIN UND FLAUBERT]

»Mikrogramm«-Entwurf

Zärtlich oder wenigstens freudig stimmt mich [die] Erwartung, Sie mit diesen paar Anmerkungen wie mit einer spannenden Geschichte, vielleicht einer Art Märchen bedienen zu können, gnädiges Fräulein. Gnade ist ja etwas so geschichtlich Altes und eigentlich unter den Menschen immer wieder blühend jung. Dürfte mir diese Ausdrucksweise nicht beinah mir einzubilden Anlaß geben, ich wäre ein Lehrer? Mein erklärter Lieblingsschriftsteller ist Stendhal, den auch Sie schon lasen, in dessen vortrefflichem Buch »Rouge et Noir«, das vielleicht ein Roman ist, wie es weit und breit keinen so unterhalt[end] geschriebenen gibt, mir neulich beim aufmerksamen Lesen ein Satz auffiel, den ich in den gesammelten Werken Puschkins, und zwar in der interessanten Novelle »Der Mohr Peters des Großen«, kennengelernt zu haben meine. Julien Sorel, der Held des Stendhalschen Buches, liebte, weil ihm das so paßte, die vornehme Welt, und bei Puschkin besorgte dies Ibrahim der Neger. Der junge Sorel so **sehr** als der Abkömmling aus den Sanden Afrikas werden ja von einer ausnehmend schönen Frau geliebt und lieben sie selbstverständlich ihrerseits wieder und begehren, den Weg in ein großes Haus zu finden, wo sie mit der Tochter Bekanntschaft machen. Da Puschkin sein junges geniales Leben in einem Duell aushauchte, wird angenommen werden dürfen, Stendhal habe von dieser sensationellen Affäre gehört und habe gelegentlich zu des ersteren Novellen gegriffen, wobei ihm die rührende und zugleich kraftvolle Negergestalt liebgeworden sei, mit der dann sein Julien auf den seltsamen Wegen des unwillkürlichen Beeinflußtwordenseins eine gewisse Ähnlichkeit gewann. Der Novellist übermittelte also dem Romancier einen bestimmten Eindruck. Nahmen sie nunmehr auch bereits Kenntnis von der »Sentimentalen Erziehung« von Flaubert? Dieses Buch ist ebenso berühmt wie großartig, es dokumentiert sich darin eine geradezu unerhörte naturalistische Genauigkeit. Dem peinlichen Naturalisten Flaubert mußte der in gewisser Hinsicht unbekümmerte, starktönige Romantiker Stendhal beinah verhaßt gewesen sein, eine Empfindung, die den Späterdichtenden nicht hinderte, von demjenigen, der vor ihm schrieb und liebte, gewissermaßen eine Frauengestalt bis zu einer ihm passend erscheinenden Grenze zu entlehnen. Aus der Stendhalschen Madame de Rênal, der Geliebten Juliens, scheint sich in der Tat, falls man das so sagen darf, die Flaubertsche Madame Arnoux entwickelt zu haben, deren junger Freund den Namen Frédéric trägt. Ich versichere Ihnen, daß mein Brief nur kurz sein wird, denn es sind nur wenig Worte nötig, damit mein literarischer Fund vollauf bekräftigt sei. In »Rouge et Noir« wird Madame de Rênals Kind krank, und sie beginnt sich deswegen vor der Neigung zu ihrem Freund zu fürchten, da sie religiös ist, ebenso sieht man in der »Education« Madame Arnoux' Kind frühzeitig beinah umkommen, und [da]nach wird gegenüber dem Liebhaber eine Geste gemacht, die zu verstehen gibt: »Meide mich von nun an!« Autoren lesen eben einander mitunter äußerst lebhaft, wobei sich Übertragungen [...] märchenhafter Art ergeben können. Stendhal war bestrebt, etwas Zeitgemäßeres zu schreiben als Puschkin, während wiederum Flaubert im Sinn gehabt zu haben scheint, zeitgemäßer zu sein wie Stendhal, denn immer sind ja Nachkommen bestrebt, auf Vorfahren fußend, Besseres hervorzubringen, als es denen möglich war, von denen sie gleichsam abstammen. Ich z. B. ahmte mich anläßlich der Niederschrift meiner »Geschwister Tanner« selber insofern nach, als mich eine Stimme eine Liebesgeschichte, die eine flüchtige Phantasie ist, als Vorbild vorkommen [lassen] hieß. Ist Ihnen bekannt, daß ich mich zeitweilig auf einem Schloß aufhielt, wo ein Neger als Page figurierte? Indem ich wünsche, Sie faßten, glaubten dies kaum, gestatte ich mir zu erkären, ich sei der Ansicht, was man schätzt, werfe irgendwelchen Ertrag ab, und wer sich bedienen läßt, diene dadurch wieder zu irgendeinem Zeitpunkt irgendeinem anderen Menschen. Mir kam eine Besprechung vors Gesicht, die mich einen Wanderburschen nennt, aber ich lebte schon in schatullenhaften Räumen, und das Wandern übte ich als eine Art Mittel gegen die Übermacht des Tiefsinns freilich von Zeit zu Zeit gern aus, womit ich Ihnen erzählt zu haben meine, was weder für mich noch für Sie unliebsame Folgen haben kann und das ich Ihnen aufzutischen versuchte, als geschehe es mündlich.

(1927)

[ÜBER EINE NOVELLE VON STENDHAL]

»Mikrogramm«-Entwurf

Ein Etwas richtet sich bolzengerade in mir auf, und ich lasse mich gleichzeitig zur geneigten Leserschaft höflich herab und klinge an und teile gehorsamst mit, daß ich mich erstens hochschätze, zweitens von anderen hochgeschätzt zu sein wünsche, daß drittens dieser Wunsch durchaus seriös gemeint ist und daß ich viertens mit hochimposanter Miene wieder etwas Angeeignetes oder Angelesenes vornehme und vortrage, nämlich eine Räubergeschichte, **deren** unerhört ernsthaft dreinschauender, sorgenvoll vor sich herblickender Held Edelreich hieß, obschon ihn einige auch, wie mir zu Ohren kam, mit Edumir, dem Namen Edumir schmückten. Ich kann nur wiederholen, daß ich mir in diesem Moment so wichtig vorkomme, daß ich zukünftig davon absehen werde, Kollegen usw. bei Begegnungen zu filzen und grüßen. Damen aus dem Kreise meiner Bekanntschaft gucke ich aus Höflichkeit überhaupt nicht mehr an, denn ich halte die hutabziehende Höflichkeit für etwas Tiefaufdringliches. Es ist unverschämt, artig zu sein, denn es ist etwas ganz Gewöhnliches, und als solches soll man es unterlassen. Wer kommt da mit Sack und Pack dahergeschritten wie ein antiker Hauptmann? Bin ich das? In der Tat, es scheint so, und diese Zeilen dröhnen in den Ohren derjenigen, die sie sich zu Gemüte ziehen, von Fabelhaftigkeit und novellistischer Objektivität und auch von edelreichlichem Heroismus und renaissancelichem Ungestüm, indem ich allerdings sogleich hinzusetze, daß dieser Edumir gern vor den Schaufenstern der Konfiserien stillstand und angesichts der daselbst ausgelegten Süßigkeiten in weltgeschichtlichtiefsinnige Betrachtung versank. Edumir besaß in seinem Vater einen wackeren Berater, der in den Reben von Albano in der römischen Campagna ein zurückgezogenes und hartköpfiges Leben führte und seinem Sohn immer wieder vor die Augen und vor den aufkeimenden Verstand führte, wie schön im menschlichen Leben dies Maß von Würde und Gesetztheit sei, das uns an unseren Mitbürgern wohltuend auffällt und sogleich auch einleuchtet. Ripunzio oder Risolaio, oder wie es ihm sonst behagt haben mag, sich zu nennen, wir meinen unseren Crèmeschnitten-

Betrachter, merkte sich, was der Bebartete und Bejahrte ihm sagte, dennoch war er ungezogen genug, sich in Fräulein Misel zu verlieben, die ja vielleicht auch anders geheißen haben mag, auf was wir im Verlauf, falls daraus die nötigen Sternen-Einfälle am nächtlichen Himmel unserer allzeit gesunden Vernunft aufgehen, noch zu sprechen kommen werden. Julia klingt nach Romeo und Julia. Wir müssen uns da rechtzeitig auf Neuheiten besinnen und sind auch diesbezüglich ständig beflissen. Eusebio, welch ein wundervoller Name, der aber bereits durch Calderon, den tapferen Dramatiker, wesentlich zu berühmt ist. Niedlich liegt Twann am Bielersee, aber in welcher sattsam erwähnten unromanhaften Gegend verlieren wir uns da? Ich bin zerstreut und muß und will aufpassen, beim Geschichtenerzählen darf man nicht ausschließlich spaßen. Das junge unschuldige Fräulein Sinnreich schaute zum Fenster des Palastes ihrer Eltern in die frohe, bläulich angehauchte, schwälbchenumschwirrte Welt hinaus. Unfern lag da ja auch das Gestade des mittelländischen Meeres, das von Dampfschiffen durchkreuzt wurde, welche alle samt und sonders einer Schiffahrtsgesellschaft angehörten. O, wie der Starkarmige die Zartarmige liebte, und wieder diese nicht umhin zu können schien, all die hohe und ideale Liebe gehörig zu erwidern, indem sie auf Fischruten gefestigte Veilchensträußchen in Empfang nahm und sich die holden Düfte, die denselben entströmten, schmecken ließ. Warum drücken wir uns so prosaisch aus, statt in höchstem Grad poetisch? Ich will es bekennen, Geständnisse ablegen ist ja so schön, so angenehm. Also hört, es ist so: Weil die Geschichte eine angelesene ist, muß ich sie mit Witz zu würzen, mit Lachhaftigkeit zu verschönern suchen. In Edelreichs Tagebüchern finden sich Sätze wie: »Ich bin ganz tropfnaß von subtilsten Erkenntnissen, aber eine Erkenntnis leitet nur immer wieder schimmernd in eine neue. Wir sind alle an Nötigung, uns zu gestehen, daß wir nie klug genug sein können, unermeßlich reich. Zwei Freundinnen zugleich zu befriedigen, d.h. sich zu erhalten zu suchen, bietet Abwechslung und stellt eine Aufgabe dar, die mir voll Liebreiz zu sein scheint.« Eines Abends wurde er vom Vater seiner Gebieterin mit den Worten angerempelt: »Ich weiß, wen du suchst, du Inhaber vieler nutzloser Eigenschaften und Darsteller einer formwollenden Unförmigkeit, aber du wirst eines Tages für gescheit finden, gescheit zu sein, und es wird dir nicht als töricht erscheinen, von deinen massenhaften Torheiten zu abstrahieren. Du kleidest dich, daß es eine Freude ist, dich mit den Augen von oben bis unten zu messen. Wenn ich dich wäre, änderte ich mich.« »Ich ärgere dich«, versetzte Edelreich mit stolzer Stirn, »du gehörst aber meiner Meinung nach mit deinen Meinungen in überwundene Zeiten. Merke dir, du bolzengrad aufgerichteter Vater, der du in die abgetanste Moral hineinreitest wie Kavallerie gegen einen tückischen Schützengraben, daß ich mich nicht auf Einseitigkeiten eingestellt habe. Ich liebe deine holde hohe und göttliche Tochter und liebe vieles andere, wenn's dir beliebt, auch noch. Ich bin nicht verbohrt, lebe wohl.« Und mit grandioser Geste, die Hände in den Hosentaschen, mit einem Glockenspiel leiser Verachtung um die geistsprühenden und von verhaltenem Spott klingenden Lippen entfernte er sich im mitternächtlichen Dunkel der schönsten, wenn auch jetzt unsichtbaren Landschaft und ging direkt nach Rom, wo er um vier Uhr früh eintraf, bummelte träumerisch in den Straßen herum, bis es Zeit war, wo die Geschäfte und Läden geöffnet wurden, und kaufte sich mit Stendhals Erlaubnis, an den wir uns hier bequem anlehnen, einen ihn herrisch umschlotternden, umschwenkenden, vielfaltigen, galanten Anzug, womit ausgerüstet er neuerdings da und da seine Aufwartung zu machen gedachte. Wir übermarschieren einen allzu unzarten Gefechtsvorfall in den Wäldern, wo sie sich bis zur Unkenntlichkeit kläpften und prügelten, und stecken einstweilen, als ob wir hiezu befugt wären, Fräulein Vergißmeinnicht ins Kloster, damit sie sich zur Äbtissin ausbilde, zu welcher hohen Stellung sie es auch mit den Tagen, Wochen, Monaten und Jahren, nach Überstehung zahlreicher Zwischenfälle brachte. O, wie interessant, wie spannend ist das Liebesleben speziell von Nonnen! Man lese das nach, ich habe es gelesen und schweige davon. Gerade die Angelesenheit ist es ja, die uns am Reden hindert. Es sind da vielfache Hemmnisse, die man beklagt, zu denen man sich aber anderseits eben wegen des Interessant-Hemmenden wieder beglückwünscht, und so fahre ich denn fort und bin voll Eigenart und Eigentümlichkeit trotz der Zerlesenheit meines literarisierenden Charakters, womit ich triumphiere, da er durchlöchert ist von Selbsterlebtem. Fräulein Hochgestellt wartete, und er kam nicht. Es schien, daß er auf fremde Ratschläge horche, allerhand Einflüssen unterliege. Stendhal nennt einen gewissen Fürsten Colonna, den wir darum, daß wir uns an ihn anlasen, hochachtungsvoll umgehen. O, das schöne, arme Fräulein, wie sie nicht einmal von Kellern etwas wußte, wo ein Signor Stürmi sich am Münchner Bier gütlich tat, ohne auch nur eine Minute an die zu denken, die ihn für so anständig hielt, daß sie sich es zur Pflicht machte, ihn zu vergessen, was ihr aber nie gelang, weil sie ihn unsäglich liebte, da sie ihn nach wie vor für in ihre Einzigkeit verliebt hielt. Höchst tragisch, was sich da zutrug, und nun kommt ja auch eine diplomatische Mama noch in Frage, auch so ein Angelesenheitsgegenstand, mithin hinfällig. In Flandern soll er's mit den Spaniern gehalten haben, und die ganze Zeit über wußte niemand, ob er tot sei oder lebendig. Die einen hielt[en] ihn für tot aus lauter Lebhaftigkeit, die anderen übrigens für lebenslustig aus lauter Töte und Abgelebtheit. Sein Wesensbild schwankte gleich einem Kahn auf aufgeworfenem Wasser. »Ich lebe noch und bin dir gewogen, nur daß ich vielleicht etwas englisch, d.h. geschäftsmäßig und lakonisch veranlagt bin«, schrieb er ihr aus einer Ruine, die unter grasgrünstem Grün und unter verborgenster Verborgenheit verborgen war, zu welcher Ausdrucksweise ich meinerseits aufs munterste ja sage, was auch Sprachkenner und -verkenner immer dazu sagen mögen, »und ich sage dir, daß du mich lachen machst und daß du mir darum wert bist und daß ich mir mitunter aus diesem ganz besonderen Grund sonderbar vorkomme. Eine Frau, die mit Blumen handelt, nennt dich lieb, aber ich nenne dich boshaft. Du bist von edelweißhafter Boshaftigkeit, ich wollte dich am Rand von ins Schauerliche niedersteigenden Schlünden pflücken, ein Schwindel ergriff mich und machte mich auf deine Allerliebstheit und Allerheiligkeit aufmerksam, und da bin [ich] zunächst vom Anbeten zurückgegangen und einsiedlere nun hier trefflich, indem ich mir die nötige Portion Überlegenheit anzueignen versuche, die mir einem so angesehenen äbtisslichen Wesen gegenüber, wie du wurdest, unerläßlich scheint. Aus Vorsicht spiele ich den Linkischen, Bescheidenen und auch den Überwundenen, wobei ich gewaltig sich geltend machende Lustigkeit verbeißen muß, was wie Genuß von gutem Wein wirkt. Ich könnte sagen, mein Sehnen nach dir zerbreche mich, aber ich will dich nicht umnebeln. Übrigens mache [ich] mir den Vorwurf, dich durch meine Anhänglichkeit verdorben zu haben. Diesen großen Fehler will [ich] mir erlauben, mir zur Last zu legen. Ich bedaure tief, mich dir gegenüber nicht besser verstellt zu haben. Ich hätte dich nie meine Verehrung merken lassen sollen, eher sollte ich dich verdonnern, daß du vor der Gediegenheit alles dessen zusammensänkest, was ich so freundlich gewesen bin, für dich zu fühlen. Erzhexe! Keine Erwiderung! Verstumme und staune und denke, wenn es dir gefällig ist, über allerlei nach. Freilich beleidigte ich dich einmal, aber man läßt ungekränkt, was einen nichts angeht. Du Seelenräuberin, Piratin und gleichzeitig zitterndes Zartes, wisse, daß ich dich eher dreißig Mal noch beleidigen will, als mich nicht freimütig vor Dir zu zeigen! Meinst du, man durchstreift umsonst die Dickichte von Forli, wo es von so viel Gefahren wie Schlangen wimmelt? Eine Zeitlang nannte ich mich Betrügerio, aber das geschah nur aus Eitelkeit. Ich war manchmal etwas ruhmsüchtig. Sind wir nicht zwei Lämmer, ich und du, schmerzverzerrtem Verderben entstiegen? Deine Mutter ist meinetwegen neidisch auf dich. Im übrigen wirst du diesen Brief nie erhalten. Besagte unterschlägt ihn so bestimmt, als zwei mal zwei vier sind, das sagt Stendhal. Ich las es und lege mein Haupt auf dies Kissen der allesabwägenden Vorsehung. Sie hat mit dem Kardinal konferiert, auch das las ich mit einer Gemütlichkeit, über die ich mich wundere, da sich's um mein Liebstes handelt, aber ich laufe umher, als hätte ich dich nie gesehen und nie einen Blick von dir zu erhaschen gesucht, was doch so oft geschah. Sähest du mich, du erschrecktest über meine Ruhe. Ich bin ganz Diensteifer und du stehst weit, weit hinten, umwittert, umsäuselt von Belanglosigkeitwinden, ein Pünktchen am fernen Horizont. Würde mir heute einer vorzuhalten wagen, ich hätte vor einer schönen Erscheinung à la Botticelli gezittert, beim Eid, ich erschlüge ihn. Fürst Colonna rühmt mich, ich darf dir das wohl unter's Näschen halten. Du siehst am Stil, daß dieses Geschreibsel nicht angelesen ist, sondern daß es dir mit unwirscher, republikischer Gebärde überreicht wird von [dem], der sich nennt der Deinige. Runzle nur die Stirn, ich laß mich bürsten.« Wie würde sie diese gröblichen Worte gehegt, willkommengeheißen, geküßt haben, aber sie erhielt sie nie. Ein Mädchen will lieber mißhandelt als verschmäht werden. Stutzius oder Abputzius bekam nun endlich Urlaub und eilte gen Rom. Für dieses ›gen‹ verdiente ich einen Keulenhieb, habe aber doch den Mut, es über die Zunge gehen zu lassen, daß es hinaus- und hereinschalle ins weite und verzweigte Land Gebildetanien, das von lauter Bewährten und Gebildeten bewohnt wird, die erst neuerdings gottlob gelernt haben, beim Essen das Messer nicht zum Mund zu führen. Richtige Gebildete sind solche, die an Bildung stets ein bißchen zu wünschen übrig lassen. Das macht den Eindruck der Unschuld. Um alles Wissende sind verdächtig. Wer z. B. schon Blätter von Beardsley in die Hand nahm, bei dem steht's schief. Ein anständiger Mensch hat die Pflicht, sich um allerlei noch nicht bekümmert zu haben. »Du hast also ein Kind bekommen«, sprach er mit erregter Stimme, als er sie sah. Sie schaute ihn angstvoll und herausfordernd an. Er schwieg. Die flandrische Brust flog ihm auf und ab, und die Betretung raubte ihm beinah den Atem. Während die beiden einander in einem Riesenkampf gegenüberstanden, wurden zu Madretsch fröhlich Uhren in Fabriken verfertigt und am Bubenbergplatz ließ sich ein Weltmann nachlässig auf eines der Bänkli nieder, die beim Kiosk der Bequemlichkeit halber durchaus praktisch angebracht sind. Im Italien des sechzehnten Jahrhunderts rauchte man noch nicht Zigaretten, sonst würde sich Eugenio jetzt eine angezündet haben. Passioniert rief er aus: »Ertrag' ich das?« »Man ersucht dich, intelligent zu sein«, erwiderte sie und sank mit dieser Bemerkung ohnmächtig auf einen reichverzierten Sessel. »Sind Sie wahnsinnig?« rief ein Chronist oder Zwischenträger. Die Vermittlung wurde nicht beachtet. Umsonst fiel das Wort: »Behandelt man Damen aus vornehmem Hause so?« Republikiski stand wie einer da, der sich gegen ein andringendes Ungeheuer wehrte. Endlich entrangen sich dem Helden von der Marktgasse die Worte: »Im Hasse zu leben wäre nicht lebenswert, aber wo wäre man so verwegen, sich unter schier unduldsamen Umständen zur Liebe emporzuschwingen, wie ein Vöglein mit einem Schnäblein und gleich einem Knäblein mit einem girrenden Flötenstäblein? Bin ich um nichts und wieder nichts auf Banken tätig gewesen?« »Red' keinen Unsinn! Sei zuallererst ein wenig artig!« warf die inzwischen aus Schwächeanfällen Wiedererwachte auf. Er lachte wild auf, da zog sie ein Messer und machte eine gegen ihren Busen die Spitze wendende Bewegung, er ergriff ihren Arm, wußte nicht, was zu tun, was zu lassen sei, schaute [sie] ein wenig geckenhaft an, nicht in die Augen, nur so obenhin, apachenhaft, sich des Theaters, das er spielte, bewußt bleibend. In London landeten die Schiffe mit Erzeugnissen aus dem märchenhaften Indien, und in Persien lagen auf den Dächern unter entzückend im Winde wedelnden, blättelnden Palmblättern prächtig angezogene Mädchen in schaukelnden Hängematten, die Ankunft des Gebieters erwartend, ewigkeits- und vergänglichkeitsbewußt vor sich hinlächelnd, und im Nordland, bei den Eskimos, jagten im Schlitten und dick mit Pelzen eingehüllt Jäger über den eisigglitzernden Schnee und »du erwärmst nicht, bist erstarrt, neckst mich, zu der du einst emporblicktest in süßem Glühen, mit so bedenklichem Gesichte und liebst mich doch. Knie nieder, Räuber«, sprach sie hier. Nicht wahr, es ist genial, zugleich mit einem Kind und mit so hoheitvoller Redewendung aufzuwarten. Wir sind selbst ganz verdutzt. Ein Glas Bier, womöglich ein großes, wäre uns jetzt lieb in schattigem Gärtchen. Ein Ausflug täte uns auch gut. Ramiro, wirst du weich? Wir möchten ihm zurufen, »besinne dich«, und wagen es nicht. Er schmachtete und wurde im Nu wieder zum gestrengen Abhärter. »Sink' ihr zu Füßen«, möchten wir sagen, wie können wir das aber vor dem Forum vielleicht des allerneusten Geistes verantworten? Wo zielt überhaupt der neue Geist, wenn's ihm beliebt, sich uns anzuvertrauen, hin? Ins Nachgiebige oder Standhafte? »Du hast mich von der ersten Stunde an gequält«, warf sie ihm vor, aber es war, als sei sie in der Gesangsstunde und singe, so traumverloren klang es. »Tritt doch schließlich lieber wieder in ein schmuckes Büro behend ein«, hätten wir Lust, ihm zuzuraunen, dürfen uns aber hier nicht einmischen. Noch immer stund er lautlos. »Ich wäre feige«, murmelte er. Sie sagte: »Was sprichst du?« Er schaute zum Fenster hinaus auf das vor Geschichte blitzende, vor Ruhmwürdigkeit prunkende, schimmernde Rom und dann mit gebändigtem Zorn und niedergedrücktem Leid auf das Mädchen, dem er nicht unterliegen wollte, weil es [von] Anfang an geschehen war. Er fragte sich: »Wenn einer innerlich unterliegt und sich verbietet, das auch zu zeigen, lügt er dann? Nein! Er gehorcht nur seinem Befehl. Er steht sich zu Diensten.« Edumios Hut lag am Boden. Wir kümmern uns hier um Hüte, weil wir nicht aus, nicht ein wissen. Man gibt sich oft aus Verlegenheit mit Unbedeutendem ab, damit das Bedeutsame unentwirrt bleibe. Wohl oder übel nehmen wir mit dem Chaos vorlieb, indem wir unserer Hinundherpendelei gewogen zulächeln. »Du weintest zu gern an meinem Hals«, sagte sie ruhig. Das gab ihm einen furchtbaren Schlag. Sein Herz hüpfte, wie durch die Bezauberung frühjährlicher Wälder Rehe hin- und herspringen. Ich fliehe, ich habe genug, ich halte es bei diesen beiden nicht mehr aus, mögen sie selber sehen, wie ihre Geschichte endet, ich helfe da nicht mehr mit. Ich meine, als Erzähler hab' ich wohl das Recht auf Neutralität, oder nicht? Edelreich wird sich zweifellos edel benehmen. Wo das nun hinausläuft, überlasse ich ihm. Es mag ja im Leben Momente geben, wo Unklugheit zu Klugheit und Klugheit zu Unklugheit wird. Ich habe zum Länggäßler Vertrauen und drücke mich, sage ich. Ich möchte da wirklich, doch still, still!

(1925)

[SONETT ÜBER EINE NOVELLE VON STENDHAL]

»Mikrogramm«-Entwurf

Was stiefelst du auf einmal stolz herum,
rebbergbewachender Bedientensohn?
Was frommt dir solcher hochvornehmer Ton?
Was schaut heraus bei alledem Gebrumm?

Du kriegst den Bürgerlichen niemals rum,
der hat für dich ja weiter nichts als Hohn,
geladen ist die Luxusflinte schon,
paß auf, die schießen dich noch krumm und stumm.

Wo willst du mit der röm'schen Schönheit hin?
Schlag dir sie lieber wacker aus dem Sinn.
dein väterlicher Freund Colonna da,

als er dich so in Liebessorgen sah,
kam deshalb außer Rand und Band beinah,
dein Schatz entwickelt sich zur Buhlerin.

(1925)

AUS STENDHAL

Stendhal erzählt in seinem schönen Buch von der Liebe eine ebenso einfache wie schauervolle und tragische Geschichte, die von einer Gräfin und von einem jungen Pagen handelt, die sich lieben, weil sie ein süßes Gefallen aneinander finden. Der Graf ist eine finstere, schrecknisversprechende Figur. Die Liebesgeschichte spielt in Südfrankreich. Ich stelle mir Südfrankreich reich an mittelalterlichen Burgen, Kastellen und Schlössern vor, und die Luft träumt und lispelt dort von holder, heimlicher, schwermütiger Liebe. Es ist ziemlich lange her, daß ich die Geschichte gelesen habe, die in einem sonderbaren altmodischen naiven Französisch geschrieben ist, welches rauh und lieblich zugleich klingt. Auch die Sitten müssen damals rauh und dennoch schön gewesen sein. Da sehen sie sich also an, die Frau und der Edelknabe, und so gewöhnen sich ihre Augen aneinander. Sie lächeln, wenn sich ihre Blicke begegnen, und doch kennen beide wohl die grausame barbarische Gefahr, in die sie sich begeben, wenn sie glücklich sind im gegenseitigen Wohlgefallen. Der junge Mann singt so schön, da bittet sie ihn, etwas zu singen, und er tut es, er greift zum Instrument, das er mit Grazie zu handhaben weiß, und singt ein Liebeslied dazu, und sie lauscht ihm, sie lauscht seinen Tönen. Ihr Gatte ist ein Liebhaber der Jagd und der wilden Raufereien. Händel und Krieg interessieren ihn mehr als die Lippen der Frau, die der milden wonnigen Mainacht an Schönheit gleicht. So begegnen sich denn eines Tages, zu gegebener Stunde, die Lippen des jungen Edelknechtes und der schönen Frau, und das Ergebnis dieser reizenden Begegnung ist ein langer, heißer, wilder, süßer, herrlicher Kuß, an dessen Wonne die beiden zu sterben wünschen. Das Gesicht der Gräfin ist mit einer heiligen, entsetzlichen Blässe bedeckt, und in ihren großen dunklen Augen flammt und lodert ein verzehrendes Feuer, das mit dem Himmel und mit der Hölle verwandt ist. Doch sie lächelt ein seliges, überglückliches Lächeln, das einer duftenden träumerischen Blüte gleicht. Zu bedenken ist, daß diese Frau, indem sie am Kusse hängt, zum Tode entschlossen ist, da der Graf, ihr Gemahl, ein schrecklicher Mann ist, von dem sie weiß, daß er tötet, wenn er in Zorn gerät. Auf wie hohe Art liebt sie, wenn sie liebt, wo sie weiß, daß die Liebe ihr das Leben kostet, wenn es auskommt, was nicht auskommen soll, was aber so leicht auskommen kann. Auch das Leben des Geliebten hängt an einem Haar, wo er sich dem Vergnügen des Kusses hingibt, woraus notwendig folgt, daß es ein Vergnügen hoher Art ist, das er kostet. Der Liebende und die Liebende sind beide gleich kühn, gleich entschlossen zum Äußersten, aber sie genießen dafür auch das Höchste. Sie erleben den Gipfel des Lebens, da sie spielen mit ihrem Leben, und nur so ist es möglich, den Gipfel zu erreichen. Wo das Leben nie in Gefahr ist, gibt es nie eine Beseligung eben dieses Lebens.

(1912)

CHARLES DICKENS
(1812-1870)

DICKENS

Ich habe ein volles Vierteljahr nichts anderes getan als Dickens gelesen, und jetzt ist es aus mit mir, ich zweifle nicht daran, und ich bin überzeugt, daß ich verloren bin. Zerrissen, zerschmettert und vernichtet bin ich, und den Schriftstellerberuf kann ich jede Minute an den Nagel hängen. Dickens hat mir die bisher so geläufige und scheinbar so gewandte Schreibfeder aus der Hand genommen, und nun bin ich verurteilt, Schuster zu werden, das sehe ich ein. An meinen Ruin glaube ich fest; meinen Untergang vermag ich keine Minute mehr zu bezweifeln. Als ich Dostojewski las, der doch gewiß ein guter, ja sogar verhältnismäßig offenbar sehr großer Dichter ist, fühlte ich mich auf angenehme Art ermuntert, selber anzufangen zu schriftstellern, und wie ich glaube, brachte ich in der Tat, d. h. möglicherweise scheinbar sozusagen ganz artige, nette Sächelchen zustande. Jetzt aber, wo ich den entsetzlichen Dickens gelesen und kennengelernt habe, bin ich arm, trostlos und verlassen, völlig allen frohen Mutes und Selbstbewußtseins beraubt, und ich weiß jetzt, daß ich weder eine Spur von Witz noch auch nur irgendeinen Funken von Begabung besitze. Dickens hat mir die Möglichkeit, mit Schriftstellerei meine Existenz zu fristen, einfach fortgestohlen; es ist daher höchste Zeit für mich, zur Einsicht zu kommen und mir zu sagen, daß ich eine

Schneiderseele bin. Gebt, o gebt mir eine Schere in die Hand, damit ich mir in Zukunft mit Zuschneiden mein ärmliches tägliches Brot verdienen kann, falls ich nicht im Hunger verhungern, im Jammer zugrunde gehen, in der Arbeitslosigkeit zu Schanden werden und in der Verkommenheit umkommen soll. Ich bitte inständig, mich wenigstens beweinen und bedauern zu wollen, denn mein schwaches Talent taugt nachgerade höchstens noch etwa für die schlichten Obliegenheiten, die ein Laternenanzünder zu erfüllen hat. Mußte es tatsächlich so weit mit mir kommen? Weil ich Dickens gelesen habe, der ohne Frage der Häuptling, Major, Oberst und Generalstabschef der Schriftstellerkunst ist, bin ich nun ein elender, trauriger Bettler: »Ach bitte schön, meine Damen und Herren, erweicht euch, laßt euch rühren und habt Erbarmen mit einem geschlagenen, hart bestraften armen Mann.« Wenn ich je in meinem Leben hochmütig oder übermütig gewesen bin, so bin ich jetzt dafür bestraft, das ist mit unzweideutiger Klarheit bewiesen. Wegen Dickens, der fürchterlich und grauenvoll ist, der ein König unter Königen ist, der eines der Wunder der Welt ist, der ein Alleskönner allerersten Ranges ist, für den es nichts gibt, was er nicht kann, komme ich mir völlig entwertet vor, habe ich nicht die bescheidenste Bedeutung mehr, bin ich ein Stümper und kann ich jede Minute Stiefelputzer werden. Grausamer, hartherziger Dickens, du erniedrigst und machst mich zum Knecht, und zwar wahrscheinlich zum Wegknecht, der die Straßen putzt. Dickens, o du Ungeheuer, wegen dir muß und kann ich jede Minute Taglöhner und Lohndiener oder Handlanger und Karrenschieber werden, worüber ich weiter weder stöhnen noch klagen will. Seufzen scheint mir zwecklos und Weinen lächerlich. Alles Zutrauen zu mir selbst ist jählings von mir gewichen, weil ich was getan habe? Nun! ich sagte es ja bereits zu wiederholten Malen: weil ich Dickens gelesen habe. Weil ich Dickens las, der ein Fürst, Lord und Graf ist, wo andere Leute nur arme Schelme und arme Schlucker sind, sehe ich mich auf die unerquicklichste und unerfreulichste Art und Weise in einen Pfannenflicker und Scherenschleifer verwandelt, und ich bin daher begreiflicherweise in hohem oder höchstem Grad bestürzt. Glaube ich etwa noch im geringsten an meine Sendung? I woher! Jammervoll und erbärmlich muß ich verzagen. Doch ich will mäuschenstill sein, kein Wort sagen und das Elend, das ich Dickens zu verdanken habe, möglichst säuberlich und geduldig ertragen. Immerhin: Dickens und kein anderer ist schuld an dem bemitleidenswerten Schicksal, dem ich verfallen zu sein scheine. Seit ich Dickens las, zittere, bebe, schlottere und schwanke ich. Darum, daß ich Dickens zu lesen wagte, bin ich ökonomisch sowohl wie moralisch gebrochen und habe das eigentümliche Vergnügen, empfinden zu dürfen, daß ich zu nichts tauge, was mich natürlich, weil es ungemein fatal ist, wenig oder besser gar nicht freut. Körbe flechten scheint von heute oder von morgen ab meine hauptsächlichste Beschäftigung sein zu müssen, falls ich nicht etwa wesentlich zu ungeschickt für diese Art von Arbeit bin oder falls ich nicht vielleicht vorziehen würde, in das Land der gescheiterten europäischen Existenzen auszuwandern, womit Amerika gemeint ist. Dickens, der ein Gott ist, hat mich mit Fußtritten unter den Tisch gejagt: »Kusch dich! Halt dich hübsch still!« und vom bisherigen angenehmen Plätzchen habe ich mich wegdrücken müssen. Kriechen und wedeln war sonst, meines Wissens, nicht meine Stärke, jetzt aber verstehe ich beide Künste ausgezeichnet. Was lernt man nicht alles! So ist also Kläglichkeit jetzt mein Los. Ein Wurm bin ich und weswegen? Wegen Dickens! Aber ich will ja schließlich um des großen und unsterblichen Dickens willen ganz gern ein Wurm sein, und ich bin trotz allem froh, daß ich ihn gelesen habe, denn nun weiß ich endlich, wer es ist, dessen Werke niemals welken und altern. Nein, gnädige Frau, Dickens veraltet nie, und Sie irren sich, wenn Sie über Dickens herablassend glauben, lächeln zu dürfen. Über einen Dickens lächelt man nicht, und man kann sich über ihn unmöglich erhaben vorkommen. Wer noch nicht Dickens gelesen hat, den kann ich beglückwünschen, denn es stehen ihm unerhörte Genüsse bevor. Die, die Dickens lesen, lernen in Wahrheit eine der schönsten Freuden kennen. Lesen Sie ruhig und voll Vertrauen Dickens, das ist ein Vergnügen, wie es kein zweites gibt. Wer vor nichts staunt, der soll Dickens lesen, dann wird er schon staunen lernen. Während viele andere alte und neue Schriftsteller als mühselige Fußgänger ärmlich dahertraben und froh sind, wenn sie nur langsam und schwerfällig vorwärtskommen, um allgemach ihr bescheidenes Ziel zu erreichen, sitzt Dickens wie ein wahrhaft großer Herr in der Kalesche. Sehen Sie den Glanz? Hören Sie das schmetternde Sausen? Feurige Pferde jagen und galoppieren mit dem herrlich geschmückten Galawagen davon. Welcher beängstigende Schwung, welche überwältigende Pracht! Nein, Dickens veraltet nie! Solange der Amazonenstrom dahinflutet, strömt auch Dickens in seiner Größe dahin, und unauslöschbar ist das Morgenrot seiner Bedeutung. Deshalb erlaube ich mir, Ihnen zu raten: lesen Sie Dickens.

(1917)

EIN DIENER

Nicht daß er im Roman »David Copperfield« von Dickens die Hauptrolle spielt. Mit seinem Namen Litimer wird er sich übrigens immerhin blicken lassen können. Ein

Tatmensch ist er nicht. Durch Kenntnisse oder Energie scheint er nicht hervorzuragen; dafür ist er zuverlässig wie eine Uhr und solid wie ein Spazierstock. Das Interessante an ihm besteht darin, daß er einem Herrn dient, der gleichsam romantisch drauflebt. Der Diener vergegenwärtigt das nützliche, nüchterne, der Herr, der reich und schön ist, das lebensfreudige, genußtrunkene Denken. Der Herr hat Umgang mit allerlei verführerischen Frauen; beim Diener kann man so etwas keinesfalls konstatieren. Trotzdem sie grundverschieden sind, scheinen sie unzertrennlich zu sein und mahnen unwillkürlich ein bißchen an Don Juan und seinen Begleiter oder an den Ritter von der Mancha und dessen Knappen. Der Herr neigt zum Verschwenderischsein; Litimer jedoch erweist sich als denkbar sparsam. In einem fort seinem Herrn als gutes Beispiel dienend, macht hievon der Liebhaber des Lebens ganz und gar keinen Gebrauch, er erlebt Schiffbruch, der von Dickens herrlich, ich meine mit unvergeßlicher Ausdruckskraft geschildert wird, indes sein Diener der Trockene und Unerschütterliche bleibt, der er ist. Genial und wildlinghaft bewegt sich das Haar des Herrn, der unbelehrbar zu sein scheint, im etwaig daherwehenden Wind. Litimers Haar verhält sich geglättet, will sagen, sorgfältig gekämmt. Dem Ordentlichkeitsideal gelingt es nicht, je außer Fassung zu geraten. Nie benimmt er sich unartig. Beim Herrn kommt dies hie und da vor, indem er gegenüber holden Weiblichkeiten sorglos die Treue bricht, was nicht galant ist, obschon gerade die Galanterie schuld dran sein mag. Der Herr reist rastlos in sehenswürdigen Gegenden herum; in dieser Hinsicht ahmt ihn der Diener nach, indem ihn jener mitnimmt. Sie besuchen Städte wie Neapel und Palermo, kommen heim, wandern von neuem, und der Herr vermag zu keiner Zufriedenheit zu gelangen, während der Diener die Genügsamkeit selbst ist. Im Roman, der mir einer der unterhaltendsten und merkwürdigsten zu sein scheint, die ich kenne, kommen ein betrogenes, enttäuschtes und daher düsteres Mädchen, ein ergreifend schön gezeichnetes Ehepaar, Frühlings- und andere Landschaften, Lehrer, Bürolisten, Fischer, Matrosen, familiäre sowohl wie kaufmännische Verhältnisse und ein im wehmütig und freundlich schimmernden Abendsonnenschein im Hafen abfahrtfertig liegendes, haushohes, passagierbesetztes, mit Fähnchen, die im Himmelslicht wedeln, bewimpeltes Auswandererschiff vor, das in die Ferne schwimmen will. Als Helden des Romanes begrüße ich einen jungen, gesunden, liebenswürdigen Menschen, der sich mit der Zeit, nachdem ihm das Leben manches zu erfahren gegeben hat, zum Schriftstellerberuf hinaufschwingt. Er verlobt sich mit einem zarten Mädchen, die seine Frau zu werden die Güte hat, was er zu schätzen weiß. Doch schon nach kurzem stirbt sie, und er schriftstellert weiter, womit ich, wie man sieht, darstelle, wie Dickens mit diesem seinem Buch eine Selbstbiographie schrieb, die sich durch köstliche Inhaltlichkeit auszeichnet. Eine sanftabgewogene Besprechung scheint zustande gekommen zu sein.

(1929/30)

FJODOR MICHAILOWITSCH DOSTOJEWSKI
(1821-1881)

DER IDIOT VON DÓSTOJEWSKI

Mir läuft der Inhalt von Dostojewskis »Idiot« nach. Schoßhündchen interessieren mich sehr. Ich suche nichts so lebhaft wie eine Aglaia. Leider nähme die aber einen andern. Unvergeßlich bleibt mir Marie. Blieb ich nicht schon früh innig einmal vor einem Esel stehen? Wer stellt mich einer Generalin Epantschin vor? Auch über mich wunderten sich schon Kammerdiener. Fraglich bliebe, ob ich so hübsch schriebe wie der Sproß des Hauses Myschkin und ob ich Millionen erbte. Prächtig wär's, von einer Schönen ins Vertrauen gezogen zu werden. Warum sah ich noch kein Kaufmannshaus wie das Rogoschinsche? Weshalb leid' ich nicht an krampfhaften Anfällen? Der Idiot war schmächtig, rief nur geringen Eindruck hervor. Ein guter Junge, vor dem eines Abends die Halbweltdame kniete. Ich erwarte bestimmt etwas Ähnliches. Koljas kenn' ich zwei bis drei. Ob nicht auch ein Ivolgin anzutreffen wäre? Eine Vase umzuwerfen wär' ich imstand; hieran zweifeln hieße Selbstunterschätzung üben. Eine Rede zu halten ist ebenso schwierig wie leicht; es kommt auf Inspiration an. Leute, die sich nie genügen, begegneten mir oft. Manchem ist nicht wohl, weil er sich zu sehr gefallen will. Hierauf käm' ich ins Institut Schneider. Vorerst müßte Nastasia beruhigt werden. Ich bin absolut nicht idiotisch, vielmehr für alles Vernünftige empfänglich; bedaure kein Romanheld zu sein. Solcher Rolle bin ich nicht gewachsen, lese bisweilen nur etwas viel.

(1924)

DOSTOJEWSKI-GLOSSEN

In einem Großstadthof. Der arme, kleine Junge:
Mein Dichter hat mich betteln geschickt, aber er sorgte nicht dafür, daß ich auch nur das geringste Geschenk bekam. Um seine Lesergemeinde, den Kreis seiner Anhänger zu rühren, zum Mitleid hinzureißen, ließ er es mir so schlecht wie möglich gehen. Ihm fiel ein, zu ersinnen, eine große Gestalt flöße mir Schrecken ein. Dafür erlaubte er mir, die weihnachtliche Schaufensterpracht zu bestaunen. Natürlich ist das Wetter eiskalt, wie das in Petersburg der Fall zu sein pflegt. Er empfahl mir auch, ermüdet, ermattet in dieses Häuserviereck zu schleichen, wo mir nichts übrig zu bleiben scheint, als zu erfrieren. Um mich mit einer Art letztem Entzücken, Erdenglück bekannt zu machen, begnadet er mich mit einem Fieberzustand, der mich einen Engel erblicken läßt. Der Engel drückt mich mit Dostojewskis Einwilligung an sich. Die Engelsgestalt ist von durchaus besonderer Bedeutung; sie zermalmt, indem sie überaus lieb ist. Ich werde glauben müssen, ich hätte das Zeitliche überwunden. Im Erstarren umleuchtet's mich, wie wenn mich farbige Scheiben einhüllten. Gewiß legt der Dichter in diesem Augenblick die Feder aus zitternder Hand, mit der er nichts Besseres, Wohlwollenderes auszuführen verstanden hat, als mir Kleinem den Tod zu diktieren. Das nennen sie Novellenschmieden, und sich nennen sie Autoren, und nun adieu, liebes, zartes, wohlausgeglichenes Leben. Eigentlich sollte ich längst den Mund hal-

ten, da sich diese Sonderbarkeit, dieser Übergang aus dem Diesseits ins Jenseits, vom Empfinden ins Für-immer-Ausempfundenhaben ja bereits geltend macht. Die Pflicht, die mir das nötige Maß von Takt vorschreibt, gebietet mir Stille. Irgend jemand wird mich hier finden, wenn's tagt, denn jetzt ist es Nacht.

Vor einer Kirche. Das schöne, junge Mädchen:
Solch eine bange, kurzgefaßte, gleichsam bleiche, mit Bläulichkeit lächelnd eingefaßte Geschichte, wie die ist, die ich erleben muß, schreibt sicher nicht bald wieder einer. Mein Vater ernannte eine für mein Innenleben in jeder Hinsicht abstoßende Figur zu meinem Herrn Gemahl, indem er mir erklärte, daß das nun einmal so sein müsse. Nun kommen sie. Hilfe! Ich ersticke! Das Herz will mir zum Leib und zum Hochzeitskleid herausspringen, herausflattern, als sei's ein geängstigtes Vögelchen. Ich bin ganz rot vor Schmerz und ganz schwarz vor blühendem, zündendem und zusammensinkendem Entsetzen, und meine Worte sind ein Lusthaus von Hilflosigkeiten, und ich sehe niemanden, den ich anflehen kann, mich aus der beengendsten Lage zu befreien, worin sich ein Töchterchen aus gutem und reichem Haus jemals händchenringend befand. Er hat Hände wie ein Ungetüm, und es nützt nichts, daß er sie in die elegantesten Handschuhe gesteckt hat. Und ich darf meinem Vater nicht fluchen; das verbietet die heilige Schrift, die mir einen Gehorsam auferlegt, an welchem ich mit einer Folgerichtigkeit hinwelken werde, die der Leser ahnt, wenn er mit seinem Geist nicht anderswohin schweift, während er sich mit Entziffern des Buches beschäftigt, dessen liebliche, ohnmachtsumhauchte Heldin ich bin. Schon manchen jungen Menschen nahm das Bändchen, aus dessen Druckseiten meine Erscheinung hervorblickt, lebhaft in Anspruch. Jetzt soll ich

mit jemand, den ich unmöglich lieben kann und ungeliebt zu lassen aufs festeste entschlossen bin, das Jawort wechseln. Verantwortlicher Verfasser, was begannst du, damit es sich schwermütig-balladenhaft, stimmungsvoll-ungewiß, undeutlich löse?

(1925)

LEO NIKOLAJEWITSCH TOLSTOI
(1828-1910)

TOLSTOI UND HUTTEN

In einer seiner bedächtig vorgetragenen Erzählungen macht uns Tolstoi, der Ausgezeichnetes auf seinem Gebiet leistete, auf einen sanftmütigen, leider die Dinge jedoch nur zu willig und leichtsinnig, wie sie gingen, gehen lassenden jungen Menschen aufmerksam, der sich Nechljudow nannte und im Billardspiel sein Vermögen verspielte, wonach er sich auf allen seinen vieren, gemäß vorausgegangener Verabredung, unters Billard zu kriechen genötigt sah. Dieser Erfolglose läßt mich an die wunderschön im Zürichsee gelegene Insel Ufenau denken, auf welcher einstmals, nachdem er studiert und geliebt, gestritten und gelitten hatte, Ulrich von Hutten eine Art Zuflucht fand, deren Annehmlichkeit er ohne Zweifel in reichem Maß verdiente, indem er sich für das Gedeihen der Bildung und des Wissens einsetzte. Ulrich von Hutten trug ein Panzerkostüm, das ihn drückte und einengte, während Nechljudow ein Anzug von moderner Form bedeckte, der nicht allzu schwierig zu tragen gewesen sein mag. Viele, die entweder in ihrem Beruf nicht reüssieren oder vom Hügel ihres Glückes herunterrollen, verfügen sich in die Ruhe irgendwelcher Obhut. Manche außer Hutten suchten und fanden eine anmut- und heiterkeitumlispelte Ufenau, wo sich ihnen Gelegenheit darbot, über Ursachen und Wirkungen nachzudenken. Tolstoi lebte und schrieb auf einem Landgut. Über mich regierte eine bildhübsche, launische Magd, die mich aufmunterte, das Verfassen von längere Zusammenhänglichkeiten umfassenden Büchern zu unterlassen und mich nur noch mit Skizzen zu begnügen. Anbei eine Probe davon.

(1929/30)

TOLSTOI

War er gut und schlecht zugleich,
war er Sünder mit dem Blute,
Heiliger mit seinem Mute?
Hübschbedeckt mit weichem Hute,
klug und unklug, arm und reich,
lebte er auf lock'gem Gute.
»Leinwandmesser« nennt sich ein
unerhört frappant und fein
hergestelltes Büchelein
aus der Reihe jener Bände,
welche seine ems'gen Hände
geistreich und gefühlvoll schufen.
Wähnt' er sich von Gott berufen,
reine Weine einzuschenken?
Meinte er mit seinem Denken
Besserungen zu erzielen
bei den vielleicht allzuvielen,
denen er doch immer nur
zaub'risch durch die Seelen fuhr,
ähnlich einer prächt'gen Schnur,
als ein vom Verlag bezahlter
herrl'cher Unterhaltungsfalter,
der Applaus in Meng' erzwang?
Ihm wurd' nach und nach fast bang

vor sich selbst und seinem Ruhme,
der wie eine Wunderblume
duftend sich entfaltet hatte.
Mürrisch oft als Mensch und Gatte
wird er sich benommen haben
beim unausgesetzten Graben
mittels seiner seltnen Gaben
in den Tiefen. War er brav,
frage ich mich wie im Schlaf?
Doch die Einflußreichen kommen
ganz gewiß nicht nur zu frommen
Zwecken her, und, man braucht bloß
beizufügen: er war groß.

(1928)

GUSTAVE FLAUBERT
(1821-1880)

EIN FLAUBERTPROSASTÜCK

Er wohnte jetzt wieder dort, wo er zu leben angefangen hatte, wo er von neuem heimisch wurde, weil er es früher gewesen war, und daß sich dies wiederholte, gefiel ihm; die Erneuerung von etwas Einstigem glich dem Wiedereintritt in ein Haus, in einen Zirkel, worin er sich täglich hatte blicken lassen, bis es ihn in eine lange Abwesenheit hineinzog, aus der er nun zurückkehrte. Längst vergessene Gewohnheiten fielen ihm ein, glitzerten ihn wie mit einem bekannten, fröhlich-schönen Gesicht an. Wenn ihm das Leben wie ein Traum erschien, so durften ihn manche Träume wie ein Leben anmuten. Er erinnerte sich, durch die vertraute Umgebung gehend, an diesen oder jenen kleinen und doch bedeutungsvollen Ausspruch irgendeines Bekannten, Befreundeten. Unter anderm hörte er mit einmal deutlich jemanden von neuem zu jemand anderm sagen: »Darauf kommt's ja gar nicht an!« Ob es wirklich nicht darauf angekommen sei? entstand in ihm eine Frage, die er sich nicht von fern bemüßigt fühlte zu beantworten, da sie an sich eine Größe zu haben schien, eine Schönheit, woran er sich gleichsam sattschaute. Fragen sind meistens schöner, bedeutender als ihre scheinbaren Erledigungen, die doch immer keine sind, weil sie uns nie genügen, nie befriedigen, während einer Frage ein beglückender Duft entströmt. Was nahmen jetzt alle seine Erinnerungen für blumenhafte Augen an. Er sah sich in einen längst vorübergegangenen Augenblick gestellt, wo er herrischer aufgetreten war, als klug gewesen sein mochte, und es bereitete ihm ein gleichsam feingegliedertes Vergnügen, hie und da den Kopf über sich zu schütteln, als säße er sanft, geduldig und strahlend vor Freude über seine Selbstbetrachtung wie mit sich selbst in einem Gericht. Die Reisebilder, die Fülle seltsamer Geschautheiten wollten ihm im Vergleich mit dem Geringfügigen seines Erinnerungslebens geringfügig vorkommen. »Wie uninteressant das Interessante werden kann«, meinte er zu sich, und er kam sich verjüngter vor dadurch, daß ihn das innere Leben stärker als das äußere anzog. Wie lebten beispielsweise Landschaften wieder intensiv in seinem Gedächtnis auf, die darin haftengeblieben waren, obwohl es sich vielleicht um nichts Bemerkenswerteres als um ein dörfliches Brunnengeplätscher samt dazugehörigen Staffagen handelte. Wie nett es sei, daß er noch an jene Frau denke, an jene sehr Zarte, Schlanke, die, als er ihr begegnete, gerade ihren Finger leicht auf den Mund gelegt hatte, dachte er. Der Anblick des Bekannten, die Menschen, Kutschen, Schaufenster usw. wollte ihn vorübergehenderweise in eine gewisse Melancholie führen, die ihm dann doch wieder Erheiterungen von sehr feiner Art schenkte. Übrigens war es seltsam, daß er gerade an sie nicht dachte, von der er geglaubt hatte annehmen zu sollen, sie stände ihm auf Schritt und Tritt gebildehaft zuvorderst im erscheinungenerschaffenden Bewußtsein, womit Erscheinungen gemeint sind, die nicht fremd und deshalb beinahe fremdartig sind. »Wie schnell mir Fremdes vertraut vorgekommen ist, und wie mich nun das, was ich kenne, auf gewisse Art und Weise befremdet«, war einer seiner zahlreichen Einfälle. Daß er sich mit Freunden zerworfen hatte, wollte ihm leichtbegreiflich wie die Bezahlung einer Geldschuld oder wie das Eintreten in einen Laden oder wie das Rauchen einer Zigarre erscheinen. Als ihn die Freundschaft beschäftigte, sprang da nicht sogleich Shakespeare mit dem unglücklichen und doch an Glück und wahrem Vergnügen so reichen Antonio herbei, diesem beneidenswerten Besitzer echter Freundesanhänglichkeit? Einer seiner Lebenskameraden hatte noch in vorgerücktem Alter eine zierliche Jugendliche geheiratet; ein anderer schätzte sich glücklich, daß seine Frau nicht zum in gewisser Hinsicht bedenkenerregenden Kreis der Schönheiten zu zählen sein konnte. Schöne gaben ja mitunter zu unschönen Auftritten, Erlebnissen usw. Anlaß. Es war Abend geworden, und beim Schimmer einer Laterne fiel plötzlich von hoch oben der Gedanke auf seine weitumhergereiste Schulter herunter, daß er sehr wahrscheinlich einer von denen sei, die es in den Augen der Mitwelt zu nichts gebracht hätten. »Du hast ungebührlich viel Zeit verschwendet«, lispelte eine anscheinend feine, etwas zimperliche, sensible Stimme in sein Wandererohr. Was seine Wandererschaft betreffen mochte, so war er allerdings nie handwerksburschenhaft herumgezogen, sondern hatte sich dabei der Eisenbahn oder des Postdampfers bedient und war eher stundenlang stillgestanden oder -gesessen, als daß er sogenanntermaßen rüstig auszog. Von nun an würde er natürlich in vielem sozusagen etwas einsam sein, ihm würde die vornehme Obliegenheit zufallen, sich unter Umständen mit der Vereinsamung möglichst gut, d. h. so elegant, unauffällig wie möglich abzufinden. Gewiß würde ihn von neuem die Lust ankommen, Bücher von Qualität zu lesen; hieran könne er keinen Augenblick zweifeln. Unter anderm versuchte er sich einzureden, daß ihn die Frage, ob es ihm gelänge, Frauenbekanntschaften zu machen, nur nebenher berühre. Ohne Zweifel hatte er eigentlich mehr als je das Recht dazu, wo ihn doch ein Blick in eine Scheibe flüchtig von seinem verhältnismäßig vorzüglichen Aussehen geradezu überzeugte. Er war zu Hause angekommen. Dieses Zuhause bestand aus einer anheimelnden, wenn auch nicht übermäßig traulichen Wohnung von vier Zimmern, die er möbliert vorfand und nach kurzem oder überhaupt weiter keinem Besinnen gemietet hatte und die ein durchaus annehmbares Heim darstellte, indes ja doch immer das eigentliche Heim im eigenen vertrauenswürdig gewordenen Selbst bestand, das er, wie er sich gern von Zeit zu Zeit sagte, im besten Zustand wußte. Eine Frau saß auf dem Sofa seines Wohn- oder Empfangszimmers, und er brauchte sie nicht noch erst anzuschauen, um zu wissen, mit jeder Faser seines Wesens zu empfinden, wer sie war. Sie war's, die er zu suchen nicht für nötig hatte halten können, weil sie immer, immer mit ihm gegangen war, nach der er sich nicht mehr hatte zu sehnen brauchen, da er immer bei ihr war, und da er hiebei kaum überhaupt noch an sie dachte. Vollkommene Angehörigkeit ist etwas, das kein anderer versteht, als der, den's angeht, der um dieses Rätsel ganz genau weiß. Vollkommene Treue kann mit vollkommener Untreue täuschende Ähnlichkeit haben.

»Ich gehörte Dir, und nur Dir, immer«, kam es ohne jedes Überlegen, ohne die geringste Theatralik über seine Lippen, von denen er fühlte, daß sie jetzt entzückend schön lächelten, so, als springe dieses Glückslächeln gleich einem Tänzer aus einer schönbemalten, sich lüftenden, auseinanderfallenden Kulisse siegreich-demütig, zur Bezauberung aller ihn Anblickenden, auf die Bühne einer unvergleichlich-seltenen Gelegenheit hervor, nach langem Gebundengewesensein tanzen zu können. »Ich weiß es«, sprach sie, und sie fügte bei: »Ich habe vom Moment an, da Du mir einmal ein Notizbüchlein mit wunderbarer Erfreutheit, mir dienen zu dürfen, vom Boden aufhobst, am

Meere Deiner Zuneigung zu mir nicht gezweifelt.« Minutenlang schauten sie sich in der Stille dieses zunächst ganz zufälligen, von weiter gar nichts redenden Zimmers mit aller erdenklichen Wiedersehenslust an, wobei gewiß vorgekommen sein mag, daß jedes auf das flüchtigste vom andern dachte, es habe, wie das ja ganz natürlich sei, gealtert, aber gewiß war das Aufflackern dieser sehr alltäglichen Idee ein nur verschwindend kleines, kurzes gewesen. Er fing an zu erzählen, zu fragen und unterbrach sich indem er zu stottern begann, als sei er ein Sprachenunkundiger und freute sich über seine Bangigkeit, die ihm etwas Süßes zu sein dünkte, indem ihn geschicktes Reden und Benehmen hier schier wie eine Sünde oder wie eine Taktlosigkeit berührt hätten, da er sich ja hier nur mit der Ergriffenheit einverstanden zu erklären vermochte, so, als ginge er wieder wie in den ersten Tagen ihrer freudenreichen Bekanntschaft bei ihr in eine Schule, um mit der Schüchternheit eines Anfängers aus ihrem Mund und aus ihren Winken Unterricht in der Kunst zu empfangen, durchs Beglücken glücklich zu sein. »Sind Sie's wirklich? Ich darf es kaum glauben!« Gewiß war sie's, und sie beantwortete seine seltsame und doch wieder ganz einfache Frage so: »Mir bedeutet es die größte Freude, Dich zu veranlassen, Deiner Freude zu untersagen, daß sie zu groß werde. Was könnte es für mich Schmeichelhafteres geben, als daß Du mir zu dieser Ermahnung Grund gibst?« Sie vernahmen in Augenblicken, die vielleicht eine leise Ermüdung oder ein kleines Ernüchtern für sie bedeuteten, das Rollen der Räder von unten heraufrattern, das sich mit einem Aufklatschen verband, das ihnen als ein Rhythmus bekannt sein mußte, den die Berührung von eisenbeschlagenen Pferdehufen mit dem asphaltenen Straßenboden hervorbringt. »Oh, wie ich einmal am hellen Tag im Sehnen nach Ihnen weinte«, brachte er vor. Sie erwiderte:

»Ich kann hierauf nichts sagen, als daß Sie mich mit einer derartigen Eröffnung neidisch machen. Während Sie sich die Seligkeit gönnten, von der Sie reden, hatte sich vielleicht Ihre Gestalt, der Ton Ihrer Stimme samt all Ihrer Liebenswürdigkeit auf eine Spanne Zeit hinaus für mich verflüchtigt, und mein Kind oder mein Mann oder sonst irgend etwas Vernünftiges hatten meine Aufmerksamkeit in Anspruch genommen, ohne mich zu erheitern, zu stärken oder freudig zu stimmen. Wenn Sie wegen mir unglücklich waren, oh, wie glücklich sind Sie dann gewesen, wie gut, wie groß machte ich Sie da!« Sie hielt sich mit diesen Worten das Taschentuch, das sie rasch ihrem Kleid entnahm, vor die plötzlich, sie verstand selber kaum warum, von Tränen überflossenen Augen, und: »ich knie vor solch einer rührend schönen Erregtheit nicht?« rief er mit einer Liebhabergebärdung aus, über die sie, zwischen all ihrem Mitleid, das sie mit sich hatte, und mit dessen Dämpfung sie so reizvoll, so wundervoll kämpfte, schon beinahe wieder lächeln mußte. Er führte in der Tat aus, auf was es ihn hingerissen hatte anzuspielen, und sie duldete seine Jetztzeitbräuche nicht in Betracht ziehende, Bildungswandlungen, Erfahrungen usw. teilweise oder vollständig übersehende Überwältigtheit mit dem Zagen einer sich auf ihrem Antlitz abspiegelnden Befürchtung, daß er zu weit gehen könnte, was aber nicht der Fall war, indem er es bei der Herausformung seines Entzückens bewenden ließ, aus dem heraus er zu ihr sprach: »Sie haben recht, daß Sie mir Vorwürfe machen, und Sie sind glücklich deshalb, und ich hatte recht, als ich um Sie weinte und Ihnen daraus einen Vorwurf gemacht habe. Wie spielen unsere Gefühle mit uns! Wir wissen das immer erst später richtig abzuschätzen.« Sie war mit der Bemerkung aufgestanden, sie müsse jetzt gehen. Auf seine Frage, ob er sie begleiten dürfe, sagte sie: »Ja.«

»Haben Sie nichts bei sich, das ich Ihnen nachtragen kann?«

Nein, sie war ganz und gar gepäcklos zu ihm gekommen.

»Wie kamen Sie zur Kenntnis meiner Wohnung?« Von irgendwoher brachte sie es in Erfahrung.

Er glaubte sich ein bißchen nach ihrem Gatten erkundigen zu sollen.

Ihr Bericht enthielt nichts in Verwunderung Setzendes. Sie glitten und gingen unter den übrigen Dahingleitenden und -gehenden wie ein Geträumtes in einem Geträumten.

(1926)

CHARLES BAUDELAIRE
(1821-1867)
PAUL VERLAINE
(1844-1896)
JEAN-ARTHUR RIMBAUD
(1854-1891)

STUDIE (I)

Vielleicht spreche ich in dieser Studie über drei Dichter, die ihrem Lande zum Ruhme gereichen, nicht sonderlich salbungsvoll, von denen der erste Baudelaire hieß, und von dem ich mich glauben machen möchte, er habe wie ein Pfarrherr ausgesehen und sei schrecklich klug und zugleich doch wieder sehr gutmütig gewesen.

Auf ihn folgte Verlaine, der den Vornamen Paul trug. Einer meiner Schulkameraden, der auch Paul hieß, besaß ein Glasauge, indem ihm das ihm von der Natur anvertraute beim Werfen mit Steinen an der Dufourstraße unglücklicherweise herausgeworfen wurde. Mein ehemaliger Schulkamerad besaß den hübschesten, intelligenzverkündenden Kopf, der mit weichem Haar umrahmt war, indes Verlaine scheinbar schon beizeiten kahl einherging und -lief.

Wenn Baudelaire bei aller zur Schau getragenen Würde sündigte, so sah hingegen Verlaine wie die liebe, um Vergebung bittende Verkommenheit selbst aus. Letzterer war so ehrlich und gewissenhaft, daß er nicht nur seine eigenen Mängel eingestand, sondern auch für Baudelaires Fehler freimütig und, man kann sagen, demutsvoll aufzukommen sich abmühte. Welch ein guter, zarter Charakter.

Baudelaire scheint mir eminent gebildet gewesen zu sein; womöglich war er in der Kunst der Verstellung Meister. Übertrug man ihm eine diplomatische Sendung? Nein? Jedenfalls stelle ich ihn mir als einen Salonmenschen von erster Qualität vor.

Von Verlaine jedoch weiß man, daß er sich mit einem recht unkomfortablen Logis begnügte, und daß er häufig, d.h. mehr als einmal vor sich hinstammelte: »O, mein Gott«, wobei niemand zweifelt, daß es ihm ernst war, und nun tritt der Dritte in diesem Bunde hervor, Arthur Rimbaud.

Wenn Baudelaire Frankreichs Überkultur vertreten hat, und wenn gegen diese gleichsam glitzernde Verfeinerung das Deutschland der siebziger Jahre vorigen Jahrhunderts seine Kanonen richtete, so übernahm Verlaine die denkbar liebenswürdige Aufgabe, tüchtig zu weinen, eine Obliegenheit, deren er sich auf die talentvollste und daher verdankenswerteste Art entledigte. Er kann mit einem Pilger verglichen werden, der eine Wallfahrt ins Land der Buße und Sühne absolvierte. Er bat nicht so sehr bloß für sich selbst um Verzeihung als vielmehr für seine gesamte damalige Landsmannschaft, weshalb man ihn einen großen Franzosen nennen kann.

Der Jüngling Rimbaud bewunderte Verlaine, und weil er sich das nicht gern eingestand, so verlachte er ihn und ging sogar so weit, daß er ihn, kurz ausgedrückt, verprügelte. Auf seinen Reisen gelangte er in die Wüste Sahara, wobei seine Gesichtszüge etwas Erzenes angenommen zu haben scheinen. Wenn wir Rimbauds Erscheinung betrachten, so gestehen wir gern, daß wir ihn für sehr bedeutend halten. In diesem Unartigen, aber äußerst Energischen sehen wir Frankreichs Aufstieg personifiziert.

Rimbaud konnte nicht beten, weil dies von Verlaine zur Genüge besorgt worden war. Weil Verlaine schon so artig und liebreich Buße getan hatte, überhaupt ein so herzlich guter, fürsorglicher Mann gewesen war, stieg in Rimbaud die Afrika-Idee auf.

Gesündigt hatte, wie wir vorgetragen haben, schon Baudelaire gehörig. Auf diesem Gebiet konnten kaum noch Auszeichnungen blühen. Bekenntnisgedichte konnten keine mehr verfaßt werden. Diese Arbeit war von Verlaine getan worden.

Rimbaud war kühn und weitblickend, er nahm sich vor, ein Beispiel zu geben, und er bewies, daß man der Literatur damit dienen kann, daß man ihr Zeit und Raum läßt, und der Gesellschaft damit, daß man sich so aufführt, daß sie sich etwas zu erzählen hat. Er machte sich legendär, wuchs für sein Volk zum großen Eindruck, zum Bilde des Mutes.

(1924)

PAUL VERLAINE
(1844-1896)

GEDICHT AUF PAUL VERLAINE

Ein kleines Kind weint
dicke, dumme, blöde Tränen;
Sonne scheint.
Einer meint,
er habe was Wichtiges vergessen
und ist nun versessen,
es zu sehn; mit seinem Wähnen,
er könnte sich verlieren,
geht er vorläufig still spazieren.
Er ist geeint,
er weiß nicht, wie.
Ist sie es, die in ihm sich nie
aufhört zu manifestieren?
Über Paris leuchtet's blau.
In seinem genialen Lyrikerzimmer
sitzt oder liegt und dichtet noch immer
Paul Verlaine mit der Fratze
der asiatischen Katze,
macht nach wie vor miau.
Obschon er eigenhändig flickte seine Hosen,
blühn seine Werke wie die Rosen
und bleibt er einer der bedeutendsten Franzosen.

(1925/26)

[VERLAINE]

»Mikrogramm«-Entwurf

Hier wird sorgsam übersetzt
das Gedicht von Paul Verlaine,
wo der Regen hat genetzt
jene Dächer an der Seine.

Ganz Paris steht grau in grau,
nach der Sehnsucht ich mich sehne.
Sieh' mal an, ich mach' miau,
ähnlich wie einst Paul Verlaine.

O du mehr als schon genug
übertragenes Gewähne,
einst vor zwanzig Jahren frug
ich auch sehr nach Paul Verlaine.

Stimmungsvoll ist zweifellos,
was ich dehne da und dehne,
punkto Neuigkeit war groß
unser Papa Paul Verlaine.

Gebet eine Zwiebel mir,
daß die Träne mir auch träne,
die einst unsrem Paul Verlaine
rinnelt' auf das Schreibpapier.

Höchste Zeit ist's, wie ich meine,
daß nun endlich Robert Wals
sich uns auch mal vorstellt a[l]s
ein Verdeutscher von Verlaine.

(1925)

GUY DE MAUPASSANT
(1850-1893)

EINE NOVELLE
VON GUY DE MAUPASSANT

Landsitz. Der Protz verstört herumblickend.
  Der Protz: Hier ist's nicht. Doch wo denn? Bemühe ich mich umsonst, es zu entdecken, dies Unpassende, Ungehörige? Etwas geht in und mit meiner hochgeehrten Frau Gemahlin vor. Sie ist beglückt. Soll ich hinzufügen müssen: leider? Es martert mich, daß ich die Ursache ihres Zufriedenseins nicht ausfindig zu machen vermag. Ich gelte doch überall als ungewöhnlich hell. Schnell, schnell! Wo ist der Schurke? Nirgends? Alsdann würde er bloß in meiner Phantasie hausen? Häßlich ist Eifersucht, häßlich! Dabei kann ich nicht außer acht lassen, daß die Eifersucht etwas sehr Anständiges ist. Gewissermaßen bildet sie eine Zierde, denn sie legt den Beweis eines Feingefühles ab. Freilich darf ich nicht vergessen, daß ich als Protz die Neigung habe, unduldsam hinsichtlich Besitztümern zu sein. Meine werte Gattin ist mein Besitztum. Ihr Lächeln, ihr Körper, ihr Bewußtsein gehören niemandem als mir, das ist klar. Seit einiger Zeit bemerke ich ein leises, aber deutliches Schwellen, Wogen, Auf- und Abneigen ihres gewiß schätzenswerten Busens. Zum Glück oder auch unglücklicherweise ist sie sehr schön, über die ich hier diesen gleichsam helldunklen Monolog halte, den die Vöglein von den Zweigen herunter munter bepfeifen. Mich dünkt,

in ihrem Gezwitscher sei etwas Ironisches. Nah und fern fällt mir nichts auf. Hier steht bloß dieser vierbeinige Lümmel, über dessen Harmlosigkeit ich empört bin. Ich suche einen Schuldigen und finde ihn nicht. Etwas in meinem sehr aufgewühlten Innern sagt mir, daß sie sich jetzt drinnen die Handschuhe anzieht und in kürzester Frist hier auftreten wird, und sie wird mich nicht anlachen, damit ich sie nicht als gut aufgelegt empfinde. Ein richtiger Protz sollte über allem Fühlen, Erwägen, Bedenken turmhoch erhaben sein. Die Leute täuschen sich aber über unsereins; sie halten uns Protze einfach für Klötze, während wir eine Begabung in aller Art Seelenbeunruhigtheit an den Tag legen, wozu wir besser täten, uns nicht veranlaßt zu finden. Sie liebt etwas, das mir bis heute zu meinem größten Bedauern noch nicht sichtbar wurde. Wie hübsch übrigens dieser Schlingel in seiner Geputztheit aussieht. *(Das Pferd wiehert.)* Ich könnte ihn für sein kraftvolles Aussehen und dafür, daß ihm einige Eleganz anhaftet, peitschen. Was, was fang' ich an zu ahnen? Dieser an sich wundervolle, duldsamkeitverkündende Gesichtsausdruck bei so viel Ungebändigtheitsadern! Halunke! Und wenn ich ihm dies sage, verändert sich seine Farbe keineswegs. Wie der sich gleich bleibt. Ob ich ihn hochachten oder verabscheuen, streicheln oder schlagen soll? Er ihr Liebling, ihr Erheiterer, und ich bin abgesetzt?

Die Frau des Protzen: Vor Jahren verehrte mich ein jugendlicher Handelsbeflissener. Lieber Freund, wie du abgespannt aussiehst!

Der Protz: Abzusetzen wagst du mich?

Die Frau: Du solltest galanter sein und mir längst das Taschentuch aufgehoben haben, das ich fallen ließ, um dir Gelegenheit zu geben, in freudige Stimmung zu kommen. *(Gibt dem Reitknecht ein Zeichen. Dieser hilft ihr, Arabia zu besteigen.)*

Der Protz: Du beachtest absolut nicht, daß ich außer mir bin. Ich fand soeben heraus, daß es dir beliebt, heimliche Beziehungen zu haben.

Die Frau: Du triebst einst Handel mit Abgelegtheiten.

Der Protz: Diese sehr lieblose Bemerkung macht dich natürlich wieder einmal, zum so und so vielten Mal, liebenswürdig.

Die Frau: Ich weiß, was du entdeckt hast. Was bleibt dir aber anderes übrig, als deine Schmähung zu beklagen und dich jetzt vor mir formell zu verneigen?

Der Protz (tut es).

Die Frau: Denn du findest mich ja bewunderswerter als je. Deine ganze Erscheinung ist ein Gestotter.

Der Protz: Ich bin jetzt in einem Grad stolz auf dich, den du dir kaum vorstellst.

Die Frau: Du kannst doch nur froh sein, wenn es ein Wesen gibt, das die Fähigkeit hat, mich in gute Laune zu setzen, die dich nah angeht.

Der Protz: Du strahlst.

Die Frau: Weil ich Sinn, Herz und Vernunft habe, und weil ich nie dazu kam, mir gleichgültig zu werden. Im übrigen mache Maupassant für das, was geschehen ist, verantwortlich. Er ist ja einer der besten Dichter Frankreichs. Du schenktest mir seine sämtlichen Werke, die ich sehr aufmerksam las. Geh und schlage in den Bänden nach, bis du eine Novelle antriffst, die betitelt ist »Das Pferd«.

Der Protz: Ich werde mich revanchieren.

Die Frau: Das sagen diejenigen nicht, die es beabsichtigen.

Der Protz: Ich liebe dich.

Die Frau: Hierauf lege ich nicht viel Wert. *(Sie reitet.)*

Der Protz: O, Maupassant, hätte ich dir nie Eingang in mein Heim verschafft. Ich wollte, daß nie eine gute Novelle geschrieben worden wäre. All dies Zeug lautet im großen und ganzen stets zu der Gattinnen und nie zu der Herren und Gebieter Gunsten.

Ein junger Dichter: Mein Herr, ich bin voll Eingebungen, aber ich habe nicht das nötige Kleingeld, um Tinte zu kaufen. Darf ich einen Menschen um Unterstützung anflehen, der mir überaus gutmütig auszusehen scheint?

Der Protz ist paff vor
Überraschung. Übrigens tut uns die
Benennung Protz leid. Mir fiel gerade keine feinere
Bezeichnung ein. Ein anderes Mal wollen wir
artiger sein. Aber im allgemeinen
nützt man die Zeit aus.
Viel hängt von
Einfällen ab. Jetzt muß ich
einen Brief lesen, den
mir soeben
die Post gebracht hat.

(1925)

DIE RUINE

Aus dem »Mikrogramm«-Entwurf

(...) Ich bin am liebsten erst dann artig, wenn ich eine Zeit lang unartig gewesen bin. Das erklärt vielleicht, daß antisoziales Verhalten ein Vergnügen ist. Strenggenommen gibt es ja im sozialen Staat, will sagen, in der zivilisierten Gesellschaft keine Ursprünglichkeiten. Aber ich will, d.h. ich darf vielleicht, von einer Maupassantfrau reden, die Madame de Burne hieß. Die auserlesensten Blüten der Kultur verkehrten in ihrem Salon, d.h. tauchten in passender Art auf, um im gegebenen Moment abzutreten. Gottlob bin für diese Frau nicht ich verantwortlich. Sie war ein Romanprodukt. Wie sie immer einen Freund gegen den anderen ausspielte! Ihr glühendster Verehrer nannte sich Andreas. Maupassant wird ihm **angeraten** haben, sich so zu nennen. Wie ich ihn lesend kennenlernte, dachte ich mir schon recht bald, dem (er)geht's schlecht, und in der Tat täuschte ich mich nicht. Wie kühl sie immer blieb. Der Autor ließ Andreas von ihr sagen, sie sei sehr befähigt im Gefallenerwecken, aber nicht talentiert im Lieben. Lieben, das müsse eben auch verstanden sein, d.h. es sei eine Gabe, wie das Stetsvergnügtzubleibenvermögen eine Art von Gottesgabe oder **Talentanlage** zu sein scheint. Auf über fünfzig Seiten tat Andreas nichts, als Madame de Burne in Schutz zu nehmen, weil er sie siedendheiß liebte, und zugleich nichts, als sich über sie beklagen, weil sie ihn mit ihrer Fähigkeit, kühl zu bleiben, marterte. Er wurde mir offen gestanden ein bißchen fade, und ich schalt ihn, weil er immer wieder in den Salon dieser Frau ging, die gar nichts dafür konnte, daß sie nicht sehr viel fühlte. Ich sagte zum Autor, diesem großen und weltbekannten Meister der Novelle: »Sage mir, hast du diesen Roman nicht etwa bloß für Geld geschrieben? Mir kommt das nämlich so vor. Verzeih mir.« Meiner Meinung nach hätte Andreas mit seiner Flamme oder seinem Schatz zufrieden sein können. Es gibt ja keine schöneren Schätze als die, die kühl bleiben. Er hätte ja eine andere umhalsen und dennoch beständig an das Eiszäpfchen denken können. Ich an seinem Platz hätte es so getan. Ich würde es schwören, wenn ich die Eidformel nicht heilig respektierte. (...)

(1925)

JENS PETER JACOBSEN
(1847-1885)

JENS P. JACOBSEN

Zu denen gehörend, die verhältnismäßig nur kurze Zeit lebten, um gleichsam Nachherigen oder Nachfolgenden mit ihrem Wirken, ihren Bemühungen ein kostbares Geschenk zu machen, wozu sie sich eigentlich in keiner Weise verpflichtet sehen konnten, was sich vielmehr wie von selbst ergab, wohnte er zum Teil daheim im Land, worin er das Licht erblicken durfte, andersteils sich in fremden Gegenden umschauend. Trotzdem er krank war, stellte er sowohl in bezug auf die Menge wie hinsichtlich literarischen Wertes, um zurückhaltend zu sprechen, Erhebliches her, und man wird sein Lebenswerk ein eindrucksreiches nennen könne. Die Zierlichkeit und Eleganz, die er seinen Zeilen einzuhauchen wußte, verhinderten ihn nicht am Einflußausüben, eine Eigenschaft, die ihn sehr wahrscheinlich veranlaßte, unbewußt mit sich und seiner Berufsausübung zufrieden zu sein. Seiner Vaterstadt Kopenhagen verdankte er zweifellos manche Anregung, und als sich der Feinfühlende zeitweise in Florenz aufhielt, kam ihm diese Stadt, die er immerhin respektiert haben wird, gar nicht sehr merkwürdig vor, indem man wird vermuten dürfen, sie sei ihm schon nur beinahe zu klassisch vorgekommen. Ich bekam eines Tages anläßlich eines Landaufenthaltes Gelegenheit, von seinen Tagebuchaufzeichnungen Notiz zu nehmen, die geschrieben sind, als dufte im stillen ein wohlgeruchverbreitendes Veilchen. Er schrieb übrigens nebenbei, und zwar, wie ich glaube, reizvolle, lebensgesättigte Verse. Doch nun gehe oder marschiere ich ins Zentrum seiner Leistungen, ins Herz seines schöpferischen Schaffens hinein und erkläre mit unnachahmlicher Sanftheit, daß es für mich eine Zeit gab, wo mich beispielsweise seine Novellen entzückten. Später vertraute ich mich ihnen quasi nicht mehr gern an, indem ich fürchtete, sie könnten mir mißfallen. Als wiederum einige Zeit verflossen war, fand ich sie neuerdings interessant und schön, etwa den mit unbeschreiblich sorgsamer Hand und Feder geschriebenen »Schuß im Nebel«, der davon handelt, daß eine blumenhaft aufwachsende, prächtig gedeihende Frau einen scheuen, jungen Mann denkbar zielbewußt erniedrigt, was sie tut, als müsse es so sein, und was zur Folge hat, daß er, von nach und nach entstehenden Umständen begünstigt, an ihr und ihrem Erwählten Rache nimmt. Indem ich der Meinung bin, die berühmte Novelle »Morgens« sei ein bißchen zu eigensinnig und lyrisch, sie falle dadurch, daß man Kenntnis von ihr nimmt, auseinander, bin ich gewissermaßen mit Vergnügen des Glaubens, daß von seinen zwei Romanen derjenige, der womöglich der technisch und kompositionell mangelhaftere ist, nämlich »Niels Lyhne«, nachhaltigere Wirkung ausgeübt hat als der meisterhaftere, den man »Marie Grubbe« nennt. Erstern möchte ich für hinreißend, letztern für künstlerisch halten. Bei gleichmäßig Gearbeitetem scheinen sich wenig oder keine überzeugenden Partien, ich meine, Glanzstellen oder, vielleicht etwas wunderlich ausgedrückt, Bravourarien geltend machen zu können, die ich gerade in einer Zeit, wie die heutige ist, als wesentlich bezeichnen möchte. Ich erwähne noch schnell die rührungerweckende »Frau Fönss«, eine unauffällige Novelle, in deren Verlauf eine gebildete, immer noch hübsche Frau mit ihrer unglücklich verliebten und daher schmachtenden Tochter nach Avignon reist. Ein Sohn und Bruder begleitet die beiden Damen. In der Stadt des Päpstepalastes, die charakterisierend und empfindsam geschildert wird, macht sich die Frau mit einem Händler und Reiter, den sie vor Jahren aus dem Gesicht verloren hat, von neuem bekannt. Sie fangen sich zum zweitenmal zu lieben an und werden ein Paar, was den Kindern ganz und gar nicht lieb ist, die sich durch die Freude, die ihrer Mutter nachträglich noch zuteil wird, verlassen, verraten vorkommen wollen, wozu sie gewiß Ursache haben. Da es jedoch nichts mehr zu ändern gibt, nimmt die Mutter zärtlich und doch auch wieder mit einer gewissen, selbstverständlicherweise bereits vollzogenen, Entfremdetheit Abschied von ihnen, wie auch ich mich, so ungern ich dies vielleicht mache, vom Essay trenne, der mir hier gedieh.

(1929/30)

DER GESTIEFELTE KATER

Welcher Heutelebende las den schwer- und doch wieder leichtverständlichen, mit gleichsam vollwertigem Lebensernst aufmarschierenden Schriftsteller nicht? Ich selbst ließ mich von dem sozusagen in Vollgewichtigkeit, will sagen in Stiefeln Einherschreitenden zeitweise inspirieren. Er gab sich gern plaudernd; ich nahm mir dies zum Vorbild. Aller Vermutung nach begegnete er irgendwann und -wo auch Ihnen. Sie lasen wie alle, die den verschiedensten Gesellschaftsschichten und dito Anschauungsgebieten angehören, seine einfältigen und zugleich anmutigen und merkwürdigen Schriften. Dichtete dieser gestiefelte Dichter nicht ein Buch in der ausgesprochensten, durchdachtesten Dummkopfsprache? Ja, das tat er, und es mag vorwiegend diesem an sich sehr wahrscheinlich schönen Erzeugnis beschieden gewesen sein, in der Sphäre der Gebildeten einen sowohl günstigen wie denkbar ungünstigen Einfluß auszuüben. Ich habe den Eindruck, als sei sein Einfluß geradezu phänomenal gewesen. Könnte es nicht möglich sein, daß dieser Schriftsteller wiederholtenmales Staub oder Schnee von seinem Schaffensgewand abschüttelte? Da seine Herkunft in nördlichen Regionen zu suchen ist, begab er sich dann und wann erholungshalber nach dem veilchenduftenden, orangenprangenden Süden, wo seine halb erfrorenen Ernsthaftigkeiten mit wohltuender Heiterkeit schmelzende Bekanntschaft schlossen. Würden Sie mir erlauben wollen, ihn den gestiefelten Kater zu nennen, auf dessen betörende Worte die gesamte Zivilisiertheit mit beinahe an Andächtigkeit grenzender Aufmerksamkeit lauschte?

Auch ich war einer dieser diesen einzigartigen Sprachgewandten Verehrenden, dem es um irgendwelcher Zwecke willen vorteilhaft zu sein schien, läppisch, närrisch, komisch aufzutreten, was er vielleicht tat, damit sich die ihn geistig Aufnehmenden seelisch wegen seiner Sonderbarkeiten zu sorgen hätten. Etwas an ihm war im selben Atemzug kühn und zugleich vorsichtig; tiefsinnig und gedankenlos. Lasen ihn nicht gerade sehr einfache Seelen, in irgendeinem zwischen Bäumen hübsch versteckten Dörfchen wohnend, mit ländlichnaivem Entzükken? Schrieb nicht ich selbst mit Zuhilfenahme der Vortrefflichkeit seines Beispiels flott drauflos, indem ich mir mit dem Scharfsinn eines liebevoll Aufpassenden bei ihm gemerkt hatte, man könne in aller Behaglichkeit vorerst irgend etwas Unüberlegtes aussprechen, wonach man sich zu bemühen habe, die Unvorsichtigkeit so heiter und elegant, wie sich dies bewerkstelligen ließe, auszugleichen. In seinen ernsthaften Erörterungen oder Darstellungen lag öfter etwas Lustiges, während seine Lustigkeiten etwas wie einen baldsicheinstellenden Ernst ankündigten, was eine Zusammensetzung zweier verschiedener Eingestelltheiten bedeutete, die die Schriftstellererscheinung, von der ich spreche, zu vielleicht einer der gelesensten, die es je gab, gemacht haben kann. Ihm gelang es gleichsam im Nu, Trost zu spenden, der zu den beliebtesten Feinschmeckereien gezählt werden darf, die auszudenken sein mögen. Bot er der gewissermaßen leidend im Bett liegenden kultivierten Humanität nicht mit gewinnendem Benehmen quasi sein literarisches Lebenswerk wie eine Tasse ausgezeichnet duftenden Kaffee an? »Ich gebe dir, was dir nützt; nimm nur«, sprach er zur Menscheit, die an ihn glaubte.

Gern ließ sie sich vom gestiefelten Kater streicheln, schmeicheln.

(1927/28)

WENN AUTOREN KRANK SIND

Wenn es Autoren gegeben hat, die ich gern zum Mut gebührend beglückwünsche, den sie bezüglich Verkörperung von Herrenfiguren zeigten, die in Momenten der Ungehaltenheit nicht zögerten, ihren Dienern kurzerhand mittels eines handlichen Gegenstandes, beispielsweise eines Leuchters, den Kopf samt der darin befindlichen Ungehorsamkeit zu spalten, so gab es wieder anderseits einen, der die Feder mit erfolgreicher Erfolglosigkeit führte, und dem es einfiel, einen vielleicht ein wenig größenwahnsinnigen Hauslehrer darzustellen, der sich womöglich in ein vornehmes Mädchen oder Frauchen verliebte, die bald hernach starb, was ein Vorkommnis war, wofür der Schaffende verantwortlich zu machen wäre, wenn man ihn nicht insofern berücksichtigten müßte, als er selber in jeder Hinsicht leider Gottes kränkelte.

An einem schönen Seeufer litt, schrieb und atmete er Blumendüfte ein, die ihm der entstehende Frühling, dieses Kind des vergangenen Dezembers, ins Geruchsorgan und Dichterzimmer hinaufsandte. Narzissen guckten mit ihren närrisch-schönen Häupterchen in lauter Keuschheit und mit unbeschreiblicher Ahnungslosigkeit zur Erde heraus, die ein rechtschaffenes, schweigsames Haus genannt werden kann, und so schrieb er denn, nachdem er vielleicht eine Viertelstunde lang hektisch gehustet hatte:

Eines Nachmittags kam sie im Landhaus an, um sich sogleich in ihrer ganzen Schlankheit aufs Sofa zu setzen. Wie zum Porträtiertwerden sah sie aus. Auf ihre Bitte begab sich ein Knabe, der in allen seinen Jugendlichkeiten eine vorfrühlinghafte Zuneigung zur soeben Angekommenen spürte, in den Garten hinaus, um Geschöpfe zu pflücken, von denen er sich einbilden zu können meinte, man nenne sie weit und breit Blumen, und ihr dieselben, sobald die Beschäftigung des Einsammelns zu Ende geführt worden wäre, vors Gesicht zu stellen, damit sich ihre rätselhaften Augen an den Pflanzengebilden weiden dürften. »Danke!« sprach sie, indem sie ihn von oben bis unten mit beabsichtigt-unbewußt kaltem Blick maß, um, wie gesagt, bald hernach zu sterben, was sie einzig deshalb ausführte, weil es ihr vom Autor vorgeschrieben wurde, der in Verlegenheit geraten war, wozu er sie fernerhin würde verwenden können. Da er selber krank im Bett lag, dichtete er auch ihr unwillkürlich einen derartigen Charakter an.

Einstweilen schaute sie mit unwiderstehlicher Trägheit still, weich, traumhaft vor sich hin. Entschlossenheiten in ihr, die etwas Unentschiedenes an sich hatten, ließ sie nach einer Weile vors Haus treten, um hier die Erfahrung zu machen, daß Hauslehrer überlebensgroß sein können, indem sie sich ihres Standesbewußtseins entäußern, und daß eine Selbstgeringschätzung erheblichen Umfanges sie anpacken kann.

»Was tun Sie?« rief sie verwundert, entrüstet, geschmeichelt, gelangweilt und vergnügt aus. »Lassen Sie das doch! Sie benehmen sich wie das Kind einer fremdartigen Zeit, nicht wie ein Angehöriger der unserigen. Sie scheinen eine sehr moderne, gesprenkelte Herrennatur zu sein, ein philosophieimstichlassender Philosoph, und mir wird bang, lampenlichtflackrig vor Ihnen, und dann dieses Monotone, Ländliche ringsherum, und über meinen Autor, um wieder von dieser bedeutenden Persönlichkeit zu sprechen, ist das Bedürfnis, die Manie gekommen, mich mit einem Gemisch von Weichherzigkeit und Unerbittlichkeit zu Ihnen reden zu lassen, der mir mit verzerrten Gesichtszügen zu Füßen liegt. Wissen Sie aber, was ich Ihnen im Sinne habe zu machen? Den »Kopf« mache ich Ihnen! Ihre Geistigkeiten zanken mit Ihnen, aber die meinigen tun das mit ebenso großer Geschwindigkeit mit mir. Die Kultur, die ererbte Bildung, die lebhaft in mir schlummern und rumoren, stemmen sich mit aller Macht gegen die Überzeugtheit, daß Sie nicht ganz unbeachtenswert seien. Wie unschön, gewagt, rücksichtslos es von Ihrer Hauslehrerlichkeit ist, mich zu einem denkbar unangenehmen »Kopfmachen« zu veranlassen. Lassen Sie sich gesagt sein, daß man lieben darf, daß man das aber nicht mir nichts dir nichts offen zu zeigen nötig haben sollte. Wie undifferenziert ist Aufrichtigkeit, eins, zwei, drei, als exerzierten Soldaten! Können Sie denn nicht in der Umgrenztheit Ihrer Studierstube so kopf- und fassungslos, so hingerissen sein, wie Sie wünschen, mich aus nichts als Verehrung, falls Ihnen dies willkommen ist, aufessen?«

Milde ließ sie alle diese Worte aus dem phantastisch schöngeschweiften Mund gleiten. Draußen in der Bucht schlummerte währenddessen das mit Abendlichkeit durchsetzte morgendliche Gewässer, als sei es eine biegsame, schmiegsame Silberplatte, die vor Lebenslust müde und vor Lebensmüdigkeit lustig klirre, und das unhörbare Klirren drang hörbar zu den Ohrmuscheln hinüber, in die er vor Begeisterung am liebsten hätte hineinbeißen mögen. Diese Liebe hatte alle seine Unbesiegbarkeiten beeinflußt; er glich einer zusammengestürzten Unumgestürztheit, einer aus Flaum und Flötentönen bestehenden Felsenpartie, die wehklagend kicherte: »Ich las und weiß zu viel«, indes sie tonlos aufjauchzend zurückgab: »Mein grausamer Gebieter empfiehlt oder befiehlt mir, in kurzem mein bißchen Amlebensein aufzugeben«, womit sie ihren Autor meinte.

Wäre ich ihr Hervorbringer gewesen, so würde ich sie, nachdem sie einen Lehrer belehrt, einen Bemängelnswerten unterwiesen, einen Strauchelnden und zugleich Anmaßenden abgekanzelt hatte, glücklich, reich, sorglos usw. haben werden lassen. Er kränkelte; deshalb taten das seine Produkte ebenfalls. Zaghaftigkeit war seinerzeit Mode!

(1928)

HENRIK IBSEN
(1828-1906)

IBSENS NORA ODER DIE RÖSTI

Debütierte da einmal ein Schauspieler in der Rolle des Helmer. Im fünften Akt, da er jenen Brief gelesen hatte, lächelte er, nahm sichlich die Situation gar nicht tragisch, vielmehr sagte er pomadig: »Liebe Nora, weißt du was? Mach' mir rasch noch eine Rösti.« Sonderbare Sprache, auf die das Publikum atemlos lauschte. Nora war entsetzt. Wie konnte ihr Gatte sein Zaghaftigkeitsgewändchen so auf einmal ablegen? Unter den Zuschauern machte sich Unruhe bemerkbar. Obiger so hausbackener Wunsch, in einem tiefbedeutsamen Augenblicke ausgesprochen, schien allen sehr eigentümlich, doch zischte niemand. Von Bratkartoffeln zu reden, wo Werte umgewertet werden sollten, war arg. All die großzügigen Noraworte unterblieben. Nachlässig, wie ein Weltmann von Erprobtheit setzte sich Helmer auf die Tischkante. Ob er wirklich jetzt eine Rösti möchte, sie vermöge es kaum zu glauben, stammelte Nora, und sah scharmant aus in ihrer Verblüfftheit. »Was ich sprach, ist wahr«, versetzte ihr Partner. Das Stehparterre wiegte die Köpfe. Plötzlich war Nora vom Wunderbaren durchdrungen; das Publikum war paff. Sie war zufrieden, weil Helmer etwas Unerwartetes gesagt hatte. Zwar applaudierte man ihm nicht, ließ ihn sich aber gefallen. (1924)

[DER BESSERE HERR]

»Mikrogramm«-Entwurf

Ein Theaterdichter betitelt sein neues Stück unter Berücksichtigung einer Figur, die Aufgaben erledigen, Probleme lösen will, »Der bessere Herr«. Diese Figur scheint aber die erwähnte Benennung ohne eigentliche Berechtigung zu tragen, denn soviel ich wissen zu können meine, zeichnet sich ein besserer Herr gerade dadurch aus, daß [er] neue Gesichtspunkte notorisch geringschätzt, sich mit ihnen überhaupt nicht befassen mag, indem er derjenige ist, der jederlei Art Problem auf das säuberlichste aus dem Wege geht, weil Neubewertungen für seine Seele gleichsam, beinah möchte man sagen, übel duften. Speziell auf dem Gebiete der Ehe, der Liebe sind solch einem besseren Herrn, der im übrigen ein ganz scharmanter Mensch sein kann, Neueinstellungen sozusagen zuwider. Weshalb sollte ich das nicht ziemlich genau wissen, der ich ja selber, in gewisser Hinsicht, ein besserer Herr bin, indem mir einmal eine gebilde[te] Frau insofern ein Kompliment machen zu sollen glaubte, als sie mir mit achtungsvollem Gesicht sagte, ihr Inneres, ihre Gesamtintelligenz sei überzeugt, ich sei ein feiner Herr. Obwohl vielleicht ein feiner Herr nicht haargenau dasselbe ist wie ein besserer Herr, so handelt sich's hier fraglos um etwas Ähnliches. Wenn es sein muß, kann ich eine Menge besserer Herrenbedenken mit mir herumtragen, mit anderen Worten, sehr skrupulös sein. Wie oft habe ich schon das Leben samt allen seinen Verlockungen vom besseren Herrenstandpunkt aus betrachtet. Aus welchem Jahrhundert könnte nun diese gediegene Pf[l]anze, dieses Erzeugnis genannt ›besserer Herr‹ eher stammen als aus dem neunzehnten, das durch Verbürgerlichung gleichsam vor allen sonstigen Epochen hochaufragt? Im achtzehnten Jahrhundert, du meine liebe Güte, gab es noch den ausklingenden, echten, feudalen Herrn, jenen mit Herrenrechten ausstaffierten Herrn, und neben ihm galten alle sonstigen reellen Herren ganz einfach bloß als Männer. In früheren Zeiten existierte also die Marke ›besserer Herr‹ nicht, sie wurde gewissermaßen erst durch ein Etwas geboren oder ans Tageslicht gezogen, das sich unter dem berühmten Namen ›Französische Revolution‹ allgemeiner Anerkanntheit erfreut. Man begeht vielleicht keinen allzu starken Irrtum, wenn man die genannte große Umwälzung als die Mutter des besseren Herrn erklärt, und von da an fühlte er sich auf dem Erdboden scheinbar kolossal wohl, und es lag ihm naturgemäß daran, sich zur Entfaltung oder, wie das zeitgemäße Wort lautet, sich zur Entwicklung zu bringen, was er denn auch wacker zur Ausführung gebracht hat. Näher angeschaut könnte man ihn eine Biedermeiererscheinung nennen, indem ja zur Biedermeierzeit sämtliche Großhanse oder Revolutionäre, wie die Weltgeschichte lehrt, abgesetzt und kaltgestellt wurden, wie sie's offenbar redlich verdienten, womit [wir] dargelegt haben möchten, daß der bessere Herr sich aus dem anfänglich ungehemmten, später aber besonnen und darum etwas kleinmütig gewordenen Revolutionismus herausschälte wie der Kern aus dem Pudel. Indem die Herren Revolutionäre mit dem Pöbel gemeinsame Sache zu machen überdrüssig geworden zu sein schienen, wurden sie mir nichts, dir nichts bessere Herren, und als solche traten sie in den erstbesten Laden und kauften sich eine Uhr mit glänzender ihnen um's propere Aussehen schauke[l]nder Uhrkette, dachten zu dieser Maßnahme um fünf in ein Restaurant zu treten, wo sie mit weithinschallender Stimme ausrufen konnten: »Kellner, ein Großes!« Möglicherweise steht die Geschichte mit der Abstammung des besseren Herrn auf etwas unsicheren Füßen, item, er ließ Fabriken bauen oder erwarb diese oder jene ausgiebige Bestallung. Zu Industrie und Handel steht er jedenfalls in engster Beziehung. Ohne diese beiden, aller Welt ein gänzlich anderes Antlitz verleihenden Zivilisationsblumen existierte er überhaupt nicht, und man hätte nicht die geringste Gelegenheit zu sagen, daß er durchschnittlich vierzig Jahre zu sein pflegt. Wirkliche und wahrhaftige bessere Herren befinden sich in einem bestandenen, gesetzten, soliden, klugen, wohlabgewogenen und -gerundeten Alter, ihnen gehören die sogenannten besten Jahre, sie sind zum Glück nicht mehr jung und gottlob noch nicht alt, sie nehmen, was das Wachsen, Abfallen und Altern betrifft, die goldene Mitte ein, und ich glaube nicht, daß man befugt sein kann, sie zu jugendlichen Helden und Liebhabern zu machen, man charakterisiert sie meiner Ansicht nach nicht richtig, wenn man sie bloß sechsundzwanzig Jahre zählen läßt. Daß es verheiratete und junggesellige bessere Herren gibt, dürfte bekannt sein. Ist er Ehemann, so wird man nicht für unmöglich halten können, daß er dann und wann zu seiner Frau Gemahlin die Worte spreche: »Komm mir ums Himmelswillen mit so etwas nicht!« Spielend leicht gebärden sich Frauen bei besseren Herren wesentlich zu modern, da er einen Mantel trägt, der ihn mit wärmendem Konservatismus umhüllt, und er gleichsam etwas wie der Nachfahre einer Aristokratie ist, die in zahlreich stattgefundenen Kämpfen um Gewinnung von Einfluß, Prestige, Bedeutung usw. im Lauf der Zeit zurückwich, was gerade der bessere Herr aufrichtig zu bedauern in die etwas widerspruchshafte Lage gerät, der es sehr schätzt, wenn ihm vornehmes Auftreten gelingt. Wer anders als Henrik Ibsen darf als Gestalter des besseren Herrn lobend hervorgehoben werden, da ihm eine Figur wie Helmer in »Nora oder das Puppenheim« gelang, wodurch mir der Typus, wovon hier die Rede ist, einwandfrei und lückenlos aufs Tapet oder auf die Bühne gebracht worden zu sein scheint. Hier und nirgend anderswo steht er verkörpert, mit allen erforderlichen Schwächen und anerkennenswerten Vorzügen ausgestattet da. Strahlend treten uns im Bankdirektor Helmer die Nuancen des besseren Herrentums aufs überzeugendste entgegen, und meiner Ansicht nach verdient schon allein um dieser einzigen, außerordentlich vorzüglichen Kreierung willen Ibsen als ein Genie auf dramatischem Gebiet erklärt zu werden. Helmer ist es, der uns mit nichts zu wünschen übriglassender Deutlichkeit zeigt, wie dem besseren Herrn alle Gewagtheiten, Kompliziertheiten fern liegen, wie er seine Nora durchaus nur niedlich, zierlich, in einem fort vergnügt sehen will. Sein gutes besseres Herrenherz, sein überaus redlicher, hochanständiger Besserer-Herren-Charakter kann nicht zulassen, nicht zugeben, daß irgend etwas in seinem Häuschen nicht [mit] den Anforderungen der Anständigkeit übereinstimme. Nora hat eine Dummheit begangen, und zum Glück wissen Helmer und seine Weste lange Zeit nichts davon. Seine Frau hat ihn geliebt, man braucht nicht zu erstaunen: Bessere Herren können sehr wohl den Gegenstand einer geradezu rührenden Zärtlichkeit bilden, ei der tausend, warum nicht? Da es möglich ist, legt es Ibsen in einem glänzenden Beispiel dar. Nun muß es aber dennoch eines Tages herauskommen, das Unfeine, das Neue, das Elementare, das, was er nie für möglich gehalten hätte, dieses höch[s]t Unangenehme, weil Unkluge, lediglich Menschliche, und nun möchte er mit einer Schnur sich den allzeit dem besser gewesenen Mund zusammenhalten. Seine allzeit besseren Herrenstand angehört haben[den] Knie zittern, die Totalität seiner höchst pertürbierten, aufgestapelten Begriffswelt wankt. »Erkläre dich!« ruft, schreit er und wirft die Hände über den Kopf, als wenn sich diese Hände von seiner übrigen Körperlichkeit trennen wollten und Lust bekommen hätten zu fliegen. Er könne es immer noch nicht fassen, das Schreckliche, plärrt, wehklagt er, und das Schreckliche wird für seine höch[s]t lebhafte Imagination von Sekunde zu Sekunde schrecklicher, daß man ihn beinahe auslachen möchte, wenn er uns nicht gleichzeitig überaus sympathisch wäre. Daß Ibsen diesen famosen besseren Herrn des Sympathischseins nicht zu entkleiden für nötig zu halten fand, darin besteht ja das Meisterliche dieser Schöpfung der Neuzeit. Der bessere Herr ist ganz einfach ein Neuzeitlicher, der von allem Neuzeitlichen möglich[st] wenig wissen will, weil er genau weiß, daß die Welt und ihre Anschauungsweisen die gleichen, die alten bleiben, er ist der Revolutionär, der die Konterrevolution will, d. h. in seinem Wesen und in seinen Normen ererbt hat. Als Nora ihn mit ihrem Wunderbaren daherkommt, wird ihm zumut, als müsse er jetzt klein werden und beinahe [...] und winseln, so unendlich traurig mutet ihn die Neuerung seines verzärtelten Frauchens an. Über seine Vernichtetheit lacht und weint man, und Ibsens besseres Herrenstück ist eine unsterbliche Komödie.

(1927)

ANATOLE FRANCE (JACQUES ANATOLE THIBAUT)
(1844-1924)

NEKROLOG

»Mikrogramm«-Entwurf

Es ist abends um sechs, und ich will in die Oper, und es nimmt mich geistig so vieles in Anspruch, und nun trauert ganz Frankreich an einem Sarg, das ist arg. Anatole France ist tot, und sämtliche Gebildeten wollen von nun an nie wieder ein andersautoriges Buch lesen. An der Bahre des großen Toten verzagen und zerschellen alle Intellektuellen, und ich will jetzt also in die Oper, und die französische Nation ist außer sich. Paris gebärde[t] sich verzweifelt. Sämtliche Restaurants bleiben zwei Jahre lang geschlossen, und es ist jetzt sechs, und ich soll mich in den Frack stürzen, zwar hab' ich keinen. Eine Lücke ist hineingerissen worden in die Schwadronen und Scharen der besseren Denker. Gott sei Dank ist die große Nation jetzt mit einmal bettelarm. Anatole France ist nicht mehr. Die Stühle, Uhren, Kanapees auf der ganzen Welt trauern um das große Loch, das der Tod in die Reihen derer gerissen hat, die mit der Feder in der Hand herumlaufen. Kein Anatole France läuft mehr herum. O, das ist dumm. Frankreich hat einen entsetzlichen Stoß erlitten. Das freut uns sehr. Alle Anhänger französischen Geistes stehen zu Trauerfiguren erstarrt vor dem enormen Ereignis. Es gab nur einen einzigen Anatole France, daher gibt es jetzt keinen mehr. Hätte es zwei gegeben, so existierte vielleicht der eine von den beiden noch. So aber ist alles, was Anatole France hieß, hin. Aber nicht wahr nicht, wir wollen uns trösten. Wir wollen doch auch an uns selber ein bißchen glauben. Wir wollen uns fassen und jede Anwandlung von Grämlichkeit schassen. Das Leben steht an Särgen von Leuten, die hochemporragten, nicht still. Ich bin überzeugt, es wird immer wieder etwas emporragen. Meinen Sie nicht auch?

(1924)

VII. HIER WIRD KRITISIERT

JAKOB VICTOR WIDMANN
1842-1911

WIDMANN

Wie mir in Erinnerung geblieben ist, lief ich eines Morgens, im Monat März, von Thun weg, wo ich in Stellung war, nach Bern, um zu Widmann zu gehen. Mit zwanzig Jahren pflegt man noch ziemlich überspannt zu sein. Demgemäß trug ich einen liederlichen hellgelben Hochsommeranzug, leichte Tanzschuhe, absichtlich wüsten, kühnen, dummen Hut, und von ordentlichem Kragen war ganz gewiß keine Spur an mir.

Der Tag war wild und kalt; düstere Wolken bedeckten den Himmel; aber die Landstraße wenigstens war sehr sauber. Von Dorf zu Dorf ging es mit eiligen, elastischen Schritten. Weil es Sonntag früh war, so gab es fast keinen Verkehr auf der Straße. In kalten stechenden Tropfen fing es an zu regnen, da man jedoch mit zwanzig Jahren noch in keinerlei Weise empfindlich ist, so gab ich auf die Unfreundlichkeit des Wetters herzlich wenig acht. Die Welt sah dunkel, bös und hart aus, doch ich bin nie der Meinung gewesen, daß etwas Rauhes ganz und gar keine besondere Schönheit besitze.

In einem stillen Tannenwald glaubte ich mit hartem, strengem Laufen ein wenig innehalten zu dürfen. Hoch oben in den Ästen brauste der Wind. Das war für den jugendlichen Wanderer und anlaufenden Literaten Musik. Ich zog Bleistift und Notizbuch aus der Tasche und schrieb stehend und auf das Theater der Natur horchend einige gute oder schlechte, glückliche und gelungene oder verunglückte und verfehlte Verse. Alsdann lief ich keck und fröhlich weiter.

Das Land war gelb, braun und grau; hie und da wies es Stellen von feierlicher, ernsthafter, dunkelgrüner Pracht auf. Einiger alter Landhäuser oder Schlösser vornehme, imposante Schönheit wurde gern bewundert.

Gegen Mittag stand ich vor Widmanns Haus und klingelte am Gartentor zart an, worauf ein Mädchen herab- und herbeigesprungen kam, um dem Ankömmling und Anfängling zu öffnen. Wer ich sei?

»Wer anders kann ich sein als derselbe, der vor einiger Zeit Herrn Widmann seine poetischen Erstlinge einsandte, von denen er sieben oder acht Stücke in seinem wohlbekannten Sonntagsblatt abzudrucken die große und hohe Güte hatte!«

So oder ähnlich hatte ich den Mut oder Übermut zu sprechen. Das hübsche, muntere Mädchen entfernte sich, um mich anzumelden. Bald darauf stand ich vor Widmann, der mich mit freundlicher Stimme und mit den Worten: »Ah, das ist ja der junge Poet!« willkommen hieß.

Ich versuchte etwas wie eine Verbeugung zu machen. Im Verbeugungenmachen und ähnlichen artigen Dingen war ich damals noch überaus ungeübt und außerordentlich unerfahren; jeder Art Höflichkeit gegenüber war ich noch ein ahnungsloses Kind. Wie mußte außerdem den kleinen und geringen Menschen der Anblick des großen und bedeutenden einschüchtern. Indessen flößte mir seine edle Lebhaftigkeit sogleich das größte Vertrauen ein. Von Menschen, die zu bezaubern imstande sind, gehen Ermunterung und Ermutigung aus. Ich faßte mich, und in der Beruhigung, die ich fühlte, fand ich allerlei Worte, deren

Keckheit und Jugendlichkeit freundlich anzuhören und zu billigen er Güte und Großherzigkeit genug besaß. Was ich vorbrachte, schien ihn sogar zu interessieren.

Von Zeit zu Zeit musterte er begreiflicherweise ein wenig mein sehr eigentümliches, dreistes, wohl fast schon etwas zu originelles Äußeres, den Auf- und Anzug, das kecke, freche Kostüm, die rebellische, Modevorschriften in jeder Hinsicht verletzende töricht-eigensinnige Gewandung. Er tat das jedoch in aller Gelassenheit und Freundlichkeit, ganz wie ein Fürst, der sich durch Kleinigkeiten in seiner Ruhe und Größe keinen Augenblick beeinträchtigen und stören läßt.

Auf dem Teppich kauerte ein Hund; das Zimmer sah wie die vornehme Behaglichkeit selber aus. Nach Verlauf ungefähr einer halben Stunde fiel mir zum Glück ein, daß der Herr vielleicht noch anderes zu tun haben könnte als mit jugendlichen Anfängern zu reden; ich fand es daher gescheiterweise für passend, aufzustehen und mich zu verabschieden.

(1916)

FRANZ BLEI
(1871-1942)

DER DOKTOR

Eines Tages, in der heißen Mittagssonne, schon viele inhaltreiche Jahre sind seither vergangen, sah ich, noch erinnere ich mich dessen deutlich, auf dem menschenbelebten Platz, auf dem ich stand, aus der Masse von vielerlei unbedeutenden Leuten, welche er gewissermaßen mit seiner sonderbaren Erscheinung überragte, einen Mann auftauchen, der ganz in edles, schönes, feierliches Schwarz gekleidet war, eine Art Doktorhut auf dem Kopfe hatte, und einen eleganten Spazierstock beinahe gravitätisch in der Hand trug. Ich nannte den Mann ohne weiteres für mich im stillen einen Doktor der schönen Literatur, und ich darf sagen, er faszinierte mich. Alle übrigen Menschen, verglichen mit ihm, erschienen mir platt, unfein und gedankenlos, so, als habe sich kein einziger von ihnen je bemüht, sich Rechenschaft darüber abzulegen, warum und wozu er eigentlich lebe. Mit meinen Augen verfolgte ich den seltsamen und in gewissem Sinne abenteuerlichen Mann, der einem Geistlichen oder fast besser noch einem vermummten Fürsten glich in der Lässigkeit, mit welcher er seines Weges ging. Ein Zauberer schien er zu sein, denn er trug eine unzweideutige Verachtung gegenüber seiner Umgebung zur Schau, und zwar so, als fühle er sich genötigt, sich selber gering zu achten, deshalb, weil er unter keinen besseren Leuten lebe. Eine Brille verunzierte nicht, sondern zierte und schmückte sein bleiches, gedankenvolles Gesicht. Das Gesicht schien ohne die Brille nicht sein Gesicht zu sein. Edel, gleich einem Gesandten, der gewöhnt ist, an königlichen und kaiserlichen Höfen zu verkehren, schritt die schlanke, leicht vornüber geneigte, feine Gestalt dahin, und indem der Mann so ging, war es, als fühle er sich belästigt von einem unabweisbaren Reichtum von Gedanken. Er schien etwas wegzuwerfen und abzuweisen, und gleichzeitig schien er wiederum irgend etwas zu suchen, etwas, das schöner sei als alles andere. Was dieser Mann sein eigen nannte, betrachtete er als etwas, dessen er auch schon Grund hatte, überdrüssig zu sein. Nur was er ersehnte, vermochte er zu achten, und nur was er erstrebte, schien er zu besitzen. Auffallend war mir, wie er sich so leicht durch die Menschen schlängelte, als befinde er sich auf vergnüglich-liederlichen Wegen, als etwa auf dem Weg in die nächstbeste elegante Konditorei, zum zierlichen Rendezvous mit einer Dame. Doch das war die Maske, in die sich die Person zu hüllen liebt, die nicht mag und nicht will merken lassen, wie ernsthaft sie denkt, damit sie es um so besser tun kann. Ich wollte mir eingebildet haben, daß er mir wie der privilegierte und berechtigte Vertreter alles dessen erscheine, was geistvoll sei, und daß er auf mich den Eindruck mache, der mir sagte, daß es zu des Mannes Leidenschaften gehöre, stets eine Leidenschaft zu nähren. Jedenfalls gefiel er mir im höchsten Grade, und in dem Augenblick, wo ich ihn sah, liebte und verehrte ich ihn auch schon. Bald indessen verschwand er, und auch ich entfernte mich von dem Standort, von wo aus ich ihn so aufmerksam betrachtet hatte.

(1914)

DOKTOR FRANZ BLEI

Weit und breit als Schriftsteller bekannt, hat er einen berühmten Namen, und man rechnet ihn zu den Männern von Verdienst. Verdankt ihm das gegenwärtige geistige Leben nicht hunderterlei Anregungen? Ist er nicht unter anderem der Verfasser von zahlreichen bedeutenden Aufsätzen? Hier will ich erzählen, wie ich ihn kennenlernte und welchen Eindruck ich von seiner Persönlichkeit empfing.

Ich war zwanzig Jahre alt, lebte als Handelsbeflissener in Zürich und wohnte daselbst in einem alten Haus auf dem Berg, in einem Zimmer, das unmittelbar vor mir ein Maler, nämlich mein Bruder, bewohnt hatte. Dem hübschen Zimmer war eine gewisse Stimmung von Nachdenklichkeit und freundlicher Altertümlichkeit eigen, weshalb ich es fast zärtlich liebte. Zwei gutherzige Tannen standen dicht vor dem Fenster, und wenn ich am frühen Morgen erwachte, so schienen sie mir mit ihren anmutigen ernsthaften Ästen »auch schon munter« und damit herzhaft guten Tag sagen zu wollen. Es gab damals für mich nur ein einziges Seltsames, Großes und Wunderbares, das war die Natur mit ihren Nächten, Abenden und frühen Morgen. Jugend-Romantik, wie beseligtest du mich! Es war im Mai, und Widmann in Bern hatte einige meiner Gedichte in seinem Sonntagsblatt veröffentlicht. Ich sah mich zum erstenmal im Leben gedruckt, worüber ich vor Vergnügen fast verrückt wurde. Ich wiederhole, daß ich zwanzig Jahre alt war. Mit zwanzig Jahren ist manches möglich, was mit vierzig nicht mehr möglich ist. Die Frühlingserde glich einer liebenswürdigen, grün- und weißgekleideten Prinzessin, und das hoffnungsreiche Leben, von heiteren Aussichten schäumend und sprudelnd, tanzte und schwebte wie ein ungebundener, königlich schöner und freier Tänzer daher, der weder Kummer noch Sorgen kennt.

Eines Abends, um die Zeit, wo ich gewöhnlich von der Arbeitsstätte oder vom Arbeitsfeld nach Hause zurückkehrte, sah ich auf dem Tisch, im Dämmerlicht der schon dunklen Stube etwas Kleines, blitzend Weißes und Feines liegen. Es war ein Brief, ich öffnete ihn, trat ans Fenster, das noch einige undeutliche und schwache Tageshelligkeit gewährte, und las, was mir Doktor Franz Blei schrieb, der mich bat, ihn besuchen zu wollen, da er mich gerne kennenlernen möchte. Ich ging andern Tages, nachmittags sechs Uhr, zu ihm hin, um dem Manne, den meine Gedichte interessiert zu haben schienen, meine Aufwartung zu machen, wobei es, wie ich mich erinnere, und zwar so deutlich erinnere, wie wenn es sich um eine Erscheinung von gestern oder vorgestern handeln sollte, aus grauem, weichem Himmel sanft auf einen wie mit Teppichen belegten Weg herabregnete, als weine es in leisen süßen Strömen aus tränenangefüllten Augen.

Sorgfältig trat ich in das Haus hinein, womit ich den Fuß zum erstenmal in meinem Leben in ein feines und vornehmes Haus setzte. Er lächelte sehr freundlich, als er mich erblickte, und mit sichtlicher Artigkeit und Güte geleitete er einen jungen Menschen in seine Wohnung hinein, der sich die Kunst, sicher aufzutreten, noch in keiner Weise angeeignet hatte. Sein geistreiches Lächeln war überaus gewinnend. Im angenehmen und ruhigen Verlauf des Gespräches, das er mit mir führte, machte er mich, vom edlen Eifer beseelt, mich aus mancherlei Unkenntnis und Unwissenheit heraufzuheben, auf einige Dichter, auf Lenz, Büchner, Brentano und Novalis aufmerksam. Es zeigte sich, daß er ebenso klug wie ernst, ebenso leicht und graziös wie schön spreche, und daß sein Benehmen überaus sanft und liebenswürdig sei. Geist und Bildung sprachen aus jedem Wort, das er redete; der Schatz seines Wissens schien auf der Freundlichkeit und auf der Güte eines schönen und empfänglichen Herzens zu beruhen. Auffallend war seine Manierlichkeit, und die Artigkeit schien ihm angeboren. Eine gewisse gesellschaftliche Kälte, die er für schicklich halten mußte zu zeigen, schien seinen augenfälligen Wert keineswegs herabsetzen zu können. Er war sehr elegant gekleidet, und sein sehr feines Wesen ließ von Zeit zu Zeit etwas Spielerisches ahnen, das als Eigentümlichkeit an demselben haften mochte. Mir kam es vor, als habe er eine beträchtliche Summe von Herzlichkeit mit einer ebensolchen Summe von Verstand und einen vornehmen Geschmack mit den exaktesten Kenntnissen vereinigt. Ich sah ihn sich ebenso würdig wie frei und ungezwungen benehmen. Unter andern Annehmlichkeiten, die er mich fühlen ließ, schenkte er mir einige Bücher, und indem er mich mit seinen klugen Augen sorgfältig anschaute, wobei eine gewisse Fraglichkeit und Besorglichkeit über seine weltmännische Miene schwebte, fragte er mich, wie ich mir meine Zukunft vorstelle: »Sie sind im kaufmännischen Bureau beschäftigt und schreiben Gedichte. Werden Sie fortfahren, Gedichte zu schreiben und dabei kaufmännisch tätig zu sein?«

Ich antwortete: »Es wird mir kaum irgend etwas anderes übrigbleiben. Darf ich Ihnen gestehen, daß ich habe Förster werden wollen? Darf ich Ihnen ferner gestehen, daß ich anderthalb Tage bei einem Photographen in der Lehre gewesen bin, und daß ich vorübergehend auch an die Gärtnerei gedacht habe? daß jedoch bei alledem eine sehr lebhafte und kräftige Stimme in mir gewesen ist, die mir sagte, daß Berufsänderungen im allgemeinen immer nur Äußerlichkeiten, nicht Wesentlichkeiten sind? Lastet das äußere Leben nicht auf uns Menschen allen, wie z. B. ja doch auch auf Ihnen, Herr Doktor? Und können wir alle Besseres und Gescheiteres tun als des Lebens Druck und Last so schön, so sanft, so gutmütig wie möglich zu ertragen? Soll ich auf Grund dieses Gedankens nicht fröhlich der sein, der ich bin, und mutig weitertreiben, was ich bisher getrieben habe? Mußte ich mich, so jugendlich und unerfahren ich scheine, etwa nicht, wie viele andere ebenfalls, davon überzeugen, daß es bei uns Menschen hauptsächlich auf eine Durchdringung ankommt, und kann sich ein Handelsbeflissener, wie ich einer bin, nicht ebenso gut durchdrungen fühlen wollen wie irgendein anderer?«

Er lächelte und stimmte allem, was ich vorzubringen gewagt hatte, oder was mir im Augenblick zu sagen eingefallen war, leicht und artig bei. Es fiel mir angenehm an ihm auf, daß nicht der leiseste Hauch von Dünkel von ihm ausging. Den Hochmut, womit sich viele gebildete Leute zu umgeben und zu befestigen pflegen, schien er nicht einmal zu kennen, geschweige denn zu besitzen, und ich mußte bekennen, daß ich ihn um dieses herrlichen, ja bewunderungswürdigen Mangels willen augenblicklich verehrte, hochachtete und liebte. In der Tat wirkte er wie ein bedeutender, außerordentlich scharfsinniger und zugleich wie ein ganz schlichter Mann auf mich.

»Wollen Sie einmal zu mir kommen, wenn Leute bei mir sind?« fragte er. »Sehr gern«, gab ich zur Antwort.

Ich wurde gelegentlich eingeladen und lernte bei diesem Anlaß seine Frau Gemahlin und einige Damen und Herren kennen, wobei ich sehen lernte, daß der Doktor eine ungewöhnliche gesellschaftliche Gabe entfaltete. Seine Fähigkeit, Tiefsinn und Ernsthaftigkeit mit geselligem Witz und eine Fülle von reizenden, anmutigen Einfällen mit hohem Anstand zu verbinden, erregte meine Sympathie, setzte mich in aufrichtiges Staunen und machte mich glauben, daß er zurückhaltend zu sein verstehe, ohne langweilig zu werden, und daß er harmlos und offenherzig sei, ohne irgendwie die Grenze des Schicklichen zu verletzen. Ich durfte mir sagen, daß er die Üblichkeiten respektiere, ohne sie allzu genau zu nehmen, und daß er sich in Schwung zu bringen vermöge, ohne sich anstrengen zu müssen. Gewandtheit und Geschicklichkeit, die er offenbarte, schmälerten die Wärme, die er fühlen ließ, in keiner Hinsicht, und es bot sich mir Gelegenheit dar, mich zu überzeugen, daß er der höchlich mitteilsame, teilnehmende Mensch sei, der lieber weniger gefürchtet und geachtet als weniger lebenslustig und menschenfreundlich sein will. Ich konnte leicht beobachten, daß, obwohl Stolz und Selbstbewußtsein an ihm und seinem Auftreten kaum zum Vorschein kamen, er nichtsdestoweniger doch durchaus zu wissen oder zu fühlen gesonnen sein mochte, wer und was er war, und derartiges beobachten zu dürfen, war für mich eine Freude, denn es war schön.

Ich sah ihn übrigens während des ganzen Sommers nur zweimal, und zwar auf der Straße: einmal aus einiger kleinen Entfernung, wie er über den Paradeplatz, an einer eleganten Konditorei vorbei ging. Soviel ich weiß, trug er einen zierlichen Spazierstock überaus gravitätisch, wobei er wie ein Abenteurer aussah, der sich aus Gründen des guten Tones so genau wie möglich nach den Vorschriften der Mode richtet, weshalb er, obgleich originell gekleidet, durchaus unauffällig blieb, indem er Eigenheit mit Unscheinbarkeit auf die schönste Art in Einklang oder in Zusammenhang brachte. Obwohl er also durchweg modern und zeitgemäß, d. h. wie ein Mensch daherkam, der mit der Zeit rechnet, in der er lebt, so machte er mir dennoch den Eindruck des Sonderbaren und Ungewöhnlichen, den Eindruck sozusagen des Fremdartigen, und ich glaubte nicht im geringsten zögern zu müssen, seine Figur in Gedanken in die Städte Mailand, Venedig, London oder Paris vom Jahre 1800 hinüber zu versetzen, indem ich mich von der merkwürdigen Empfindung betroffen fühlte, daß er besser zu den menschlichen Erscheinungen einer vorbeigegangenen als zu den Leuten der gegenwärtigen Epoche passe. Freilich muß ich gestehen, daß sich diese Beobachtung immerhin nur auf eine flüchtige Anwandlung von Empfindsamkeit, demnach auf etwas Unbestimmtes stützte.

Das zweitemal traf ich meinen Mann, falls eine solche Redensart nicht unhöflich ist, unter den Kastanienbäumen einer städtischen Anlage an; wir gingen zusammen eine kleine Strecke weit, und plauderten miteinander. »Haben Sie nicht Lust, nach München zu reisen?« fragte er.

Ich gab zur Antwort: »Ich habe die feste Überzeugung, daß sich ein Aufenthalt in München nicht für mich eignet, weil ich zum voraus weiß, daß ich mich dort schon am ersten Tag nach Zürich zurücksehnen würde. Insofern ich nach München reisen wollte, habe ich nicht das geringste Vertrauen mehr zu mir selber, aber inwiefern ich hübsch hier in Zürich zu bleiben entschlossen bin, traue ich mir alles Schöne und Gute zu. Ich bitte Sie, mich auszulachen; aber was ich da sage, beruht auf einem wahren Gefühl. Was soll und kann ich in München anderes tun als im Kaffeehaus sitzen und Glacéhandschuhe mich erdreisten zu tragen, im Regen und im Sonnenschein umherlaufen, vielleicht von Zeit zu Zeit Münchens Sehenswürdigkeiten besichtigen, meinetwegen auch hübsche Frauen kennenlernen. Ich verstehe nur nicht recht, was mir das Hübsche-Frauen-Kennenlernen nützen könnte. Nein, ich bleibe hier, denn ich habe meine ganz bestimmten Gedanken.«

Er fragte, indem er mich aufmerksam betrachtete: »Und was sind das für ganz bestimmte Gedanken? Wollen Sie sie mir mitteilen?«

Ich sagte: »Einem klugen und milddenkenden Menschen teilt man gern allerlei mit großem Behagen und mit entschiedenem Vertrauen mit. So vernehmen Sie denn etwas, das Ihnen vielleicht ganz töricht vorkommt. Ich werde gegen den kommenden Herbst aus der Stellung, die ich zurzeit bekleide, austreten und folglich arbeitslos und stellenlos sein, worauf ich in die Einsamkeit zu gehen im Sinne habe. Ich werde mich in die Abgelegenheit irgendeines vorstädtischen Zimmers einschließen und dort fortfahren, Gedichte zu schreiben. Dies ist ein ganz einfacher Plan, den ich, wenn mich nicht alles trügt, unbedingt ausführen, verwirklichen und lebendig machen kann. Wenn ich dann einige annehmbare Sachen geschrieben haben werde, so suche und finde ich einen neuen geeigneten Posten, trete wieder in ein Bureau ein und bin derselbe vernünftig sowohl wie zweckmäßig arbeitende Mensch wie vorher.«

Er warf ein: »Sie wollen also, statt ins Weitläufige und Breite hinaus zu reisen und vielerlei Dinge, Neuigkeiten, sei's Mensch, sei's Gegend, kennenzulernen, lieber nur still wenige Schritte auf die Seite treten, um das Wesen der Zurückgezogenheit und Abgeschlossenheit zu erfahren. Werden Sie das immer so tun, und meinen Sie, daß es ersprießlich für Sie sei?«

Worauf ich mir erlaubte zu erwidern: »Ich stelle mir vor, es komme darauf an, daß man es probiere. Ich kann Ihnen versichern, daß ich mir immer Mühe geben werde, zur Kenntnis meiner selbst zu gelangen und mich danach zu verhalten. Jeder scheint durch Naturanschauung geneigt, oder vielmehr, wie ich mich ausdrücken möchte, verpflichtet zu sein, so zu handeln und sich so einzurichten, wie er fühlt und denkt, daß er am besten vorwärts kommt, ohne dabei seine Mitmenschen belästigen zu müssen. Jeder von uns hat meiner Meinung nach stets

Grund zu versuchen, soviel wie möglich zu leisten, dagegen so wenig Geräusch wie möglich zu machen.«

»Und glauben Sie, um dichten zu können, aus Amt und Stellung absolut heraustreten zu sollen?«

»Gewiß! denn anders dichtete ich schon lieber überhaupt nicht, das hieße nur so nebenbei dichten, und das kann natürlich niemals das Wahre sein. Wie ich fest glaube, brauche ich zur Erledigung eines Geschäftes, dessen Führung ich ernst nehme, ganze Tage und eine volle Unabgeschnittenheit. Raum und Zeit spielen da eine bedeutende Rolle. Und wo wäre sonst das Opfer, das ich bringen muß, Hingabe und Mut, die ich beweisen soll? Keinen Moment zweifle ich, daß Dichten unter keinen Umständen irgendein Unterhaltungsspiel ist, das nur so als Nebensache oder Zerstreuung betrieben werden kann. Leben und Dichten müssen ohne Frage ein Einziges und Zusammenhängendes sein. Dichten ist ein Großes und Ganzes und beansprucht daher sicher auch ein ganzes Leben, und sollte ich mich irren, was ich jedoch für unmöglich halten will, so liebe und bevorzuge ich den Irrtum und fliehe die Wahrheit. Sicher begreifen Sie mich.«

»Wird es Ihnen gelingen, je nach Bedürfnis immer wieder einen Platz und eine entsprechende Beschäftigung unter den Menschen zu gewinnen?«

»Daran zu zweifeln und Befürchtungen hierüber zu haben, ist mir noch nie eingefallen. Da ich keine großen Ansprüche erhebe, so werde ich gewiß auch immer wieder ein kleines Plätzchen und irgendein annehmbares, brauchbares Auskommen finden.«

»Ich gebe ein Nachtessen im Freien.« (Er bezeichnete mir Tag und Stunde.) »Es werden Leute dabei sein, die sehr artig zu Ihnen sein werden. Nicht wahr, Sie kommen doch auch. Ich zähle darauf.«

Ich fühlte mich verbunden, die Einladung anzunehmen

und sagte zu. Zur angegebenen Zeit erschien ich in seinem Garten, wo in einer mit allerlei Lampen und Bändern geschmückten Laube ein Eßtisch gedeckt war, der sehr zierlich aussah. Die Nacht war wie geschaffen, unter freiem Himmel zu sein und einige Stunden in der frischen Luft zu verbringen. Es wurde gesungen und gespielt, gelacht und geplaudert; Gedichte von Romantikern, wie z. B. von Brentano, wurden vorgetragen und der Beifall, den sie mit ihrer Schönheit und dem Wohlklang ihrer Zaubersprache herausforderten, wurde ihnen nicht verweigert, vielmehr gern gespendet. Auch einige Szenen aus Büchners »Dantons Tod« gelangten zum Vortrag, sowie das wundervolle Gedicht von Lenz, das, wenn ich mich nicht irre, mit den Worten beginnt: »O, ich schmeichelte mir viel –« Ein reizender, genußreicher Abend war's, der mir stets lebhaft in Erinnerung blieb.

Fabelhafte, glänzend schwarze Nächte, und der Morgen dann so hell und freundlich, mit so guten, lieben, blauen Augen! Das Bleiche und das Rosige, das Nebelhafte und das Klare – –

Im Herbst hatte ich meinen Abseitsgedanken wahr gemacht und saß einsam, mit allerlei seltsamen dichterischen Dingen beschäftigt, in einem kleinen armseligen Zimmer, dessen Fenster freilich eine entzückende Aussicht in die Herbst- und später in die Winterlandschaft gewährte. Die Stille und die Sonderbarkeiten taten es mir an, und ich fühlte mich unwiderstehlich von der Macht des Düsteren und Einsilbigen angezogen. Das Nichts riß mich mit seinem wunderbaren Gehalt hin. Die Beschäftigungslosigkeit beschäftigte mich im höchsten Grad, und ich trank in vollen Zügen den melancholischen Reiz der Leere. Unangetastet und unzerstreut wollte ich sein, und ich war es. Von Zeit zu Zeit sprang die Türe auf, und ein übermütiger Tänzer tanzte unter wunderlichen, drolligen

Bewegungen zu mir herein. Auch besuchten mich bisweilen Reue, Wehmut und Trauer. Schön wie Königssöhne waren die Abende, und den Sternen anvertraute ich, was ich fühlte und dachte. Der Winter kam, und es schneite, und immer saß ich im Zimmer. Das Haus, das ich bewohnte, glich einem Räuberhaus, aber ich liebte es gerade wegen seiner ergreifenden Zerfallenheit. Die Tür zur Wohnung war meistens nur angelehnt, keineswegs sorgsam zugeschlossen, und es sah aus, als sei die Tür zu müde, um in einigermaßen ordentlichem Zustand zu sein. Öfters drang ein klägliches Kinderwimmern an mein stets lauschendes Ohr. Die Stunden kamen und gingen, eine um die andere. Manchmal wollte ich verzagen, aber immer wieder fand ich im sinnenden und dichtenden Innern Ermunterung. Beunruhigungen machten mich ruhig, während mich Ruhe und Leichtsinn plötzlich wehmütig machen und beunruhigen konnten. So lebte ich dahin. Als es kalt und kälter wurde, legte ich mir Tücher um die Füße. Einheizen lassen wollte ich nicht, denn ich wollte es nicht schön haben, ich wollte frieren. Hin und wieder schlich das Bangen zu mir und berührte mir die Stirn; doch ich wußte es zu verscheuchen, indem ich zu lachen und in der Stube umherzutanzen begann. Nichts störte mich, und auch ich störte und behelligte niemanden. Kein Mensch wußte, wo ich war, aber es brauchte es auch kein Mensch zu wissen. Kein Mensch kam zu mir, aber auch ich ging zu keinem Menschen. Nur einmal klopfte es eines Abends plötzlich an meiner Tür. Ich dachte zuerst eine kleine Weile darüber nach, wer das wohl sein könne, und dann rief ich »Herein!«, worauf groß und schlank Herr Doktor Franz Blei hereintrat.

»Also hier sitzen Sie, und auf solche Art und Weise verbringen Sie Ihre Jugend«, sagte er mit merkwürdig dunkler Stimme und verschwand wieder.

Es war nämlich gar nicht er selber sondern ein Spuk, eine Truggestalt, eine geisterhafte Einbildung, wobei zu bemerken ist, daß er ganz in grau erschien, was schon an und für sich auf Spuk und Unwirklichkeit schließen ließ. Indessen halte ich Spuk durchaus nicht für so ganz und gar unwirklich, und im übrigen war ich in jenem Augenblick wahrscheinlich ganz einfach durch fortwährendes Stillsitzen nur sehr hoch erregt und durch Abspannung des Geistes, des Gemütes und der Nerven stark geschwächt, weshalb ich vorübergehendermaßen veranlagt sein konnte, Gebilde zu schauen und Gegenstände wahrzunehmen, die offenbar gar nicht existierten. Wußte ich ja doch ganz genau, daß er längst verreist war. Und wie hätte andernfalls der vornehme und gebildete Mann in ein so elendes Haus und in ein so schlechtes, erbärmliches Zimmer treten mögen. Ich sah ihn erst viel später, nach mehreren Jahren, und ganz woanders wieder, aber wo ich mich auch aufhalten und unter was für Umständen ich auch leben mochte, immer dachte ich mit dem lebhaftesten Vergnügen und mit der besten Gesinnung an ihn.

(1917)

FRANK WEDEKIND
(1864-1918)

[AUFSATZ ÜBER FRANK WEDEKIND]

»Mikrogramm« – Entwurf

Diesen Aufsatz über Frank Wedekind, der, wie man kaum wird zweifeln dürfen, der gebildeten Welt Bedeutendes schenkte und dem ich persönlich, ich setze später auseinander, wie und wo, begegnet bin, möchte ich, wie ich mich zu sagen erdreiste, im Stil des spanischen Romandichters Cervantes schreiben, und ich inszeniere und schreibe ihn jedenfalls mit gleichsam bebenden Händen, als wären diese Hände im Besitz von nichts als äußerst besorgten furchtsamen Fingern, die vor jeder Unartigkeit oder Unachtsamkeit zittern würden. Sicher oder wenigstens vermutlich ist eins: Frank Wedekind, der Schöpfer von »Frühlings Erwachen«, diese epochemachende Natur, die das Leben als eine Art Rutschbahn zu empfinden sich genötigt sehen mochte, [bedeutet] noch heute sehr, sehr viel. Er soll einst in einem Restaurant zu Zürich mit intitulierten Studierenden in Streit oder in Kollision geraten sein. Die jungen Herrn, so hörte ich erzählen, hätten sich über den höchst Empfindsamen, Feinfühlenden lustig gemacht, der in den quasi gefährlichen Ruf geraten war, ein Erzwitzbold zu sein, was nur in gewisser Weise, d. h. ungefähr zur Hälfte, der Wahrheit entsprach, denn der, der uns hier lebhaft beschäftigt, war ernst und, man wird keinen

Augenblick daran zu zweifeln Anlaß find[en], hochdenkend. Wenn ich, was ich für eine ausgemachte Tatsache halte, [ihn] der jetztlebenden Generation immerhin in's Gedächtnis zurückrufe, so schmeichle ich mir, ich weiß nicht, ob mit Recht oder unberechtigt, mit dem für mich erquickenden Glauben, daß dieser Aufsatz hier gut sei. Nun zum eigentlichen Inhalt dieses sich kaum in die Länge oder Breite dehnenden Aufsatzes. Indem andere längst den literarischen Wert des Gegenstandes dieser Zeilen gewürdigt haben, darf ich um so weniger in die Gefilde der Besonderheit, sozusagen, was diese Landschaft unserer so blendenden Persönlichkeit betrifft, in die Ferne schweifen. In München war's, wo mir das seltene Glück blühte, den eminenten Schriftsteller, den Versorger unserer an ausdrucksvollen Werken nicht allzu reichausgestatteten Bühnen, den geistvollen Dramatiker und Novellisten, zum ersten Mal von Antlitz zu Antlitz zu sehen. Es war zu der Zeit, da in genannter Stadt die belletristische Monat[s]schrift »Die Insel« herausgegeben wurde, zu deren Mitarbeitern zählen zu dürfen man mir das Vergnügen bereitete. Wedekind, dieser bereits auf vorliegendem Blatte mehrfach Genannte, empfing mich mit, wie mir vorkam, geziemender Kühle, also mit einem Gemisch von Distanzierung und Freude, d.h. so, wie ein Großer einen Anfänger gelegentlich der Absolvierung eines Besuches in seine Wohnung hineinzubitten pflegt. »Nehmen Sie bitte Platz.« Ich gehorchte. »Rauchen Sie eine Zigarette?« Die Frage wurde bejaht. Er offerierte mir eine Parisienne, und während ich sie anzündete, fand Wedekind für passend, mein Äußeres einer selbstverständlich nur oberflächlichen Prüfung zu unterwerfen, was zur Folge hatte, daß er mir sehr offenherzig erklärte: »Ihr Anzug gefällt mir. Wo kauften Sie ihn?« Ich gab Einkaufsort sowohl wie Preis trocken an. Was die Getrocknetheit meiner Stimme oder Stimmung betrifft, so wird man es begreiflich finden, wenn ich sage, daß mir Wedekind einen unglaublich[en] Respekt einflößte. Ich war ja so unbedeutend, unwissend, er aber besaß sicher die denkbar reichste Welt- und Menschenkenntnis. Nachdem wir uns eine Stunde oder auch länger über Sprachformen, Haushälterinnen und insbesondere über Wedekinds und mein eigenes Vaterland, die Schweiz, die wir beide lobten, unterhalten, beispielsweise auch die Einsamkeiten des Chiemsees nicht außer Betracht gelassen hatten, trennten wir uns. Er wohnte da also in irgendwelcher beliebigen Vorstadtstraße, und unwillkürlich dachte ich, da ich so diese etwas monotone Straße dahinzog, an eine überaus liebe und schöne und sanfte Freundin von mir, die Klara hieß und im Bernbietischen adlige Kinder unterrichtete. Diese Klara, die vielleicht der Inbegriff reservierter und zugleich echt weiblicher Mädchenschönheit gewesen ist, stammte aus derselben Stadt, die meine Bescheidenheit aufwachsen sah, und nun vergingen Jahre, während derer ich mich in allerhand Bureaus betätigt sah, und nachdem so und so viel Zeit vorübergegangen war, ich den Mut gefunden hatte, mich schriftstellernd in Berlin niederzulassen, hatte ich daselbst die zweite Begegnung mit einem Menschen, der sich mehr und mehr einem womöglich nicht ganz begründeten Mißtrauen hingab, womit ich ihn meine, der hier die Hauptrolle spielt. Er behandelte mich riesig freundlich. Weshalb tat er das? Ganz einfach, weil mir die Abfassung und Publizierung eines Buches gelungen war, das er entweder gelesen oder wovon er gehört haben mochte. Wie ich mich erinnere, amtete ich damals zeitweise als Sekretär der Berliner Sezession, und in der Tat war's am Kurfürstendamm, wo zwischen dem Entwerfer dieser Skizze und demjenigen, der ihren Inhalt bildet, ein Wiedersehen stattfand. Wenn ich den immerhin, was sein Äußeres betrifft, stattlichen

Mann richtig angeschaut habe, so machte er vielleicht in Bezug auf sein Betragen einen, man verzeihe mir, mädchenhaften Eindruck. Seine Höflichkeit schien mir von einer bezaubernden Geziertheit, womit ich wahrscheinlich bereits im Charakterisieren etwas zu weit gegangen bin. Nichtsdestoweniger werden mir Kenner Wedekinds hierin, wie ich vermute, einigermaßen recht geben. Wedekind war eitel und sicher klug genug, daß er sich vor seinen Eitelkeiten leider zu stark in acht nahm. Gerade die Gescheiten sind von oft possierlicher, man möchte sagen, rührender Dummheit. Wilde, also Ungebildete, seien raffiniert, schrieb einst einer in einem Essay, der mir zu Gesicht kam, als ich mich gerade mit Verschwindenlassen eines ausgezeichneten Frühstücks beschäftigte. Ach, daß die Gebildeten immer verraten müssen, wie gebildet sie sind, wie sie sich selbst durchschauen. Mit etwas Lächerlichem beschleicht mich der Wedekindaufsatz, nämlich damit, daß ich bekannt gebe, er und ich seien eines Abends bei kristallklarem Wetter in einem jener Salons zusammengekommen, die dadurch eine Feinheit aufweisen, daß sie nicht gänzlich neu [sind], sondern einen geschichtlichen Hauch an sich haben. Nachdem man sich vom Tisch erhoben hatte, rutschte mir in einer Unbefangenheit, die bei Gesprächen vorkommen kann, aber vielleicht nicht vorkommen sollte, gegenüber dem Verfasser des Theaterstücks »Musik« die Bemerkung aus dem Mund: »Es wird zu viel musiziert heutzutage.« Wedekind zuckte wie von einer Natter gestochen zurück. Von da an hatte ich es mit ihm verdorben. Er glaubte, ich gäbe da etwas Maliziösem Ausdruck, und die Bissigkeit seines Gesichtes ließ mich wissen, ich sei boshaft, wie er mich dafür hasse. Ich vergesse diese Szene selbstverständlich nimmermehr. Sie prägte sich mir unauslöschlich ein.

(1926/27)

BILDNIS EINES DICHTERS

Dieser Dichter beklagte sich in Gedichten und gewichtigen Theaterstücken, daß man ihn nicht ernst nehme. Zweifellos war er aber selbst schuld an diesem Unglück. Für seine Zuhörer war sein Dichterunglück ein Glück. Weinte er über diesen Umstand, dann lachten sie. Aber aus welchem besonderen Grund lachten sie ihn hauptsächlich aus? Ob wir das ernsthaft untersuchen wollen? Ja, das wollen wir, und so sagen wir aus unserem Erkenntnisreichtum heraus folgendes: als er lustig war, nahm ihn seine Gemeinde ernst; als er jedoch unter Ernsthaftigkeitsanfällen zu leiden begann, fanden sie ihn lustig, darüber wurde er furchtbar böse, und als man das wahrnahm, mußte man furchtbar über die Wahrnehmung und deren Gegenstand, seine Erbostheit, lachen. Über diese Tatsache schrieb er eine Tragödie. Als dieselbe aber aufgeführt wurde, konnte der Beifall deshalb kein anderer als nur ein mittelmäßiger sein, weil der beleidigte Autor die Bedenkenerregigkeit beging, die Hauptrolle zu spielen, was gezwungen ausfiel. Er war dadurch verwöhnt worden, daß eine Arbeit von ihm blühenden Erfolg in der Welt fand, von der er das nie vorausgesetzt hatte.

Die Größe dieses Erfolges machte ihn krank und der unverhoffte Ruhm schien ihn gewissermaßen zu beleidigen. Von nun an verlegte er sich auf die Empfindlichkeit. Es zeigte sich, daß er seelisch etwas wie ein zartes, junges, schönes, böses, liebes, süßes und saures Mädchen geworden war. Sein Mund war stets aufs sorgfältigste zugekniffen. Ich erinnere mich, daß ich eines Abends in seiner Gegenwart die Unschicklichkeit beging, witzig zu werden. Er hielt sich für einen Alleinherrscher im Reich der munteren Laune, und er haßte mich von da an. Man muß aber meiner Meinung nach darauf gefaßt sein, daß auch andere hie und da einen guten Einfall haben. Seine Frau behandelte ihn sehr zuvorkommend, sie bewunderte ihn. Aus Entsetzen darüber starb er. Er starb doppelt, einmal deshalb, weil er so gut begriffen, und das andere Mal deswegen, weil er so glänzend mißverstanden wurde. Als er schon tot war, gab ich ihm den Rat, der darin gipfelte, daß man vorwiegend darum am Leben sei, sich weder aus der Achtung noch aus der Nichtachtung viel zu machen. Zum Glück hörte er mich nicht mehr; er hätte sich sonst ungeheuer geärgert. Er ärgerte sich über nichts so sehr wie über seine Berühmtheit.

Das Komische an diesem Komiker war, daß er sich selbst nicht komisch zu nehmen vermochte. Dieses Komische war also eine Tragik. Er bot mir einst eine französische Zigarette an, weil ich einen Clownanzug zu tragen die Courage hatte. Meine Naivität imponierte ihm. Sein ganzes Leben lang sehnte er sich nämlich nach dem Stückchen Beschränktheit, das ihm nicht abhanden gekommen war, weil er's nie besaß. Es scheint, er war für den Schriftstellerstand etwas zu wenig gescheit und zugleich viel zu klug. Er war nicht gescheit genug, um zu merken, daß seine Gescheitheiten seine Feinde waren. Seine Intelligenz hinderte ihn vielfach daran, intelligent zu sein. Oft sind es unsere Unintelligentheiten, die uns das Richtige anfassen lassen.

(1925)

MAX DAUTHENDEY
1867-1918

MÜNCHEN

Vor zwanzig Jahren reiste ich nach München und lernte Dauthendeys kennen, die mich sehr herzlich aufnahmen. Ich las ihnen ein Manuskript vor; es waren »Die Knaben«, ein Dialogstück, das nun mit drei andern Dichtungen aus jenen Tagen in Buchform bei Bruno Cassirer in Berlin herauskommt. Sie baten mich, ihnen etwas ins Album zu schreiben. Das tat ich, und es fiel kolossal stilvoll aus, wie ich mich ja damals phantastisch genug betrug.

Mit einem Stöckchen in der Hand und einer Mütze auf dem Kopf spazierte ich im Englischen Garten und besuchte Wedekind, den mein karierter Anzug interessierte. Derselbe kostete dreißig Franken. Heute sind Kleidungsstücke wesentlich teurer. Ich lobte meinerseits Wedekinds grünen Schreibtisch. Der Dichter von »Frühlings Erwachen« bot mir mit feinem Lächeln Zigaretten an.

Ein Literat lud mich zu einer Abendgesellschaft ein. Unter andern war eine Frauenrechtlerin anwesend, die durch kurzes Haar hervorragte und mir unsäglich klug vorkam. Sie erzählte, daß ihr ein Professor beinahe die Hand geküßt hätte. Ich trug sechs kleine Geschichten vor. Otto Julius Bierbaum nickte beifällig; andere aber fanden, daß ich mir die Sache etwas leicht mache. Eine lag auf dem Sofa wie die »Maja« von Francisco Goya. Ich gab mir

Mühe, ihr zu gefallen; das Manöver erwies sich als ziemlich schwierig.

Damals erschien »Die Insel«, deren Redaktion in einem Palaste wohnte, wo Bediente umherstanden und sicher hie und da Baronessen verkehrten, was für mich fabelhaft war. Alfred Walter Heymel schien mir das Muster der Eleganz. Rudolf Alexander Schröder war erstens sehr liebenswürdig und spielte zweitens denkbar vornehm Piano.

Ich lief aufs Land und erinnere mich, Dörfer gesehen zu haben, die mich in ihrer spielzeughaften Kleinheit, mit dem Kirchturm in der Mitte und Hecke rund herum, wie die tausendjährige Unverändertheit anmuteten. – Auch macht' ich allerlei Bekanntschaften, kam hier mit Kubin, dort mit Markus Behmer zusammen.

Einmal gab's ein Atelierfest. Man aß und trank und trieb Kurzweil. Dieser trat als jodelnder Tiroler, jener als degentragender Venetianer auf. Später wurden die Lichter gelöscht und im Dunkel Märchen erzählt. Ich selbst befaßte mich weniger mit Erzählungskunst als damit, daß ich mich auf dem Nacken einer Künstlerin im Küssen übte, was sie sich ruhig gefallen ließ. Was sie für einen lieben Blick hatte! Wie das alles hübsch war! Ich anerkenn' es fröhlich!

(1921)

WÜRZBURG

Auszug

(...) Als es Tag zu werden begann, verließ ich begreiflicherweise meine Herberge gern und begab mich, indem ich in die Straße hinunterging, auf die Suche nach Dauthendey, der mir von München her bekannt war und der zurzeit in Würzburg wohnte.

Nachdem ich den ganzen Vormittag nach des Herrn Adresse mühsam herumgefragt und -geforscht hatte, wobei ich mich unkluger- sowohl wie launenhafterweise, möglichst viel Eigensinn beweisend, bei unbekannten, zufälligen Leuten, die entweder zu x-beliebigen, niedriggelegenen Fenstern ahnungslos herausschauten oder behaglich auf der Straße einhergingen, nach des Dichters Wohnung erkundigen zu dürfen glaubte, ein Verfahren, das mir abenteuerlich, wie es erschien, zuletzt noch Verdrießlichkeiten bereitete, fand ich ihn endlich. Er lag noch friedlich im Bett. Als er mich sah, lachte er.

»Wie sehen Sie aus!« rief er mir mit lauter Stimme zu, und indem er aus dem Bett aufstand und sich mit sehenswerter Sorgfalt ankleidete, sagte er mir, was ich sogleich hier mitteilen werde, und richtete folgende kluge Rede an mich:

»Viel zu abenteuerlich, mein Lieber, ist Ihr Aufzug. Warten Sie, ich will gleich nachschauen. Sie müssen sich hier bei mir jetzt sogleich anders anziehen; denn mit Kleidungsstücken, wie die sind, die Sie da anhaben, spaziert man in Arkadien oder in irgendwelchen sonstigen eingebildeten Ländern, keineswegs aber in der Wirklichkeit und in unserer gegenwärtigen Zeit herum. Sie müssen die Zeit, in der Ihnen gegönnt ist zu leben, besser begreifen lernen. Abenteuerlich können Sie in Ihrem Innern nach Lust und Belieben sein. Sie lassen Ihre Innerlichkeit, Ihre Verfassung, Ihre Seele allzu deutlich merken. Es beliebt Ihnen, auf offener Straße Ihre Phantasien und Träumereien vorzuzeigen. Das ist unklug. Sehen Sie! Hier ist ein Anzug, den Sie ruhig jederzeit tragen können, ohne daß Sie Anstoß erregen. Wozu überall auffallen, wo Sie doch ganz gewiß in keiner Hinsicht auffällig sein wollen. Sie sind ohne Zweifel nur auffallend ungeschickt, und weil Sie dies sind oder zu sein scheinen, so werden Sie mir erlauben, Ihnen kurz einigen diesbezüglichen Unterricht zu erteilen.

Wie ein Bewohner der Gegenden, die nirgends anders als höchstens in Ihrem Kopf existieren, sehen Sie aus, während Sie ratsamerweise wie ein schlichter, schlechter Mensch unter Menschen oder wie ein Zeitgenosse unter Zeitgenossen aussehen sollten. Sie werden mir diese Worte gewiß nicht übel nehmen, sondern einsehen, daß ich recht habe, und sich dem, was ich sage, freundlich unterwerfen. Sie sind ja bekanntlich ein gescheiter Mensch, und es liegt auf der Hand, daß nur heftiger Jugendeigensinn eine sonderbare Figur aus Ihnen macht. Aber es hat keinerlei Zweck, sonderbar und seltsam erscheinen zu wollen. Eine solche Art, sich auszuzeichnen, muß als gänzlich falsch betrachtet werden. Unser Grundsatz muß uns sagen, es sei in bezug auf Auszeichnung streng geboten, daß einzig nur Fähigkeiten hervortreten. Wir dürfen uns in dieser Beziehung zahlreiche Vorschriften, aber entweder überhaupt keine oder nur wenige Freiheiten erteilen. So! und nun vorwärts! und munter abgestreift den überflüssigen Schein von Absonderlichkeit. Wenn Sie absonderliche Gefühle und Gedanken haben, so genügt das vollkommen. Niemand braucht Ihnen anzusehen, daß Sie eigentümlich und originell sind, Phantasie besitzen und Geschmack am Ungewöhnlichen haben. Sie werden sonst überall nur falsch beurteilt und bereiten sich mit Ihren Zwanglosigkeiten auf Schritt und Tritt nur Verdruß, was Ihnen unmöglich willkommen sein kann.«

Indem er so sprach oder gesprochen hatte, reichte er mir der Reihe nach aus seinen Kleiderreichtümer-Überflüssen und -Vorräten, aus Schrank und Kommode hervorgezogen, Rock, Hose, Hemd, Weste, Hut und weißen, steifen Kragen, nebst einer der nettesten Schleifen, Binden oder

Krawatten dar, wodurch ich mich genötigt sah, alle diese Dinge anzuziehen, um mich derart in einen ganz andern und völlig neuen Menschen zu verwandeln. Als die Veränderung und rasche Verwandlung vollzogen war, rief mein Lehrmeister, Freund und freundlicher Gönner aus: »Jetzt sehen Sie sehr gut aus. Und nun kommen Sie. Wir wollen ein wenig spazieren gehen.«

In der Tat gingen wir zusammen in guter und heiterer Stimmung auf die Straße, wo im schönsten Sommerwetter, das uns lustig anlächelte, zahlreiches Publikum hin- und herpromenierte. In meiner neuen Ausstaffierung kam ich mir wie ein Prinz vor, womit ich verständlich zu machen versuche, daß ich mich beinahe wie neu geboren fühlte. Zwar engte und klemmte mich der hohe elegante Kragen ein wenig ein; den Grundsätzen des Schicklichen und den Erfordernissen des Tonangebenden brachte ich jedoch das gewiß nicht ungeheure Opfer gern und verzichtete auf einen Bruchteil persönlichen Wohlbefindens oder Bequemlichkeit mit Vergnügen. Es war der erste steifgebügelte Kragen, den ich im Leben trug. Da sich mein Benehmen fast augenblicklich den hübschen Sachen, die ich die Ehre hatte zu tragen, gehorsam anpaßte, so wurde ich von allen Seiten her mit sozusagen achtungsvollen und gütigen Augen beaugapfelt und angeguckt, was mich durchaus nicht unbedingt in schlechte Laune setzen mußte. Mein Stroh- und Vergnügungs-, oder vornehmer, Sommer- und Landaufenthaltshut glich von weitem oder in der Nähe betrachtet freilich einem Wegknechtshut. Dauthendey aber sagte mir, ich solle nur ruhig sein; denn nach jedes vernünftigen Menschen Überzeugung kleide mich die Kopfbedeckung so vorzüglich und vorteilhaft wie nichts sonst. Befürchtungen seien ungeziemend, und jeglicher Zweifel sei in gleich hohem Grade unpassend wie dagegen der betreffende Hut sitze, harmoniere und passe.

Bald traten wir denn in einen der zahlreichen Würzburger Weinkeller und Trinkstuben hinunter, wo wir uns auf die vergnüglichste Art Essen und Trinken darreichen ließen. Prächtig saß und plauderte es sich im kühlen, schattigen, duftig-stillen Winkel.

Acht Tage, länger nicht, aber auch nicht weniger lang, blieb ich unter meines Freundes liebenswürdigem Schutz in der schönen Stadt Würzburg, an die ich mit großem Vergnügen zurückdenke. Würzburgs Bewohner schienen mir heiter und zugleich fleißig, gesellig und zugleich höflich zu sein. Wie manche Straßen prächtig waren und einen bedeutenden Anblick darboten, fand ich den Verkehr lebhaft, und das ganze Stadtwerk konnte man von reichlichen grünen Baumanlagen aufs artigste umschlungen und umsponnen sehen. Weit und breit zogen sich angenehme, wohlwollend rauschende, freisinn-erfüllte Spazierwege hin, auf denen es sich wohl lohnte zu spazieren. Dauthendey führte mich gelegentlich in ein außerhalb auf einem Rebberg anmutig gelegenes Landhaus ein, wo mir erlaubt wurde, allerlei freundliche und gebildete Leute kennenzulernen, die dem edlen Gastrecht einen fühlbar freien, behaglichen Spielplatz einräumten.

Unter anderem besuchten wir zusammen das fürstbischöfliche Schloß oder Palais, wo wir neben mancherlei andern Kostbarkeiten und Schönheiten Tiepolos herrliche Wandmalereien bewunderten. Sachte und aufmerksam gingen wir durch alle jene staunenswürdigen Säle, worin einstmals ein pracht- und verschwendungliebendes Fürstengeschlecht wohnte. Schwelgerische Herrlichkeit war mit dem anmutigsten Geschmack und die zierlichste Art mit üppigem, kapriziösem Reichtum verbunden. Das Schloß selber erschien unsern staunenden Augen gewaltig groß; seine phänomenalen Dimensionen erinnerten uns sichtlich an die recht eigentlich schreckliche Allgewalt der früheren Fürsten. Der weitläufige kunstvolle Hofgarten kam uns wie ein Märchen vor. Königlich wußten die Könige und Fürsten schon von außen zu wirken, und wer dann seinen Fuß noch in die innere sinnverwirrende Pracht setzte, der mußte, weil ihn fabelhaft schönen Anblickes Übermacht beugte und lähmte, augenblicklich bekennen, daß er mit fürstlicher Hoheit verglichen nur ein armer, schwacher, nichtsbedeutender, in Demut und Gehorsam verharrender Untertan sei, vom Geschick bestimmt, alle harten Zumutungen und alle ihn erniedrigenden, entwürdigenden Voraussetzungen sanft zu dulden wenn nicht schließlich vielleicht sogar noch zu lieben.

Reizende acht Sommertage waren es. Ob ich noch Geld habe, fragte mich Dauthendey. »Nein«, gab ich zur Antwort. Das habe er sich gedacht, meinte er mit höchst verständnisvollem Lächeln, worauf er mir etwas weniges gab. Er besaß selber nicht viel. Um Finanzen von Künstlern steht es meistens ziemlich übel; bedauerlicher Umstand, der die Betreffenden jedoch nicht hindern kann, freundlich und unbedenklich zu geben wie Brüder. Sie besinnen sich dafür auch beim Nehmen nicht lang.

Ging ich etwa nicht im Main baden? Durchaus zuversichtlich! Und bei dieser Gelegenheit muß die alte, imposante, statuengeschmückte Mainbrücke, eine der Sehenswürdigkeiten Würzburgs, erwähnt werden. Saß man nicht des Nachts unter den dichten Zweigen hoher Bäume beim Glas Wein oder Bier im Konzertgarten, um auf Mozartische und andere Töne voll Genuß zu lauschen? Herrlich war die Reihe der aufeinanderfolgenden schönen lauen Nächte, in deren einer ich, da mir wegen Verspätung kein Einlaß ins Gasthaus mehr gewährt wurde, auf einer Anlagebank unter freiem Himmel übernachtete. Ein Schutzmann, der nächtlings auf und ab patrouillierte, betrachtete den Übernächtling, der im Hotel zur holden Natur frei logierte, scharf und lang, weil er sich vermutlich verpflichtet fühlte, zu ergründen, ob der Nächtiger dicht vor ihm ein Spitzbube und als solcher gemeingefährlich, oder ein ehrlicher Mensch und als solcher gemeinnützig sei. Am folgenden Tag war ich schläfrig. Seltsame Gesichter, Visionen, Gebilde, darunter Gestalten wie Romeo ohne Kopf in Shakespeares »Romeo und Julia« leuchteten dunkelrot am heiterhellen blauen Tag, unter dem lichten leichten Himmel vor mir auf. Meine schlaftrunkenen, besser unausgeschlafenen Augen schauten in einen glühenden Orient, in ein Phantasieland, und der Boden, auf dem ich ging oder wenigstens ordentlich zu gehen genügend fest entschlossen zu sein schien, drehte sich traumhaft rund um mich herum.

Ich mußte mir überhaupt nachgerade wie ein rechter Erzvagabund und Tagedieb vorkommen, und weil mir ein so schlechter Eindruck denn doch durchaus nicht gefiel, so fand ich es im geheimen für nicht im geringsten unangezeigt, nach und nach zu beschließen, derartiger faulenzerischer Lebensweise bald einmal ein gemessenes Ziel zu setzen und dementsprechend den Herrn Grafen oder Herrn Faulpelz, falls er liebenswürdigerweise mit notwendiger Korrektur einverstanden sein und allfällige bequemliche Einwendungen gefällig fallenlassen wollte, wieder auf arbeitsamere Bahnen hinzulenken.

Aß und verzehrte ich nicht in bildhübschem Kastaniengarten über einem sonnigen Flußufer besten ländlichen Pfannkuchen mit appetitlichem grünem Salat? Ganz gewiß! Und sah ich mich nicht mit einer in München die edle Malerei studierenden Russin, mit sowohl dunkelhäutiger wie -äugiger Amerikanerin und mit wirklichen, wahren, echten, lorgnonbewaffneten Geheimrätinnen müßige Gespräche führen? Schrieb ich Müßiggänger und sommerlicher Zeitverschwender etwa nicht ein ziemlich langes, inniges, feuriges Gedicht in einer Dame Gedichtalbum? Kein Zweifel! Und weshalb auch nicht? Und spielte ich nicht im ganzen genommen eine völlig nutzlose, zwecklose, haltlose, verantwortungslose und mithin überflüssige Figur? Jawohl!

Ein Ernst überkam mich, und ich beschloß abzureisen, weiter fort in die Welt hinauszufahren. Bei allem Schlendern empfand ich eine unnennbare Sehnsucht nach folgerichtiger menschlicher Bestimmung, so hart sie sich auch erweisen mochte. Mich trieb es in außerordentlich hohem Grade nach Ordnung und täglicher Arbeit, und ich sehnte mich nachgerade nach nichts anderem mehr so lebhaft wie danach, daß ich irgendeine Pflicht fände und erfülle.

»Ich muß Sie«, sagte ich zu Dauthendey, als wir zuletzt noch einmal miteinander durch die stillen mitternächtlichen Gassen gingen, wobei jeder sich irgendwelchen eigenen Gedanken überließ, »um zwanzig Mark bitten, damit ich morgen früh nach Berlin fahren kann.«

Er gab mir das Geld sogleich. Den eigenartigen Handel und die nachdenkliche einsame Szene beleuchtete eine fragwürdige Laterne.

»Ich danke Ihnen; denn sehen Sie: Ein Schicksal befiehlt mir, und ich muß fort! Lachen Sie mich aus, wenn Sie wollen; das hindert mich nicht im mindesten, zu fühlen, daß es mir mit dem, was ich Ihnen sage, ernst ist. Ich setze voraus, daß irgendwo ein redlicher Lebenskampf vorhanden ist, der auf mich wartet, den ich daher aufsuchen muß. Träge Schönheit, lauen weichlichen Sommergenuß, Säumen, Verweilen, Zaudern vermag ich auf die Dauer nicht zu ertragen; denn ich scheine nicht dafür geschaffen zu sein. Vielmehr bin ich vom wundervollen, gefährlichen Gedanken und von der glücklichen Überzeugung durchdrungen, die mir sagen, daß ich geeignet bin, mir durch die Welt und ihre Rücksichtslosigkeiten eine Bahn zu brechen, mich bis dorthin durchzuschlagen, wo mir regelrechte Arbeit und höherer Sinn entgegentreten. Ich sehe Sie lächeln – Sie tun das ohne Zweifel, weil Sie meine Sprache ungemein pathetisch finden. Ich aber finde, daß das Leben einen Klang, eine Wucht enthalten soll, und ich glaube, daß es Leute gibt, die ohne Geruch von Wagnissen nicht leben mögen. Leben Sie wohl!

Ich bilde mir ein, daß Berlin die Stadt sei, die mich entweder stürzen und verderben oder wachsen und gedeihen sehen soll. Eine Stadt, wo der rauhe, böse Lebenskampf regiert, habe ich nötig. Eine solche Stadt wird mir gut tun, wird mich beleben. Eine solche Stadt wird mich begünstigen und zugleich bändigen. Eine solche Stadt wird mir zum Bewußtsein bringen, daß ich vielleicht nicht gänzlich ohne gute Eigenschaften bin. In Berlin werde ich in kürzerer oder längerer Zeit zu meinem wahrhaftigen Vergnügen erfahren, was die Welt von mir will und was meinerseits ich selber von ihr zu wollen habe. Halb fühle und sehe ich es schon; aber es ist mir noch dunkel. Dort in Berlin wird es mir klar sein; dort in Berlin werde ich es eines Abends oder frühen Morgens mit erwünschter Deutlichkeit wissen. Es gilt zu handeln; zu wagen! In Berlin, mitten im Strudel und Getümmel und in all der Unruhe aufgeregten Weltstadtlebens, in angestrengter Geschäftigkeit und Tätigkeit, werde ich meine Ruhe finden. Was ich hier sage, dessen bin ich sicher, und was ich rede, werde ich erleben.«

Wohl suchte mich Dauthendey freundschaftlich zu überreden, von der Reise abzustehen; aber am nächsten Morgen saß ich trotz aller Abratungen im Eisenbahnwagen, der mich ins Ungewisse hinaustrug.

Ach, es ist herrlich, einen Entschluß zu fassen und voll Zutrauen einem Fremden entgegenzugehen.

(1915)

BERNHARD KELLERMANN
(1879-1951)

KOFFERMANN UND ZIMMERMANN

Ein bekannter und rühriger Verleger, unternehmungslustig wie er war, sagte eines schönen Tages zum Schriftsteller Koffermann: »Lieber Koffermann, packen Sie sofort Ihren Koffer oder meinetwegen Köfferchen und reisen Sie, ohne daß Sie sich vorher lange besinnen, nach Japan. Haben Sie verstanden?« Der flinke und behende Koffermann, sogleich entschlossen, den schmeichelhaften Auftrag auszuführen, besann sich keine zehn Minuten lang, sondern machte sich auf die Beine, packte alle seine Gedanken und Utensilien in seinen Handkoffer, stieg in den Eisenbahnwagen und dampfte, reiste und fuhr ab nach dem berühmten und sehenswerten Lande Japan. Der Verleger oder Verlagsmann telephonierte einem mächtigen Zeitungsmann, er möchte so freundlich sein und es in die Zeitung setzen, daß Koffermann seinen Koffer gepackt habe und nach Japan abgeflogen und fortgeflutscht sei. Das las bald ein anderer Verleger oder Verlagsmann und er forderte den Schriftsteller Zimmermann auf, so rasch wie möglich zu ihm zu kommen, denn er habe ihm etwas Wichtiges zu sagen. Zimmermann war gerade damit beschäftigt, eine höfliche und weitläufige Ansprache an seine Katze zu halten, auch schlürfte er Tee, und rauchte er eine Zigarette, als der Brief anlangte, der ihm ankündigte, er solle zu seinem Verleger rennen, weil ihm derselbe etwas

Wichtiges zu sagen habe. Er zog seinen bessern Anzug an, bürstete, säuberte, kämmte, wusch und verschönerte sich, wie es sich schickte, und marschierte in aller Seelenruhe zu seinem Geschäftsmann. »Lieber Zimmermann«, sagte derselbe zu Zimmermann, »ich weiß, daß Sie ein ruhiger Mensch sind, der seine Ruhe liebt! Jetzt aber müssen Sie aus aller Behaglichkeit heraus und mit der größten Unruhe, Hast und Schleunigkeit nach der Türkei fliegen. Koffermanns Verleger hat Koffermann nach Japan entsandt, weshalb ich nun Sie, mein lieber Zimmermann, nach der Türkei senden muß. Haben Sie begriffen?« Zimmermann aber begriff nicht so leicht; er besaß keine so leichte und flinke Auffassungsgabe wie Koffermann. Er bat sich eine Bedenkzeit von acht Tagen aus und ging wieder in sein Zimmer zurück, wo er sich ebenso vergnüglich wie nachdenklich auf seinen alten Reisekorb setzte, der unter der Last zu ächzen und zu seufzen begann, wie Reisekörbe bei solcher Gelegenheit zu tun pflegen. Zimmermann, der seine Ruhe und seinen stillen Aufenthalt im Zimmer liebte, war unfähig, von demselben Abschied zu nehmen. »Ich bin unfähig, vom Zimmer Abschied zu nehmen, auch ist mein Reisekorb alt, und es würde mir weh tun, ihn auf eine so weite Reise zu schicken«, schrieb Zimmermann seinem Geschäftsmann, »ich habe mir die Sache überlegt, und bitte Sie, versichert zu sein, daß ich nicht nach der Türkei reisen kann. Ich eigne mich nicht dafür. Ich bin soeben in Gedanken eine halbe Stunde lang in der Türkei gewesen und habe es dort sehr langweilig gefunden. Mit dem ehemaligen Königreich Polen möchte ich es wohl eher probieren. Lassen Sie mich bitte Ihre Meinung wissen. Ich gebe Ihnen acht Tage Bedenkzeit. Nach Polen passe ich nämlich besser als nach der Türkei.« Der Verleger lachte, als er den Brief las und sagte: »Mit Zimmermann ist nichts anzufangen.«   (1916)

DIE GESCHICHTE VON DEN BEIDEN REISENDEN

Ich kann diese Kurzgeschichte vor Torschluß, d.h. dicht vor dem Lichtlöschen schon schnell noch schreiben. Ich schreibe sie mit einer Extraflinkheit.

Dieser große Dichter läßt gar nichts mehr von sich hören! Natürlich nenne ich ihn nicht. Die Namensnennung wäre unzart.

Ich besitze gegenwärtig viel gesellschaftlichen Schliff. So trage ich unter anderem jetzt einen recht sehr feinen Abschlagszahlungsanzug auf meiner äußerlichen Erscheinung.

Heute kam ich mir wie ein Gigant vor. Vielleicht hat es sich da um eine Sinnestäuschung gehandelt. Ich spazierte unaussprechlich traurig durch das noble, braune Land. Im Mund trug ich eine Tabakpfeife. Sie fiel infolge Gedankenabwesenheit zu Boden, wonach ich sie aufhob, indem ich mich der Mühseligkeit des Bückens unterzog.

Alle meine Geistigkeiten schienen sich gegen meine Empfindungswelt zu empören. Welch einen wundervollen inneren Kampf ich kämpfte! Eine Frau hatte mich herausfordernd angestrahlt. Kaum vermochte ich das zu verarbeiten.

Indes es in meiner Seele wie auf einem sonnenbeschienenen See schillerte und schimmerte, und während mich die Erinnerung durchfurchte, daß ich mich ja aufs angenehmste mit einer Köchin unterhalten hatte, die mir gestand, sie trage gern schöne Kleider, und sie kenne ein allerliebst gelegenes, dichterbesungenes Dorf, fuhr mir mit einer Schnellzugsgeschwindigkeit die Geschichte von einem Wickelkind durch den Kopf, das in Begleitung eines anscheinenden Weltmannes die Welt durchreiste.

Beide langten in einer prächtigen Stadt an, die ganz mit Koloristik überdeckt war. Kuppeln leuchteten wie Kugeln

in der von Winterlichkeit durchkälteten Frühlingsluft.
Was ich hier vortrage, mag ja etwas seltsam klingen. Die
Geschichte darf denn auch eine sonderbare genannt werden.

Lange schon hatte das Wickelkind, das sich weltgewandt genug vorkam, unter den Weltgewandtheiten des scheinbaren Weltmannes zu leiden gehabt, der das Wickelkind in einem fort tyrannisierte, als hätte das ahnungslose nötig gehabt, daß man ihm Ahnungen beibringe.

In besagter schöner Stadt nun verabfolgte urplötzlich das Wickelkind, das bislang die Gutherzigkeit selbst gewesen war, dem nach allen Richtungen hin Bewanderten eine Ohrfeige.

Der Weltmann schrie auf. Er tat es verhalten. »Was, was?« machten seine bebenden Lippen. Auch um den Mund des Wickelkindes bebte es.

»Wenn ich bedenke, daß ich soeben eine Abfuhr davontrug, die von einem Wickelkind ausging«, entrang es sich dem Weltmannsbewußtsein, »so dreht sich ein Etwas in mir herum.«

Möglicherweise meinte er damit seinen Verstand. Mitten im Wickelkind drinnen weinte ebenfalls ein Etwas über das, was es vollbracht hatte. Beide verharrten in einer langanhaltenden Betretenheit. Eisenbahnzüge fuhren in die Bahnhofhalle hinein, um mit eherner Exaktheit wieder hinauszugleiten. Es fand da ein konstanter Wechsel statt. Auch dies gab den beiden Reisenden zu denken, die nun vorläufig, ohne sich gegenseitig zu versöhnen, ihre Reise fortsetzten.

Sie schwiegen unausgesetzt.

Vielleicht machten Sie deshalb um so bessere Beobachtungen.

(1926)

ALFRED KERR
(ALFRED KEMPNER)
(1867-1948)

BRIEF AN ALFRED KERR

Will ich mit diesem grandioswinzigen Versuch etwas sagen? Scheinbar keineswegs!

Schriebest Du nicht früh schon über keinen Geringeren als über den späteste Bühnentriumphe feiernden Bernard Shaw?

Du besangest auch Hauptmann.

Begehre ich selig zu werden, wenn Deine Kritiken keine Poeme sind? Eines muß man Dir lassen: Du begriffest, daß es von Vorteil ist, von sich reden zu machen.

Einst begegnete ich Dir im lieben, hellen, schönen, grünen, braunen, duftigen Grunewald. Wie Du jünglinghaft daherschrittest, Würde nichtsdestoweniger keine Minute außer acht lassend.

Wedekind usw., alle, alle sind von Dir, Du Zeisig, bezwitschert worden. Etliche schwanden schon dahin, die Du talentvoll klassifiziertest. Und immer und immer wieder erwacht frühmorgens das Leben neu, neu!

Alfred, wie gefielest Du mir, als Du abends oder zu vorgerückter Nachtstunde, die Füße und Beine mit Stulpenstiefeln aus der Wertherzeit geschmückt, vor der Dame Deines edlen Herzens voll Leidenschaftlichkeit niederstürztest und -knietest. Die Bäumchen des Herrschaftsgartens lächelten über Dein Genie, arm und schön und jung und klagend und jubelnd und ausgesucht galant, zuvorkommend und ritterlich zu sein.

Entschuldige bestens: ich sah nämlich heute einen Buchdeckel, der Roman trug den angenehm klingenden Titel: »Der schöne Alfred«. Die junge Buchdeckelfrau trug eine Rosarobe, zart, kaum definierbar, und ich schaute, schaute auf diese romantische Illustration, wobei der Gedanke ans Motiv, das hier mit langsamster Vorsichtigkeit ausgearbeitet wird, nahelag.

Sprachest Du nicht gelegentlich einmal aufs allertapferste aus, Bayreuth sei für Dich um Jean Pauls willen die bedeutendste Stadt Deutschlands? Vielleicht sagtest Du's ein bißchen milder, gelinder, gemäßigter, als wie's hier von mir interpretiert wird.

Ich hielt Dich immer für ein wenig mißtrauisch. Eines Abends stellte ich mich Dir in den Räumen der Berliner Sezession freudig vor. Die Freudigkeit schien Dich in einem gewissen Grad zu stören.

Immer sahest Du ebenso stattlich aus, wie Du schriftstellertest, und benahmest Dich stets ebenso knapp und kurzangebunden, wie Du Wahrheiten zu verbreiten suchtest.

Dein Lebenswerk ist rührend wie jedes.

Darf ich Dich außerdem an die Tatsache erinnern, daß ich Dich im Alter von vierundzwanzig Jahren fröhlich, d. h. sachlich anpumpte? Für mich war es belehrend, aufklärend, daß Du mein Gesuch unbeantwortet ließest.

Schreibe und flöte auf dem Instrument Deiner Geistigkeiten weiter; tu es solange, als es Dir vergönnt ist.

Fühle Dich nicht gekränkt durch dieses scheinwerfende Essaylein oder Porträtchen. Bedeutende sind zwar leichter zu verstimmen als alle sonstigen Zivilisationsmitglieder, Teilnehmer an den Errungenschaften der Kultur und Bewohner dieser prächtigen Erde.

Was kann uns bedeutend machen? Daß wir so oft wie möglich über uns selbst lachen? Daß wir gegen das Unbedeutende in uns kämpfen?

Oh, wie schön, wie groß könnte mancher sein, der den Appetit dazu nicht hat!

Vielleicht leiden wir alle an Allzuselbstverständlichem!

(1926)

GERHART HAUPTMANN
(1862-1946)

OLYMPIA

Aus dem »Mikrogramm«-Entwurf

Sie wünschen von mir Aufschlüsse, Meinungen, Gnädigste. Ich soll über Bücher usw. schreiben, aber wie komme ich da über diese Stimmung hinaus, die so fabelhaft war, wie z.B. auch über diese Postkarten mit Abbildungen nach Werken aus dem Salon de Paris? Wie ich vornehmmüde bin. Darf ich Sie bitten zu glauben, ich sähe wie eine Art Michael Kramer aus, der bilden und schöpfen möchte und doch nie so recht kann? Ich sah einmal im Schaufenster einer Buchhandlung ein mit einem sehr interessanten Buchdeckel geschmücktes Buch. Nie vermag ich die Umschlagzeichnung dieses Buches zu vergessen. Lassen Sie mich eine Minute lang vergnügt lächeln, und nun lassen Sie mich Ihnen, Imaginäre, Irgendwobefindliche, sagen, daß ich als ganz junger Fink von Berlinbesucher und -abtaster, indem ich auf feuchtem Asphaltpflaster Schritte unternahm, die ja verhältnismäßig zu recht wenig führten, in eine Aufführung von »Einsame Menschen« flog. Auch das blieb mir unvergeßlich, diese russische Studentin da, derentwegen ein gebildeter Mensch eine doch wohl wesentliche Dummheit beging. Ich lauschte gespannt und war hin, und mit mir zerflossen alle andern Zuschauer in nichts als vornehmster Wehmut, und diese vornehme Verzagtheit hat sich ja im Laufe der Zeit dieser ganzen gebildeten Gesellschaft bemächtigt, und an dieser gebildeten Zerflossenheit und Künstlerschaft im Kopfhängenlassen ist niemand schuld als der Professor Vockerat, dem es gefiel, sich wegen seiner Russin das bißchen hochvornehmes Leben zu nehmen, über das er zu verfügen schien, und dieser Müdigkeitsunfug flog in die wertesten Kreise und richtete nichts als Köpfchenstützeleien an, indem auf die zahlreichen Aufführungen dieses Stückes hin die ganze gebildete Gesellschaft ihren vielverzweigten Kopf müde und verzagt in die blasse Hand stützte. Was für Folgen wegen so einem **theatralischen** Erfolg! Alle diese »Einsame Menschen«-Genießer und -Versteher verstanden gar nicht mehr, daß sie Volksglieder und als solche zu irgend etwas verpflichtet seien. Ich sage Ihnen, ich kam mir als »Versunkene Glocke« vor, als ich aus diesen »Einsamen Menschen« an die freie Luft herauskam, so stark klang es in mir nach Unmöglichkeiten, mir vorstellen zu können, das Leben könne fürder noch ein schwaches Bißchen klingen. Und wenn nun auf Hunderttausende von harmlosen Bürgern eine solche Stimmung und Empfindung sich lawinenhaft wie von den Berggipfeln des allerfeinsten und vornehmsten Dichtens herabstürzte? Und das geschah ja auch. Ja, aber Gnädigste, was mußte das für einen langen langen Zug von eingebildetem Leiden und von hochmütigen Schwachherzigkeiten ergeben, woran natürlich dieser unser liebe und so bedeutende Gerhart nicht schuld ist, ich weiß es schon, und doch möchte ich so unbescheiden sein, ihn für einen gewaltigen Sünder zu erklären, und möchte befürworten: Enthauptet ihn, was natürlich ein großes Unrecht wäre, wenn es geschähe. Er kann ja nichts dafür und ist gewiß ein sehr netter Mensch, aber ich meine, die Deutschen müssen doch aus aller dieser Wichtigtuerei wegen fast gar nichts, aus diesen Weinerlichkeiten um einiger Unterröckchen willen herauskommen, ich meine, das hat doch keinen Sinn, wegen einer Frau ein fünfaktiges Herzzerreißen zu veranstalten, gegenüber den Obliegenheiten, die man ja der Allgemeinheit gegenüber hat. Von der Bühne herab müssen **stramme** Töne schallen, Töne, die uns mutig, lustig, klug und liebenswürdig machen, und möglichst behend und kraftvoll, und die die Lust in uns erwecken, uns gegenseitig zu achten. Diese unangebrachten Unbescheidenheiten müssen mit den Waffen der Literatur bekämpft werden, und auch diese vielen unangebrachten Zartheiten, und alle diese im Grund groben Verfeinertheiten, alle diese Empfindeleien. Dem besseren Teile der Gesellschaft muß zu spüren gegeben werden, daß man nicht deshalb mehr wert ist als andere Leute, weil man feinfühlender, sondern weil man stärker, bewußter ist als andere. Alle diese Stücke wie die bewußte »Versunkene« und diese bewußten »Einsamen«, was erzeugen sie anderes als eine Sündflut von Ziererei nach der Seite der Sentimentalität hin. Da ist doch eine Posse weit weniger schädlich. Rede ich nun als ein Verächter der Gesellschaft? Wie Sie sehen, gar nicht, ich spreche vielmehr im Sinn eines Wiederaufbaus, in einem Sinn der Verwirklichung von Mächtigem, in einem Sinn der Besinnung, der Bildung von Unzweckmäßigkeiten, in einem Sinn des Mitarbeitens an der Herstellung einer Schicht von Gebildeten, die es sind, um sich ihrer Vorzüge auch zu freuen. Ich trete mit diesen Worten für nach und nachige Abschaffung dieser Sorte von Tiefsinn ein, der kränkend wirkt. Ich bin bei aller Unhöflichkeit einer der höflichsten Menschen, ich meine es gut, ich darf Sie dessen versichern, aber Sie glauben es mir nicht.

(1925)

MAXIMILIAN HARDEN
(MAXIMILIAN F. E. WITKOWSKI)
(1861-1927)

HARDEN

Dummheiten sind nicht immer dumm,
Gerades nimmt man manchmal krumm,
und in der Krummenstraße
wohnte in einem reizenden Gelasse
ein Mädchen, das zu den Vorhandenheiten
im Menschheitssaal, im weiten,
wohl kaum noch zählt, und auf dem breiten Kurfürstendamm
grüßt' ich ihn einmal riesig stramm,
der einst die »Zukunft« redigierte,
mit großer Fähigkeit in seinem Reich brillierte.
Welch ein Erfolg war ihm beschieden
bezüglich dessen, was er schrieb hienieden!
Er trug sich, was Gewandung
betrifft, höchst fein, und seine jetz'ge Landung
dort, wo wir alle hingelangen,
ließ mich, da sie zu Herzen mir gegangen,
daran erinnern, daß mir sein Gesicht
gefiel. Ob er romantisch war im Grunde,
ist eine Frage, die ich nicht
erled'gen will mit meinem Munde
in heut'ger, flücht'ger Stunde.

(1927)

EDUARD KORRODI
(1885-1955)

EIN GEISTREICHER

Er ist vielleicht im persönlichen Umgang nur wohl beinahe schon zu liebenswürdig. In nicht zu ernsthafter Tonart bringe ich vor, daß er mich eines Tages zum Mittagessen einlud. Irre ich mich bezüglich meiner Erinnerungen nicht, so bot ich ihm zeitweise mit einer gewissen Emsigkeit Beiträge für die Zeitung an, der er gleichsam seine Reputation verdankt. Von Figur scheint er eher eine mittlere als hochaufragende Gestalt zu sein. Im übrigen versichere ich, er sei sehr solid. Einmal sagte er mir, er habe den Eindruck, ich sei entzückend unzuverlässig. Ein anderes Mal nannte er mich mit einer Treuherzigkeitshandbewegung einen sowohl Unklugen wie Klugen, wobei er mir anvertrauen zu können meinte, man halte ihn für witzig, während er es im Grund gar nicht sei, er sich mehr nach dem Witzigsein sehne als darüber verfüge. In seinen Augen sei ich eine Art Engländer, gestand er mir gelegentlich, womit er mich veranlaßte, ihm zu sagen, gerne nähme ich an, er sei einverstanden, daß ein Engländer hie und da Phantasie besitze. Er lächelte auf diese Bemerkung hin unbeschreiblich zurückhaltend, wonach wir uns über Lustspiele usw. unterhielten. Machte er nicht vor etlichen Jahren den Versuch, mir im Literaturrestaurant ein Glas Pilsner zu bezahlen, und lehnte ich diese Zuvorkommenheit nicht mit einer Unwillkürlichkeit ab, die mir taktvoll zu sein schien? Kaum werde ich zu erwähnen nötig haben, daß er mir als ein Mitbürger vorkommt, der sowohl gebildet ist wie Freude hat, wenn er dies von anderen vermuten kann. Ein einziges Mal in seinem bisherigen Leben bestieg er eine Anhöhe, was beweisen zu können scheint, daß ihn Landschaften nicht zum Zeitverlieren verlocken. Daß er nicht jedes Schriftstellerwerk selbst liest und bespricht, sondern von irgendeinem Beliebigen lesen und besprechen läßt, was ihn nicht lebhaft interessiert, nimmt ihm gewiß niemand übel. Eines Abends oder frühen Morgens beeilte er sich, mir zu schreiben, er denke mein Wohltäter zu werden. Selbstverständlich hielt ich für schicklich, ihm dies ganz einfach nicht ohne weiteres zu glauben, und mein Glaubensmangel täuschte mich in der Tat nicht. Möglich ist, daß er mich von Zeit zu Zeit ein wenig beneidet, weil ich nicht Zeitungsmann bin, indem Redakteur sein ein Vorzug ist, den Obliegenheiten begleiten. Seiner Meinung nach sind mir nämlich Pflichten total fremd geblieben, und mit einer Bequemlichkeit, die ich zu verstehen fähig bin, zählt er mich zu den Sorglosen, will sagen Handwerksburschen oder Wanderern. Als ich vor einiger Zeit in einem aus dem Dixhuitième stammenden Landhaus wohnte und ihn hievon in Kenntnis setzte, erteilte er mir den Rat, nicht stolz zu sein. Anläßlich eines Ausdemfensterschauens dichtete ich einen Schwalbenessay für ihn, der mir Beifall eintrug, was ich nicht ohne Eitelkeit bekanntgebe. Weil er mir ehemals ein Manuskript kürzte, ein Vorgehen, wozu er nicht vorbehaltlos ja zu sagen imstande war, zürnt er mir. Was er an mir von jeher nicht zu billigen vermochte, sind die Schnörkel, die meiner Ausdrucksweise zum Teil eigen zu sein scheinen.

Diesen Artikel schreibe ich natürlich in der Voraussetzung seiner Verdienste, die ich mich immerhin nicht entschließen kann, zu überschätzen.

Ich meine, sein Einfluß, seine Wirksamkeit seien nicht frei von Fraglichkeit. Wer wäre übrigens nicht problematisch, lenkte nicht Zweifel auf sich?

Ich denke, es sei nützlich, sich sowohl gegenseitig mit Vergnügen anzuerkennen wie mit Bedacht zu prüfen, inwiefern sich dies empfehle.

Gewiß ist er geistreich; doch dies sind womöglich viele sonstige ebenfalls, wenn er mir vorurteilslos ins Leben zu schauen die Gewogenheit haben mag zu erlauben, wovon ich zu seiner Verwunderung überzeugt bin.

Ich wünsche, er läse meine Abhandlung mit Erstaunen!

(1928)

HUGO VON HOFMANNSTHAL
(1874-1929)

[ÜBER EIN STÜCK VON HOFMANNSTHAL]

»Mikrogramm«-Entwurf

Was das für eine interessante Theaternacht war, die ein Trompeter rechtzeitig angekündigt hatte, der auf einem kleinodienbehangenen Rosse durch die hübschen, gemütlichen Straßen ritt. Die Blätter, die man täglich liest, hatten von einem Kläglichen gesprochen, der in einer ergreifenden Rolle auftrete. Von geschminkten Gesichtern träumend, in einer Welt von gepuderten Gebärden versunken, saß ich einer hellauflachenden Schönen gegenüber beim leise von Italianismen fabulierenden Glas Wein. Eine, die mir seit langer Zeit treu ist, schlug, meinen Mutwillen wahrnehmend, ihren Blick vor mir nieder, ein Benehmen, das mich in der angenehmen Meinung bestärkte, ich bedeutete [ihr] irgend etwas. »Könnten Sie einem Treulosen treu sein?« zitterte es fragend über die Lippen der in gewissem Sinn um mich Bebenden. Ich stellte mir vor, die soeben an mich gerichtete Frage wäre ein schön kostümierter Knabe, dessen liebenswürdiges Aussehen keinen sonderlichen Ernst herausfordere. In Gesellschaft eines **gelockten** Kameraden näherte ich mich dem Platz, auf dem das Schauspiel vor sich gehen sollte. Bereits schlug die Glocke im Turm acht Uhr, und Gestalten wurden sichtbar, die Hüte auf die Köpfe setzten und Kleider für ein possierliches oder feierliches Auftreten anzogen. **Lustige** Personen machten mit angemessener Stimme auf die Bedeutung des Stückes aufmerksam, und jetzt setzte es Schläge gegen eine schallweckende Fläche ab, daß die Lautesten still und die Gedankenlosesten gedankenvoll werden wollten. Ich hatte keinen Centime im Sack, ich war ein Bettler. Wie wären mir fünfhundert Franken Verlagsvorschuß willkommen gewesen. Im Wirtshaus hatte ich einen Aufsatz über den Dichter Schickele gelesen und mein gesamtes Vermögen, das übrigens kein umfangreiches gewesen war, derjenigen in die zarten Schuhe gesteckt, die mir die Situation zu beherrschen schien. Prächtig war, wie mich nun **Sternlein** aus der Höhe herab listig und überlegen anblinzelten und wie die gotische Kirchenarchitektur zierlich gegliedert, zu durchsichtigen Spitzen gemeißelt, **zum kindlich lächelnden Nachthimmel empor**stieg. Eine Teufelsfigur, die vom Spender allen Lebens zur Errichtung der Bühne beauftragt worden war, hatte dieselbe mit Zuhülfenahme von behenden Gehülfen fertig[g]estellt. Das Theater stand gleichsam fix und fertig da, bereits fing auch die Beleuchtung an, sich geltend zu machen und von einem Altan herab liebreizelten allerlei in hellen Gewändern prangende Genien, daß einem das Herz vor Freude klopfte. Aus Fenstern schauten Bürger und Bürgerinnen als Zufallszuschauer dem Schauspiel zu, dem auch ich insofern beiwohnte, als ich durch einen Tuchspalt guckte. Ein alter Palast verlieh dem Schauplatz durch seine blasse Adelsschönheit die wünschenswerte Wichtigkeit. Einer Schar von Intellektuellen, die in der Nachbarschaft im Begriff waren, einem unbeliebten Lehrer eine Katzenmusik darzubringen, wurde Vorsicht anempfohlen. Mein Kamerad blinzelte wie ein Mädchen, das aufs erstmalige Liebeserlebnis gespannt ist, durch die sich ihm anbietende Möglichkeit, etwas zu sehen zu bekommen, und die Bäume flüsterten auf nächtlich feinsinnige Art, und Buben und Mädchen horchten mit offenem Mund, und auf Bänken saßen bald vereinzelte, bald solche, die sich zu irgendeiner sorgfältigen Erzählung zusammengefunden hatten, und nun lehnte einer der Spieler die Rolle ab, die man ihm wie ein Bündel Reisig sozusagen auf den Rücken zu binden gesinnt war, indem er als ungebührlich bezeichnete, was ihm zugemutet wurde. Das war ein ergreifendes Mitansehen, wie sich ein Wehrloser mit zottigem, buschigem Gebrüll plump wehrte, als fiele er in einen tiefen Teich und fuchtle, um das jämmerliche Ertrinken zu verjagen, mit Armen und Beinen, aber das Wasser, will sagen, die Unentrinnbarkeit bemächtigte sich seiner. Er besaß leider etwas langes Haar, woran ihn der Herr des Spieles packte, oder wenn es nicht der Regisseur selber war, der diese unsanfte, scheinbar aber dringend nötige Maßregel traf, so waren an der Aufgabe, die in einer höchst wirksamen Unbarmherzigkeit bestand, **Beorderte** beteiligt. »Er muß, es geht nicht anders«, riefen die Obersten und die Untersten, und über die Spieler sowohl wie die Zuschauer rollte eine Welle gemeinsamen Willens hin, sich unter keinen Umständen durch irgendein Hindernis die Schaulust beeinträchtigen zu lassen, die von sämtlichen zum Gebot der Stunde erhoben worden war. Eine Dirne spielte im weltbedeutenden Stück mit, die sich auf den Rücken des **Gestürzten** setzte, dem plötzlich seine Rolle erträglich vorzukommen schien. In der Teufelsfigur durfte ich zu meiner Genugtuung einen in den Kreisen von **über** letzte Dinge Unterrichteten vielgenannten Essayisten erkennen. Lachte nicht die Nacht wie eine griechische Göttin auf die Melancholie des christlichen Spieles herab, und hat sich das Christentum je vom Heidentum in Wirklichkeit zu emanzipieren vermocht? Scheiterte die Religion, ich meine der Glaube an Liebe und Güte, nicht von

Anfang [an] an der Unmöglichkeit, das Wundersame der Gleichheit durchzuführen? Hat sich dieses schöne Gesetz nicht als viel zu schön erwiesen? Die Kirche, an deren Bau das Spiel aufgeführt wurde, mutete wie ein großartiges Überbleibsel aus einer Zeit an, die sich ihrer bewußter gewesen [sein] muß, als es die jetzige zu [sein] scheint, die mit allen erdenklichen Geistesrichtungen kokettiert, diesbezüglich keines Entschlusses fähig ist, die mit demjenigen, der nicht mitspielen will, verglichen werden könnte, der nur gezwungen spielt, Schreie des Unwillens, der Übelgelauntheit ausstoßend, den man auf die Bühne schleppt, wo er unter Hunderten derber, dummer, dreister, stotternder, fauler Ausreden hinsinkt, der [... ...] Einsame, der schlotternde [... ...] Bettler.

(1927)

RAINER MARIA RILKE
(1875-1926)

RILKE

In einsamem Schlosse
hast du auf dem Rosse,
das als Pegasus bekannt ist,
indem du etwas wie verbannt bist,
manchen Ritt noch unternommen,
von Landschaftsstimmungen umglommen,
hast mit anspruchsvollen Jungen
doch wohl gar zu ernst gerungen.
Frieden sei nun
mit dir, du Zier im Lyrikersaale,
schimmernde Frucht in schöngeformter Schale.
Schön ist nach getaner Pflicht,
Kämpfer um das Gedicht,
solches ungestörtes Ruhn,
entblößt von des Lebens Wanderschuhn.
An deinem Grabe
ich gern dies kleine Wort gesprochen habe.

(1927)

GEORG TRAKL
(1887-1914)

AN GEORG TRAKL

In irgendeinem fremden Lande würde ich
dich lesen, oder auch zu Hause,
und immer würden deine Verse mir zum Schmause
gereichen, und in einem ganz
bestimmten Sinne käme mich im Zimmer,
umglänzt vom Glanz und von dem Schimmer
der wundervollen Worte, die du fandest,
kein einz'ger trauriger Gedanke an.
Wie mit umschmeichelndem Gewande angetan,
erschiene ich mir in der Schlucht des Lesens,
in der Beschäft'gung mit der Schönheit deines Wesens,
das Schwan und Kahn und Garten und der Duft,
der draushinaufsteigt, ist, du blätterreiche,
unsäglich seelenvolle, weiche Eiche,
herabgefallner Felsblock, Schwänzeln
eines Mäuschens, eines Töchterchens Tänzeln,
verzagter Riese, hier auf einer Jurawiese
richte ich, spielerisch, als wenn ich träumte, diese
Ansprach' an deinen Genius.
Haben dich Hölderlin'sche Schicksalsfortsetzungen
in deiner Wiege und auf deiner Lebensbahn
umklungen und zu goldnem Wahn
bestimmt? Wenn ich Gedichte von dir lese,
ist mir, als trüg' mich eine prächt'ge Chaise.   (1928)

HERMANN HESSE
(1877-1962)

[ZU HERMANN HESSE]

»Mikrogramm«-Entwurf

Daß ich ja nicht vergesse,
zu Hermann Hesse
zu spazieren und ihn zu fragen,
ob ich lyrisch zu reden dürfe wagen,
er gilt ja beim Publikum als der,
der das Patent darauf hat,
das Leben unsagbar schwer
allerweil genommen zu haben,
ob er mir erlaube,
daß ich glaube,
ich wär' wie er imstande, mich matt
zu fühlen, morgen denke ich zu traben
zum hochgeschätzten Knaben,
und ich bin überzeugt, daß ich ihn werde
über seine Anhängerherde
lächeln machen können,
und werd' mir nicht mißgönnen,
hie und da mal seelenvoll
adagiohaft zu zwitschern, jeder, der einen
Namen hat, erlebt Stunden, wo er lieber keinen
hätte.   (1925)

HERMANN HESSE

Vorurteile, o, mein Gott,
bilden einen Alltagstrott.
Eines Tags sah ich dich lächeln,
stehen auf dem Podium,
während sich im Publikum
hübsche Frauen heiter fächeln.
Fünfzig Jahr' alt wurdest du!
Wandernd wird schon mancher Schuh
sich dir abgetragen haben.
Darf ich heute Dank dir sagen,
daß du warst, und daß du bist;
dein Charakter scheint aus List
und aus Liebe zu bestehen,
wir wie Blätter ja vergehen,
Wind und Meer sind große Herr'n,
hier gestehe ich dir gern,
daß ich oft in weißem Kragen,
wenn es zart begann zu tagen,
heimwärtsging aus Lustgelagen.
Über den mit ein'gen Gaben
ausstaffierten Hirtenknaben,
der dich feiert, schriebst du mal
einen Aufsatz; sei noch lange
Fisch und Taube, Mensch und Schlange,
und aus deinem Lebensgange,
mittels geistigem Kanal,
brech' noch mancher Sonnenstrahl.
Deine Lippen sind sehr schmal.
Denke nicht, es wäre Rache,
daß ich dir ins Antlitz lache,
denn anläßlich deines Festes
gab ich hoffentlich mein Bestes.   (1927)

MAX BROD
(1884-1968)

HIER WIRD KRITISIERT

Ich bin bescheiden, bin absolut nicht stolz, bin weder hoffärtig noch hochtrabend. Nur schüchtern wage ich mich an das Kritisieren eines Buches heran, das mir soeben ein Verleger höflich zusandte; aber indem ich zu kritisieren beginne, stellt sich die Idee bei mir ein, ich säße in einem Klubsessel. Die Aufgabe, der ich mich hingebungsvoll unterziehe, stimmt mich direktoriell. Sollte übrigens ein Literaturdoktor etwas wie ein Bildungsdiktator sein? Bin ich etwa jetzt ein Machtfaktor? Indem ich an dem Buche bemängle, daß auf Seite soundso die Seitenzahl fehlt, greife ich zunächst unverkennbar die Druckerei an; indem ich mir nun aber die größte Mühe gebe, mir des Werkes Inhalt zu vergegenwärtigen, und indem ich einsehe, daß jede derartige Anstrengung zu keinem Ziel führt, schaue ich, als stände ich auf einem Berg, auf den Autor herab, den ich hiemit belächle. Andere Kritiker taten es vor mir so; ich ahme diese Vorläufer nachkömmlingsmäßig nach. Der Verfasser wird zu ahnen angefangen haben, daß ich Überlegenheit über ihn in mir spüre. Ähnele ich einem Garten, worin Blümchen wie Hochmut und Verachtung gedeihen? In der Tat scheint es so zu sein. In mir will in diesem Moment irgend etwas vor Lachen beinahe glücklich sein, und warum bin ich derart gut aufgelegt? Soll ich es sagen? Vielleicht wäre es geistreicher, wenn ich es für mich behielte; da ich aber hörte, daß Unumwundenheit einen erheblichen Teil dessen bilde, was man guten Ton nennt, so zögere ich keinen Augenblick, zu sagen, daß mich die Emsigkeit, die der Erzeugnishervorbringende an den Tag legt, belustigt. Ich bin über seinen Eifer erhaben, weil ich diese Zeilen in einem sorgsam parfümierten Müßiggang schreibe, der mich befähigt, namenlos zart zu empfinden. Ich las das Buch rascher, als es gedichtet worden sein mag. Die Schnelligkeit, womit ich es kostete, glich einer sausenden Windstille, einem sich unbeweglich verhaltenden Pfeil. Langsames Lesen stellt ja die weit größere Anstrengung dar als ein flüchtiges Über-die-Druckseiten-Hinwegfliegen, das etwas wie eine Bequemlichkeit bedeutet. Zwei bis drei Sätze gefielen mir während des Eilens durch die Äcker, Felder und Wälder des Buches, nebenbei betont, ungemein. Dieses offenherzige Bekenntnis findet meinen Beifall. Jetzt hingegen kommt der ganze Ernst der Kritik: der Schreiber des Buches rückt mit einer Frau auf, die durch ein unbestreitbares Uninteressantsein hervorragt. Ich rauche eine aromatische Havanna, indem ich mich zur Bemerkung aufraffe, der Verfasser bilde sich eigenliebig ein, er wisse, was Liebe ist. Mit einer ihn kennzeichnenden Atemlosigkeit, mit der ridikülen Energie eines vollkommenen Nichtswissers rennt, stolpert oder stürzt er in Leidenschaftsdarstellungen hinein, die ich mit einer Geste der Überzeugtheit als mißlungen erkläre. Greife er lieber nie mehr wieder zur Feder, bilde er sich so schleunig wie möglich zum ausübenden Wegknecht aus, der, in einem meinetwegen total verlöcherten Mantel eingehüllt, seine Tage in kompletter Bedeutungslosigkeit verbringt. Ich bin mit Vergnügen bereit, zu glauben, er sei einen Hammer zu schwingen, einen Sack zu tragen, einen Karren zu schieben, eine Schaufel in Bewegung zu setzen oder einen Pfahl in den Erdboden zu bringen fähig, der

Auserlesene, der sehr überraschte Augen machen wird, wenn ihm diese eherne Kritik vors Gesicht kommt. Zweifellos vergoß der hochintelligente Schwachkopf beim Erzeugen seines fragwürdigen Wunderwerkes Schweißtropfen, das eher mit einer Heugabel, für deren Erwähnung ich um Verständnis bitte, als mit einer Schreibfeder geschrieben worden sein dürfte. Ich sank, als ich mit Lesen zu Ende gekommen war, in eine Ohnmacht, die mich überwältigen zu wollen schien. Nur mühsam gelang es mir, wieder Haltung zu gewinnen. Mag sein, daß der Autor persönlich ein lieber, sanfter Mensch ist; sein Buch jedoch ist unzart wie eine Ohrfeige, die er dem guten Geschmack versetzt.

Ich finde, eine schöne Seele zu sein sei für einen Buchmacher wichtiger als möglichst häufig recht zu haben; ein echter Poet kenne die Frauen und die Liebe immer am besten, und es gebe keine taktvollere Art, eine Liebesgeschichte zu schreiben, als sie möglichst vollständig zu erfinden.

(1927)

ALBERT STEFFEN
(1884-1963)

EINE ART NOVELLE

Auszug

(...) Ich finde es jetzt für passend, von einem Besuch, den mir ein Kollege, d.h. ein Schriftsteller abstattete, Bericht abzulegen, womit ich gewiß keineswegs etwas Außerordentliches angeführt haben werde. Es handelte sich um einen anscheinend sehr begabten, feinen Menschen, der da eines Abends, ich vermag nicht mehr zu sagen, um wieviel Uhr, still zu mir kam, um einige Worte an mich zu richten, die mir auch wieder an sich weiter durchaus nicht bedeutend zu sein schienen. Er stellte sich mir als der und der vor, der von mir gehört habe, dem ich durch das und das Buch, das ich in den »Schoß der Gesellschaft« gelegt hatte, aufgefallen sei und der mir nun da so seine Visite abstatte. Dieser Kollege hob eine Stelle, die sich in einem meiner Bücher vorfindet, als eine ihm, wie er mit leichter Manier vorbrachte, lieb und wertgebliebene, vor mir hervor. Das Aufheben, falls ich mich so ausdrücken darf, schmeichelte mir natürlich; es betraf eine Kaffeehallenschilderung: Leute aus allen Ständen sitzen und essen in einer alkoholfreien Wirtschaft, und der Held des Buches oder des Romans sitzt und ißt auch so da; er ist irgendein junger Mensch, der kein Geld, aber dafür die denkbar schönste, feinste, vornehmste Freundin hat, die nun in all ihrer Pracht ins Lokal hereinschwebt und -schreitet und ihn mit ihren entzückenden Augen sucht und nach einer Zeit des Suchens, d.h. Umhersehens in der Tat im Gewühl erblickt und findet. An diese Stelle also erinnerte mich bei seinem Besuch, gleichsam ein wenig begeistert, der Schriftsteller, der »seltsam« vor mir dasaß, dessen Betragen nur ein wohlabgewogenes, kluges, äußerst feines, vorsichtiges zu sein schien. »Sie sind zart und schlank«, sprach ich behaglich zu ihm. Nach beendigter Unterhaltung, die nur von kurzer Dauer war, entfernte er sich ebenso still und behutsam, wie er erschienen war, und seither habe ich diesen »eigentümlichen Menschen« nie mehr wiedergesehen; ich hörte bloß noch bei dieser oder jener Gelegenheit von ihm, und zwar viel später. Zeitweise war sehr viel und in sehr rühmendem Sinn von diesem Kaffeehallenszenenliebhaber die Rede. Professoren usw., so wird erzählt, hätten ihn für würdig befunden, daß sie geistreiche Abhandlungen über ihn in Zirkulation setzten. Mit einmal, so hieß es dann, habe er den vermutlich begründeten Entschluß gefaßt, sich vom Leben abzuwenden; er sei in eine Art, man möchte sich ermächtigen, zu glauben, Kloster als Bußeablegender getreten.

In Wirklichkeit trat er einer Gemeinschaft religiöser Tendenz als vielleicht zu innig dienendes, zu leidenschaftlich ergebenes Mitglied bei. Über seinen Schritt zu urteilen würde ich, was mich betrifft, jederzeit ruhig ablehnen; ich würde mich in einem Gespräch, das sich auf ihn bezöge, darauf beschränken, Verbindliches, d.h. ein paar achtungsvolle Worte auszusprechen, wobei es mir einfallen könnte, dem Ausspruch »Krisis« zu erlauben, aus der Wohnung meines Mundes mit möglichst viel Unauffälligkeit hervorzutreten. Auf allen Wegen, könnte ich mich bewogen fühlen, beizufügen, fänden sich Rosen, womit ich zwar gar nicht einmal etwas Eigengeistiges, vielmehr etwas zu irgendwelcher beliebigen Zeit von irgend jemand Vernommenes zum Ausdruck brächte.

Dürfte Vorliegendes als eine Art Novelle gelten?

(1928)

[ÜBER EIN BUCH VON ALBERT STEFFEN]

Aus dem »Mikrogramm«-Entwurf

Dies Buch eines Dichters, das er da zur Besprechung eingesandt bekommen hatte, gab ihm auf der Wanderung, die er eigentlich ganz willenlos antrat, zu Betrachtungen Anlaß. Übrigens traf er auf der kleinen Reise einen rostbraunen, gleichsam braun gerösteten Gesellen an. Schwalben hatten auf dem Platz die Häuser umflogen. Vielleicht war es darum gewesen, daß er in die kühlblaue Luft hinaufgeschaut hatte, daß er Reiselust bekam. Außerdem hätte er gerade diesen Weg schon längst zurücklegen sollen, da es sich um Einholung einer Auskunft handelte, die ihm nötig schien und es auch tatsächlich war. »So ein Verwöhnter, wie er ist, wird doch nicht wanderburschenhaft zu Fuß gehen wollen«, hatte ein Mädchen von ihm gesagt, der nun aber trotz seines Verwöhntwordenseins zu Fuß ging, obschon ihm die Landstraße im Anfang etwas hart vorkam. Seine Schritte waren daher behutsam. »Sie glauben immer nur insoweit an einen Menschen, als es ihnen in den Kram, d.h. in ihre Selbstliebe hineinpaßt«, fuhr es ihm mitten in dem Grün der Landschaft zum Mund heraus, und er glaubte, laut zu sich und seinen Mitmenschen monologhaft sagen zu dürfen: »Habt ihr Steckköpfe, so hab' ich ebenfalls einen.« Eine Weile schritt [er] mit zusammengekniffenen Lippen, wie einer, der sehr Wichtiges bedenkt und zäh für sich zu behalten entschlossen ist. Er erinnerte sich, im Gesichte Frank Wedekinds solche Verschlossenheiten gesehen zu haben, gleichsam eine Art Verbittertheit, die ja sehr leicht aus jedweder höheren Intelligenz emporsteigt, oder sie zu sich hinunterzieht, je nachdem man halt den Haß beurteilt. Ich für mich möchte sowohl die Liebe wie den Haß vorsichtig beurteilt wissen. Ein Empfinden bezieht seine Nahrung aus dem anderen. Herrlich dünkte den Reisenden diese ihm immer vor den Augen sich **ausbreitende** reiche Aussicht. Man kann sagen, es habe ihm gewissermaßen, je weiter er ging, gewohlet, und nun kam er auf eine Anhöhe, die mit Wald bekleidet war, durch den die Straße mitten hindurchführte, und unwillkürlich pfiff er ein Liedchen, mit anderen Worten, es wurde ihm deutsch ums Gemüt. Wandern scheint ja überhaupt eine uralt-deutsche Eigenschaft zu sein, so eine Art mutige Friedlichkeit oder ein friedlicher Mut, und »Wissen Sie, lieber Herr«, redete er jetzt seinen Dichter an, »daß Sie mir gleichsam anfänglich in Ihrem Buch zu sehr imponiert haben, und zwar deshalb zu sehr, weil dann die Wirkungen zu bald schon verhallten. Ich wünschte Sie etwas weniger schwungvoll, wir leben ja jetzt in einer so vorsichtig abwägenden, armen und daher ziemlich furchtsam gewordenen Zeit und Welt. Natürlich flößten mir Ihre dichterischen Flüge, als ich sie lesend erlebte, große Hochachtung ein. Immerhin muß ich Ihnen bekennen, daß für mich irgendetwas Vergangenes, Abendhaftes im kühnklingenden **Schwärmen** Ihres Geistes liegt. **Sie** lassen mich die Kleinlichkeit, das Alltägliche vermissen, aus dessen Zusammenbewegung sich ja eine Weltwiderspiegelung ergibt, denn nicht wahr, mein Herr, wir alle sind ja heute doch nun einmal sehr klein geworden. Wir sind ja alle vom Verfallen all des Großen so erschüttert und mißtrauen darum den großen weitausholenden Tonarten, wobei ich Sie immer natürlich sehr verehre, aber nicht umhin kann, Sie auch zu tadeln, denn Sie treten wie ein Verführer auf, nicht wie ein Führer durch unsere bangen Tage, und es ist ja doch nun einmal sicher, daß unsere Tage voller banger Fragen sind. Und darum sollten die Dichter auch mit einer gewissen Sorglichkeit, Bangigkeit schreiben, Erziehern oder Verwaltern ähnlich, oder wie eine Art Eltern, also nicht gar so abenteuerlich. Sie, o ja, ich zweifle nicht daran, waren und sind ein Abenteurer des Wortes, ein Seefahrer auf dem Meer der Sprache, und Sie sind darum natürlich ein schöner Dichter, zugleich aber vielleicht für Ihre Leser, Ihre Bewunderer gefährlich, denen Sie mit dem Prunkgewand Ihres Ausdrucks viele Hoffnungen machen, wo ihnen dann die Wirklichkeit sie doch wegnimmt. Würden Sie nicht besser tun, Herr, in dem, was Sie dichten, mehr nur zu sprechen, also so sendunghaft zu singen, als wenn Sie für Schafe ein Hirt, für geistig Irregegangene ein Missionar wären, und doch wissen wir ja alle ganz genau, woran wir mit uns und unserer Mitwelt sind, es wissen es alle, daß sie ihr tägliches Brot verdienen müssen und daß kein schönes Wort diesen Zwang aufzuheben imstande ist. In einer Rede reden Sie von der Größe, der Geheiligtheit der Existenz der Dichter. Diese Dichter leben aber doch auch nicht nur von ihrer Begeisterung, wie die Liebenden auch nicht nur von der Liebe leben und die Schönen auch nicht nur von ihrer Schönheit und die Braven und Treuen auch nicht allein nur von ihrer Treue und Bravheit, und wenn die Gutgesinnten nichts anderes zum Leben hätten als ihre gute Gesinnung, so müßten sie umkommen, das verstehen Sie und ich auch. Weshalb wuchs gerade der so edle hochgesinnte Grillparzer zu einem der grämlichsten Menschen [heran], und warum langte Gottfried Keller, ein gewiß nicht kleiner und gesangsarmer Geist, so häufig nachts spät in einem Zustand vor seinem Hause an, der etwas Komisches, wenn nicht Ärgeres an sich hatte, und warum dichtete Kleist in Königsberg seine gigantischen Novellen, und warum gab oft der große Maupassant seinem Bürovorgesetzten mürrische Antworten, doch wohl alles deshalb, weil diese Dichter dem nötigen Erwerb täglich obliegen mußten und weil dieser Erwerb mit seinen harten Notwendigkeiten ihnen die Tugend verlieh, die echte, und die Kraft der Gestaltung. Sie, mein lieber Herr, singen und reden nur von Gestaltungen, aber Sie sind nicht selbst Gestaltender. Sie sind auch kein Prophet, sondern singen und reden nur vom Prophetentum, und Sie gehören keinem Gott an, sondern erinnern uns bloß mit Ihren begeisterten Auslegungen an die Möglichkeit der Gottangehörigkeit und der Schönheit, und Sie schreiben ledig[lich] auf schöne, herzgewinnende Art vom Dienen, ohne selber je gedient zu haben. Dienen, Hingegebensein, ja sogar mein scheinbar jetzt so fröhliches Wandern sind doch wohl mit Schwierigkeiten verbunden. Und Sie reden von der Dankbarkeit des Kindes wie von beinah lediglich etwas Zuckersüßem, aber hier sind ja meine bekannten vier großen Bäume.« Hier hatte er seine Ansprache an den Dichter beendet, indem er vielleicht noch hinzufügte: »Und wenn Schiller von mir Nation verlangt, so habe freudig ich alles für ihre Ehre einzusetzen, eine jetzt selbstverständlich etwas mechanisch anmutende dichterische Beschwingtheit, ist das in Wirklichkeit ebenso schwunghaft leicht? Doch wohl nicht ganz. Und doch ist, bleibt Schiller ›selbstverständlich‹ ein bedeutender, ja großer Dichter.« Der eine Baum stand an einem Punkt, von wo aus der Wanderer die schönste Aussicht ins Land hinab hätte genießen können, wenn er sich erlaubt hätte zu verweilen. Winde flatter[te]n, jagten umher, sie machten das grüne Land durch Blattumwendungen weißlich. Alle diese vielen, vielen Blätter und Halme waren vom Luftdruck umgebogen, zeigten ihre Rückseiten oder waren von der Windeskälte mit einer Blässe angehaucht worden, und diese Bläßlichkeit glänzte, und nun kam der Reisende zu einem großen Gebäude, wo ein Bursche Bierfässer auflud und wo einem alten Mannli der Hut fortgefegt wurde. Der Wind ist so lustig, weil er so frech ist. Er grüßte alle diese alten Herren, die einer Altersanstalt angehörten und teils gingen, teils am Wegrand im Grünen stillsaßen. Das Gebäude war als Hort der Bildung einst von Angehörigen des Johanniterordens zu Herrschaftszwecken errichtet worden. Im Teich plätscherte schimmernd ein Springbrunnen, und hoch ragte spitz eine Schaumwand in die blaue Gottesluft. Schön war auch die blaue Umrahmtheit des grünen Daseins. Der Himmel glich einer Wölbung und die Landschaft dem Fußboden eines weiten Saales, und im Leben hallte es wie in einer weiten Halle, und er lief fort und kam in einem Dorf an einem Wegweiser und an einer Käserei vorbei, und hier begegnen wir nun unserem Löwen, diesem rostbraunen Gesellen, wie wir ihn genannt haben, der aber bloß als Reklame einer wandernden Arena hier an einem Feuerwehrhäuschen prangte, zum Glück also gar nicht lebte. Ein Wirtshaus hatte seine Tür offen, aber der Wanderer ging nicht hinein. Im Schaufenster einer Spezereihandlung sah er Kämme, Knöpfe, Zigarrenpäckli, Täfeli zum Essen usw. friedlich appetitlich ausgestellt. Ein Kind saß neben einem Hund und untersuchte ihm das Fell, er fand scheinbar viel Gefallen an der Sorgfalt, hielt schön still. Sogleich wird Balzac auftauchen, ich bitte um eine halbe Wegstunde Geduld. Vor einem Schulhaus standen in Reih und Glied zu vieren aufmarschierte Schulknaben, der Lehrerin gehorchend, die über den Zug leicht gebot. Bei einem anderen Schulhaus war gerade die Pause aus, und die Mädchen liefen flink in die neubeginnenden Unterrichtsstunden. Schmiede hämmerten, Zimmerleute zimmerten und große Schätten lagen dunkel und fein und hell und zugleich tiefschwarz am Rain, der die Straße umsäumte, und nun erinnerten Lilien, die in Gärten schlank und keusch stand[en], den Reisenden an den Dichter Liliencron und an [das] »Überbrettl«, auf dem er auftrat, weil er Geld zu verdienen müssen in die Lage geriet und, wie ihm Liliencron eines Tages gesagt hatte, hundert Briefe seien an ihn ergangen, nur weil er genötigt gewesen war, Geld zu verdienen durch das Sich-zur Schau-Stellen auf dem »Überbrettl«. Jedesmal wenn der Reisende an Liliencron dachte, sprangen vor seinen Augen Windhunde. Das kam daher, weil ein Gedicht dieses Dichters von der Jagd handelt. Kartoffeläcker schauerten unter dem Wind, und dieser Wind war hartblau und seine stürmische Stummheit verkündete ein ewig gleiches Gesetz und war das Lied von der Wirklichkeit, und nun mag Balzac meinetwegen kommen. Ein Mann stand nämlich am Weg, einige Schritte in den Wiesen, der drehte dem Daherschreitenden den Rücken, und der Nacken des Mannes hatte etwas frappierend Balzac-Ähnliches, wie es dem Reisenden aus geschauten Abbildungen vorschwebte. Noch erblickte er eine bäurische Madame aus der Directoirezeit, und immer flog ihm Wind um den Kopf, und er ging weiter. (...)

(1925)

VIII. WALSER ÜBER WALSER

ROBERT WALSER
1878-1956

WALSER ÜBER WALSER

Hier können Sie den Schriftsteller Walser sprechen hören.

An Herrn Walser, den Schriftsteller!

So lauten Adressen von an mich gerichteten Briefen, als wollten mich gewisse, um mich besorgte Leute an mein Schriftstellertum mahnen.

Schläft sie etwa in mir, die Schriftstellerei?

Wollen mich Wohlwollende etwa wecken?

Als ich zum Beispiel einst den »Gehülfen« erlebte, schlief der Schriftsteller Walser zunächst auch. Sonst wäre ich ja ein unnatürlicher Gehilfe gewesen.

Um »Geschwister Tanner« zu schreiben, bedurfte es langen Gewartethabens, was natürlich unbewußt stattfand. Ich würde einen Schriftsteller eher an den Menschen als an den Schriftsteller erinnern. Die Schriftstellerei stammt ja aus dem Menschlichen.

Mir sind Menschen bekannt, die der Meinung sind, es werde zu viel geschriftstellert. Wie zum Beispiel auch zu viel gemalt.

Ich bin auch dieser Meinung, und daher beunruhigt mich der scheinbar zurzeit schlafende Schriftsteller Walser keineswegs. Mich freut vielmehr sein Verhalten.

Als ich in Wirklichkeit »Gehülfe« war, hatte ich da eine Ahnung, daß aus diesem Stück Erleben ein »Wirklichkeitsroman«, also aus dem wirklichen Wirken ein schriftstellerisches entstehen würde? Nein, keine Spur!

Walser lebte damals auch schon, schlief auch schon, schrieb auch schon denkbar wenig. Aber weil er sich dem Erleben uninteressiert hingab, d.h. unbekümmert um Schriftstellerei, will also sagen, noch nichts schrieb, so schrieb er seinen »Gehülfen« Jahre später, d.h. nachher. Er kam deshalb nicht vor unbefriedigter Buchherausgabelust um.

Alles was Schriftsteller Walser »später« schrieb, mußte von demselben »vorher« endlich erlebt werden.

Kann ein Mensch, der nicht schriftstellert, morgens überhaupt seinen Kaffee trinken?

Ein solcher wagt kaum zu atmen!

Und dabei spaziert Walser täglich jeweilen noch ein Stündchen, statt sich sattzuschreiben. In seiner Natürlichkeit findet er Vorwände, Serviertöchtern beim Tischdekken behilflich zu sein. Warum erlebte Walser einst allerlei?

Weil der Schriftsteller fröhlich in ihm schlief, ihn also am Erleben nicht hinderte. Er meint daher, man täte gut, ihn in einer breitangelegten Ahnungslosigkeit zu lassen, und er bittet Besorgte um etwa zehn Jahre Geduld, indem er seinen Kollegen allen erdenklichen Erfolg wünscht. Warum läßt Walsers Ruhm jeden andern weniger kühl als ihn selbst?

Als ich zum Beispiel »Die Geschwister« schrieb, wie unberührt von Berühmtheit war ich da! Wäre ich schon berühmt gewesen, so wäre das Buch nicht zur Welt gekommen.

Ich wünsche also unbeachtet zu sein. Sollte man mich trotzdem beachten wollen, so werde ich meinerseits die Achthabenden nicht beachten. Die Niederschrift meiner bisherigen Bücher war keine erzwungene. Ich meine, daß

Vielschreiben noch nicht ein reiches Schrifttum ausmacht. Möge man mir nicht mit den »früheren Büchern« kommen! Man überschätze sie nicht, und den lebenden Walser wolle man versuchen, zu nehmen, wie er sich gibt.

(1925)

GEBURTSTAGSPROSASTÜCK

Ich bin in diesem Moment ein Engländer, den anscheinend nichts zu ergreifen vermag, was mir eine sehr hübsche Prosastückposition zu sein scheint, aus der heraus ich verlauten lasse, daß es einer in der Hand hat, ob er Versuchskaninchen sein will oder nicht. So etwas ist Standesbewußtseinsangelegenheit. Nun etwas von Geburtstagen usw.

Mein Namenstag ist der 24. September, mein Geburtsdatum der 15. April. Somit wäre etwas Herbstliches, Herbes und etwas Frühlingshaftes, Liebes an mir.

Wir leben in einer sündhaften, weil nüchternen, gescheiten Zeit. Wie sanken in früheren Zeiten Dichter frühzeitig hin, so romantisch, gefühlvoll, so entzückend kränklich, müde, voll Weltschmerz und dergleichen. Hievon gibt es heutzutage leider keine Spur mehr. Oder muß man sagen: glücklicherweise? Das käme auf die Auffassung an. Der bedeutende Petöfi erreichte bloß ein Alter von 26 Jahren, Georg Büchner, der geniale Dramatiker, wurde auch nicht viel älter. Hölderlin hielt es für angezeigt, d. h. für taktvoll, im vierzigsten Lebensjahr seinen gesunden Menschenverstand einzubüßen, wodurch er zahlreichen Leuten Anlaß gab, ihn aufs unterhaltendste, angenehmste zu beklagen. Rührung ist ja etwas überaus Bekömmliches, mithin Willkommenes. Über einen großen und zugleich unglücklichen Menschen weinen, wie schön ist das! Wie viel zarten Gesprächsstoff lieferten solche unalltäglichen Existenzen!

Novalis, dieses Talent ersten Ranges, lebte und starb wie eine Blume, kurz, aber gleichsam einen verführerischen Duft ausströmend.

Genannten war es nicht vergönnt, fünfzigste Geburtstage zu feiern. Bald werde auch ich fünfzig Jahre zählen. Was alsdann?

Gehöre auch ich zu den Dichtern, die es darauf abgesehen haben, die Mitwelt durch Beweisablegung eines womöglich geradezu maßlos normalen Verstandes zu erschrecken? Soeben haben fünf bis sechs vorzügliche Autoren ihren fünfzigsten Geburtstag erlebt. Weitere Feierungen werden folgen. Wie unsäglich gewöhnlich wir eigentlich sämtlich geworden sind! Keiner mag mehr eine Ausnahme sein. Jeder bebt vor einem etwaigen Schicksal. Auch ich bewege mich durchgängig zweckhaft. Ich gehöre zu denen, die sich vorgenommen haben, alt zu werden. Dennoch ist etwas in mir, das mich wegen der Geburtstage, die ich erleben werde, auslacht. Nächstens kommt bezüglich Geburtstäglichkeit mein Freund Feinohr an die Reihe. Er läuft im Hinblick hierauf ganz verwundert herum. Von andern wäre ähnliches zu sagen.

Wir verstehen scheinbar alle nicht mehr, rechtzeitig zu welken. Es fehlt uns also etwas. Wie schön und kühn starb z. B. Körner. Er und andere verzichteten aufs vornehmste auf den fünfzigsten Geburtstag. Sie waren unvorsichtig, was im Grund sehr nett von ihnen war.

Wie ich mich freue, daß man mir zu meinem kommenden, herannahenden Fünfzigsten wird gratulieren müssen!

Gott sei Dank vergehen alle diese Geburtstage verblüffend rasch.

Was dies hier für ein Geburtstagsprosastück ist.

(1926)

MEINE BEMÜHUNGEN

Ich bin mit der Zeit für meine Verleger eine Bedenklichkeitsverursachung geworden. Einer von ihnen lud mich einmal ein, Novellen für ihn zu schreiben; mir ist aber vielleicht bis heute noch überhaupt keine einzige Novelle geglückt. Ich schrieb, als ich zwanzig Jahre zählte, Verse, und im Alter von achtundvierzig Jahren fing ich mit einmal von neuem Gedichte zu schreiben an. In vorliegendem Versuch, ein Selbstbildnis herzustellen, vermeide ich jedes Persönlichwerden grundsätzlich. Beispielsweise sage ich hier über Persönlichkeiten von Belang, denen ich auf meinem Lebenswege begegnete, nicht das geringste. Dagegen spreche ich so genau, wie mir dies gelingen mag, über meine Bemühungen. Vermutlich besitze ich heute einen gewissen Ruf als Kurzgeschichtenverfasser. Vielleicht genießt die kleine Erzählung verhältnismäßig nur kurzatmige literarische Geltung. Darf ich übrigens den Leser herzlich bitten, überzeugt sein zu wollen, daß, was in diesen Zeilen meinem Mund entspringt, aus der guten Laune stammt? Ich spüre in diesem für mich angenehmen Moment, daß ich die Behaglichkeit selbst bin. Ich schriftstellerte bis dahin überhaupt stets sehr ruhig, obschon ich als Mensch mitunter unruhig zu sein imstande war. Nebenbei betont, besitze ich seit zirka fünf Jahren eine Geliebte, die ich womöglich nicht mit der bestqualitativen Liebe liebe. Von Zeit zu Zeit lese ich, offen gestanden, Französisch, ohne behaupten zu wollen, ich verstände die Bücher, die in dieser Sprache geschrieben sind, Wort für Wort. Ich halte gegenüber Büchern sowohl wie Menschen ein lückenloses Verstehen eher für ein wenig uninteressant als ersprießlich. Hie und da ließ ich mich vielleicht durch Lektüre beeinflussen. Vor ungefähr zwanzig Jahren verfaßte ich mit einer gewissen Behendigkeit drei Romane, die dies unter Umständen gar nicht sind, die vielmehr Bücher sein mögen, worin allerlei erzählt wird, und deren Inhalt von einem kleinern oder größern Mitmenschenkreis geschätzt zu werden scheint. Ein jüngerer Zeitgenosse fing vor etlicher Zeit quasi Händel mit mir an, weil's mich nicht tief ergriff, daß ihm einfiel, zu mir zu sagen, er verehre dieses oder jenes frühere Buch aus meiner Feder. Tatsache aber ist, daß sich das betreffende Werk so gut wie nicht mehr im Buchhandel befindet, weshalb sein Autor diesbezüglich nicht entzückt zu sein vermag. Einigen meiner geschätzten Herren Kollegen geht es vielleicht ähnlich. Als ich zur Schule ging, lobte einer meiner Erzieher oder Lehrer meine Handschrift, die aller Wahrscheinlichkeit nach eine ausgesprochene Prosastückhandschrift ist, die mir zahlreiche Skizzen usw. ausfertigen half und mich meinen Schriftstellerberuf aufrechtzuhalten befähigte, worüber ich mich selbstverständlich freue. Ich ging seinerzeit vom Bücherverfassen aufs Prosastückschreiben über, weil mich weitläufige epische Zusammenhänge sozusagen zu irritieren begonnen hatten. Meine Hand entwickelte sich zu einer Art Dienstverweigerin. Um sie zu begütigen, mutete ich ihr gern nur noch geringere Tüchtigkeitsbeweisablegungen zu, und siehe, mit derartiger Rücksichtnahme gewann ich sie mir allmählich wieder. Meine Ambition bändigend, erteilte ich mir die Weisung, mich mit bescheidensten Erfolgelein zu begnügen. Der Schriftsteller in mir gehorchte den Vorschriften des ruhig weiter zu leben Wünschenden, der's mit mannigfachen Zeitungsredaktionen zu tun bekam. Wie ich glaube, besaß ich einst einen bessern Namen; doch gewöhnte ich mich auch an einen weniger ausgezeichneten, indem ich wünschte, ich erklärte mich mit der Bezeichnung »Zeitungsschreiber« einverstanden. Nie beeinträchtigte mich die sentimentale Idee, man könnte mich für artistisch irregegangen halten.

Die Frage: »Ist's nicht mehr Kunst, was du treibst?« schien mir mitunter sachte die Hand auf die Schulter zu legen. Ich durfte mir jedoch sagen, daß sich einer, der mit Bemühtbleiben weiterfährt, nicht von Forderungen behelligen zu lassen braucht, deren idealistische Last ihn beunlustigte. Schlankweg gebe ich zu, daß ich's nicht übers Herz brachte, mir zu verbieten, bis zu gewissen Grenzen zu bummeln. Mir genügt, denken zu dürfen, es sei glaubhaft, daß die Zeit wunderbar um mich besorgt blieb. Ich lebe noch und bin hiefür dankbar, und mir wird vielleicht dadurch zu danken erlaubt sein, daß ich mit mir einigzugehen gewillt bin. Wenn ich gelegentlich spontan drauflos schriftstellerte, so sah das vielleicht für Erzernsthafte ein wenig komisch aus; doch ich experimentierte auf sprachlichem Gebiet in der Hoffnung, in der Sprache sei irgendwelche unbekannte Lebendigkeit vorhanden, die es eine Freude sei zu wecken. Indem ich mich zu erweitern wünschte und diesem Wunsch das Dasein gönnte, mißbilligte man mich möglicherweise da und dort. Immer wird Kritik Bemühungen begleiten.

(1928)

»VERKANNTE DICHTER UNTER UNS?«

Antwort auf eine Umfrage der
»Neuen Zürcher Zeitung«

Was mich betrifft, so habe ich mich keineswegs über Verkanntheit zu beklagen. Ich kenne Leute, die sich nach mir sehnen. Individualitäten umwerben mich. Frauen von nicht zu mißverstehender gesellschaftlicher Bedeutung freuen sich, wenn ich nur in geringem Grad artig zu ihnen bin. Jeweilen frühmorgens erquickt sich meine Daseinslust an feinstem holländischen Kakao. In meinen Schränken liegen nicht die besten, aber bekömmlichsten Weine. Meiner Meinung nach werden die Dichter im großen und ganzen nur beinahe zu gern und zu rasch anerkannt. Infolgedessen bekommt man sie dann satt. Mich laden Mädchen zum Tee im sonnigen Freien ein, stellen mich ihren Müttern vor, schreiben mir schmeichelhafte Briefe, die die Schubladen meiner Ziertische mit ihren Zartheiten schmücken. Man gibt sich um mich die erdenklichste Mühe. Um geschmackvoll zu bleiben, spiele ich den Gleichgültigen und erscheine undankbar. In dem Grade, wie ich mit meiner Anerkanntheit zufrieden bin, wünsche ich meinen Kollegen ähnliches. Meine Verleger teilen mir mit, sie seien entzückt von mir. Sie hoffen in einem fort das beste, und ich verhindere sie nicht an der Ausgestaltung der vorzüglichen Meinung, die sie sich über mich bildeten. Anderseits unterstütze ich sie aber auch darin nicht. Meine dichterischen Produkte reisen munter und zirkulieren unentwegt durch die Presse. Hie und da fliegt mir ein Goldvögelchen aus blasser und unbekannter Hand zutraulich zu. Täglich beschäftigt mich irgendein Problem. Allgemein gesprochen halte ich nichts für so gesund als eine kräftige Portion Verkennung, die gewiß auch Nachteile haben mag, aber aus fröhlicher Verarbeitung dessen, was nachteilig ist, wächst Vorzügliches.

(1926)

ANMERKUNGEN

In den Texten aus den »*Mikrogramm*«-*Entwürfen* sind Wörter, die nur als hypothetische Lesarten gelten dürfen, in serifenloser Type gesetzt.

S. 9 *Dichtete dieser Dichter richtig?* Wie in den drei folgenden Texten bezieht sich Walser hier auf Shakespeare. Er spielt auf »Der Widerspenstigen Zähmung« und »Hamlet« an.

S. 19 *Percy:* Figur in Shakespeares »König Richard II.«

S. 152 *Ferrante:* Figur in C. F. Meyers Erzählung »Angela Borgia«.

S. 185 Bei dem großen Roman, dessen Anfangsszene Walser kurz skizziert, handelt es sich um Tolstois »Anna Karenina«. Allerdings vertauscht Walser die Rollen von Mann und Frau.

S. 196 Walser verfaßte den Text anläßlich des 60. Geburtstages von Hedwig Courths-Mahler am 18. 2. 1927.

S. 232 *Über eine Novelle von Stendhal:* Walser hat hier das Handlungsmuster von Stendhals Erzählung »Die Äbtissin von Castro« mit vereinzelten eigenen Erlebnissen untermischt.

S. 284 Walser spielt zu Beginn auf Walter Hasenclevers Stück »Der bessere Herr« an, das am 12. 1. 1927 in Frankfurt uraufgeführt worden war.

S. 309 *Aufsatz über Frank Wedekind:* Wedekinds Stück »Musik«, auf das Walser anspielt, erschien erstmals im Jahr 1908.

S. 325 *Koffermann und Zimmermann:* Bernhard Kellermann war 1908 vom Verleger Paul Cassirer in Begleitung von Walsers Bruder Karl nach Japan geschickt worden.

S. 327 *Die Geschichte von den beiden Reisenden:* Paul Cassirer hatte den jungen Karl Walser gutmütig-ironisch ›das Wickelkind der Berliner Sezession‹ genannt.

S. 339 Zwischen dem 12. und 25. 8. 1927 wurde auf dem Berner Münsterplatz Hofmannsthals Stück »Das große Salzburger Welttheater« aufgeführt, was Walser zum Anlaß dieses Prosatexts nahm.

S. 347 *Hier wird kritisiert:* Der »Mikrogramm«-Entwurf des Textes offenbart, daß Walser sich mit diesem Prosastück auf Max Brods Buch »Die Frau, nach der man sich sehnt« (1927) bezieht.

S. 352 *Über ein Buch von Albert Steffen:* Bei dem hier erwähnten und kommentierten Werk handelt es sich wahrscheinlich um Albert Steffens »Der Künstler zwischen Westen und Osten«, das 1925 im Grethlein Verlag, Zürich, erschien.

NACHWORT

»Bin ich am Lesen, so komm' ich nicht leicht wieder davon, kann Wochen damit verbringen«, bekennt Walser am Anfang des Prosastücks *Von einigen Dichtern und einer tugendhaften Frau*. Wochenlang lesen, nicht davon loskommen – das sind eindeutige Symptome: Lesesucht. Ein Leser, ein Lesesüchtiger, das war Walser in der Tat. Mochten ihn seine zeitgenössischen Kritiker auch für einen wanderburschenhaft Unbefangenen halten, der frei vom übermächtigen Einfluß literarischer Tradition daherschreibe und -phantasiere, so dürfte die vorliegende Auswahl seiner Texte, die sich mit Personen und Stoffen der Literaturgeschichte befassen, das Gegenteil beweisen: Walser war in einem ungewöhnlichen Maß belesen und kannte in der Literatur des neuzeitlichen Europa so gut wie alles, was Rang und Namen hat; für die deutschsprachige Literatur gilt dies ebenso wie für die französische, die russische, skandinavische oder englische. Immer hat er sich auch selbst in deren Tradition gesehen, ist der Entwicklung bestimmter Motive und Figuren nachgegangen, um daraus neue, zeitgemäßere Möglichkeit des Schreibens zu gewinnen. Besonders gut läßt sich dies beispielsweise an den Texten nachverfolgen, die sich mit seinem »erklärten Lieblingsschriftsteller« Stendhal beschäftigen (siehe S. 225 ff.) oder die von Gottfried Keller handeln, dem seinerzeit überlebensgroßen Vorbild für Schweizer Autoren (siehe S. 137 ff.).

Trotz all seiner enormen Belesenheit hat Walser jedoch

nie etwas von einem poeta doctus, wie ihn manche zeitgenössischen oder nachgeborenen Kollegen so gerne herauskehren. Im Gegenteil: Daß Literatur zum gehobenen Bildungsgut gehöre und bevorzugtes Requisit imponierlichen Vorzeigewissens sei, hat Walser immer zu Spott gereizt. Ähnlich ablehnend quittierte er jenes in gebildeten Kreisen so beliebte Bedeutsamkeitsgetue, wonach sich die Geistesgeschichte und das (kritische) Selbstverständnis einer Gesellschaft in ihrer Literatur manifestiere bzw. manifestieren solle. Derlei Repräsentationsansprüche sind Walser zutiefst fremd, ja suspekt, produzieren sie doch in aller Regel Prätention statt Poesie.

Die Beweggründe von Walsers Lesesucht sind denn auch völlig anderer Natur. Die Literatur und ihre Geschichte – das ist ein Garten, ein Park, indem es sich zu privatem Vergnügen schönstens herumspazieren läßt. Vornehmlicher Reiz dieser Anlage ist ihre reiche Vielfalt; neben seltenen Prachtgewächsen haben auch kommune Kräuter ihren Platz. Bouquets beliebigster Zusammenstellung lassen sich da pflücken und nicht nur blaue Blumen laden zum Träumen ein. Ein Garten – hier mischen sich Natürlichkeit und Künstliches ähnlich vielfältig und unentwirrbar wie in der Literatur, ähnlich auch, wie dort Realität und Fiktion ineinander übergehen. So liegt für Walser denn auch in der Lizenz zum freien Spiel mit Realitäten und Phantasien jener Hauptreiz, aus dem der Leser sein Vergnügen schöpfen kann. Ein Lesen, das sich aufs bloß nachvollziehende Verstehen beschränkt, gilt ihm dagegen als verfehlt: »Ich halte gegenüber Büchern sowohl wie Menschen ein lückenloses Verstehen eher für ein wenig uninteressant als ersprießlich«, bemerkt Walser in seinem Prosastück *Meine Bemühungen*. Nein, Lesen, wirkliches Lesen unterliegt keinen vorgegebenen Verständniszwängen; vielmehr ist es selbst eine kreative Beschäftigung, wie Walser zu Beginn des Textes *Lektüre* hervorhebt: »Ich darf vielleicht versichern, daß ich beim Lesen verhältnismäßig originell bin«, heißt es dort. Mithin ist Lesen nicht nur eine der freiesten Formen von Unterhaltung, sondern auch Ausgangspunkt zahlloser neuer poetischer Einfälle, rühren sie nun von einem klassischen Werk der Literaturgeschichte her oder von einem Groschenheft. Entsprechend vielgestaltig sind auch die Texte, die Walser aus seinen Leseeindrücken heraus Gestalt gewinnen lassen kann: von essayistischen Darstellungen bis hin zum Vexierspiel in Gelegenheitsversen, von der szenischen Collage bis zur anekdotisch pointierten Erzählung. So mag man diese Sammlung zum einen als Walsers literaturgeschichtliches Privatkabinett besichtigen, zum anderen aber auch als kleine Poetik des Lesens wie des Schreibens nehmen.

Bernhard Echte

INHALT

Dichtete dieser Dichter richtig? 9

I. BERÜHMTER AUFTRITT

WILLIAM SHAKESPEARE
Hamlet-Essay 15
Percy 19
»Felix«-Szenen. *Aus dem »Mikrogramm«-Entwurf* .. 21

VOLTAIRE
»Felix«-Szenen. *Aus dem »Mikrogramm«-Entwurf* .. 25

JOHANN WOLFGANG GOETHE
Etwas über Goethe 27
Goethe. *Gedicht* 30

FRIEDRICH SCHILLER
Schiller. *Gedicht* 32
Schiller (II) 33
Schillerfiguren 35
Berühmter Auftritt 39
»Guten Abend, Jungfer!« 40
Zu »Kabale und Liebe«. *»Mikrogramm«-Entwurf* ... 42
Tell in Prosa 44
Wilhelm Tell 45

JAKOB MICHAEL REINHOLD LENZ
Lenz 48
Lenzens Soldaten 53

JEAN PAUL
Jean Paul 55
Brief an ein Mädchen. *Auszug* 61

FRIEDRICH HÖLDERLIN
Hölderlin 62

HEINRICH VON KLEIST
Kleist-Essay 66
Weiteres zu Kleist 68
Kleist in Thun 71
Kleist. *Gedicht* 81
Was braucht es zu einem Kleist-Darsteller? 82
Theateraufsatz. *Aus dem »Mikrogramm«-Entwurf
   zu Potpourri* 85

CLEMENS BRENTANO
Brentano. Eine Phantasie 88
Brentano (I) 96
Brentano (II) 101
Brentano (III) 103

WILHELM HAUFF
Hauff 107
Hauff. *Gedicht* 109

THEODOR KÖRNER
Theodor Körner. *Gedicht* 111

NIKOLAUS LENAU
Lenau (I) 112
Lenau (II) 113

GEORG BÜCHNER
Büchners Flucht 117
Ein Dramatiker 118

LEOPOLD RITTER VON SACHER-MASOCH
Sacher-Masoch 122

ADALBERT STIFTER
Adalbert Stifter. *Gedicht* 125

II. DIE LITERARISCHE SCHWEIZ

Die literarische Schweiz 129

JEREMIAS GOTTHELF
Die Zofe 132
Erdbeerimareili und Don Juan.
   »*Mikrogramm*«-Entwurf 134

GOTTFRIED KELLER
Gottfried Keller. »*Mikrogramm*«-Entwurf 137
Eine Gottfried-Keller-Gestalt 141
Kurt vom Walde 143
Die Kellersche Novelle 146

CONRAD FERDINAND MEYER
Szene zu »Angela Borgia«.
   »*Mikrogramm*«-Entwurf 148
Ferrante 152

III. WELCH WERTVOLLE WERTLOSIGKEIT

AUGUST VON KOTZEBUE
Kotzebue 157

CHRISTIAN AUGUST VULPIUS
Rinaldini 159

ALEXANDRE DUMAS
Sonett über den »Graf von Monte Christo«.
Gedicht. »Mikrogramm«-Entwurf. 161

EUGÈNE SUE
Eugène Sue 162

FRIEDRICH GERSTÄCKER
Friedrich Gerstäcker 164

MÓR JÓKAI
Einiges über Maurus Jokai 167

IV. IM HAUSE DES KOMMERZIENRATES

Literarische Revue 173

CHARLOTTE BIRCH-PFEIFFER
Birch-Pfeiffer 176

HARRIET BEECHER-STOWE
Onkel Toms Hütte 178

OTTILIE WILDERMUTH
Ottilie Wildermuth. *»Mikrogramm«-Entwurf* 181

MARLITT
Im Hause des Kommerzienrates 186

SOPHIE WÖRISHÖFER
Wörishöfer 188

BERTHA VON SUTTNER
Über Bertha von Suttner. *»Mikrogramm-Entwurf«* . 190

ELLEN KEY
Artikel 192

HEDWIG COURTHS-MAHLER
Der Knirps. *»Mikrogramm«-Entwurf* 196

V. KOMBINATION

Von einigen Dichtern und einer tugendhaften Frau .. 203
Literaturbrief 205
Etwas über die Schriftstellerei 208
Ich las letzthin… 209
Kombination 211
Hier wird dies und das gesprochen 213
Diskussion 217
Der Leser 219

VI. HIER WIRD SORGSAM ÜBERSETZT

STENDHAL
Über eine Art von Duell 225
Über Stendhal, Puschkin und Flaubert.
    »Mikrogramm«-Entwurf 230

Über eine Novelle von Stendhal.
   »Mikrogramm«-Entwurf 232
Sonett über eine Novelle von Stendhal.
   Gedicht. »Mikrogramm«-Entwurf. 242
Aus Stendhal 243

CHARLES DICKENS
Dickens 245
Ein Diener 248

FJODOR MICHAILOWITSCH DOSTOJEWSKI
Der Idiot von Dostojewski 251
Dostojewski-Glossen 252

LEO NIKOLAJEWITSCH TOLSTOI
Tolstoi und Hutten 255
Tolstoi. *Gedicht* 256

GUSTAVE FLAUBERT
Ein Flaubertprosastück 258

CHARLES BAUDELAIRE, PAUL VERLAINE, JEAN-ARTHUR RIMBAUD
Studie (I) 265

PAUL VERLAINE
Gedicht auf Paul Verlaine. *Gedicht* 268
Verlaine. *Gedicht. »Mikrogramm«-Entwurf* 269

GUY DE MAUPASSANT
Eine Novelle von Guy de Maupassant 270
Die Ruine. *Aus dem »Mikrogramm«-Entwurf* 273

JENS PETER JACOBSEN
Jens P. Jacobsen 275
Der gestiefelte Kater 277
Wenn Autoren krank sind 279

HENRIK IBSEN
Ibsens Nora oder die Rösti 283
Der bessere Herr. »*Mikrogramm*«-*Entwurf* 284

ANATOLE FRANCE
Nekrolog. »*Mikrogramm*«-*Entwurf* 289

VII. HIER WIRD KRITISIERT

JAKOB VICTOR WIDMANN
Widmann 293

FRANZ BLEI
Der Doktor 296
Doktor Franz Blei 298

FRANK WEDEKIND
Aufsatz über Frank Wedekind.
   »*Mikrogramm*«-*Entwurf* 309
Bildnis eines Dichters 313

MAX DAUTHENDEY
München 315
Würzburg. *Auszug* 316

BERNHARD KELLERMANN
Koffermann und Zimmermann 325
Die Geschichte von den beiden Reisenden 327

ALFRED KERR
Brief an Alfred Kerr 329

GERHART HAUPTMANN
Olympia. *Aus dem »Mikrogramm«-Entwurf* 332

MAXIMILIAN HARDEN
Harden. *Gedicht* 335

EDUARD KORRODI
Ein Geistreicher 336

HUGO VON HOFMANNSTHAL
Über ein Stück von Hofmannsthal.
   »Mikrogramm«-Entwurf 339

RAINER MARIA RILKE
Rilke. *Gedicht* 343

GEORG TRAKL
An Georg Trakl. *Gedicht* 344

HERMANN HESSE
Zu Hermann Hesse.
   Gedicht. »Mikrogramm«-Entwurf. 345
Hermann Hesse. *Gedicht* 346

MAX BROD
Hier wird kritisiert 347

ALBERT STEFFEN
Eine Art Novelle. *Auszug* 350
Über ein Buch von Albert Steffen.
   Aus dem »Mikrogramm«-Entwurf 352

VIII. WALSER ÜBER WALSER

ROBERT WALSER
Walser über Walser 361
Geburtstagsprosastück 363
Meine Bemühungen 365
»Verkannte Dichter unter uns?« *Antwort auf eine Umfrage der »Neuen Zürcher Zeitung«* 367

ANMERKUNGEN 369
NACHWORT 371